JN011255

交通インフラの運営と地域政策

西藤 真一 著

成山堂書店

は じ め に

交通インフラをめぐる社会経済環境は、高齢化の進展とともに大きく変容しつつある。老朽化した施設の維持管理、スプロール化した都市をコンパクト化するための交通網の再構築、さらには激甚化する災害に備えるための機能強化など、課題はますます多様化している。これらのいずれの問題も、単に新しいインフラの造成だけでは対応できず、一朝一夕に解決しがたい問題である。

他方、地方に目を転ずれば、人口の社会減や過疎化、高齢化は進展の度を増している。さらに、一部地域ではインバウンド旅行者の急増のほか、景気の持ち直しがみられるが、総じて厳しい状況にあることはいうまでもない。こうした環境下で、いまや交通インフラを維持すること自体が厳しくなっている。

本書は、筆者が大学院時代から進めてきた研究成果をとりまとめたものである。筆者が大学院に進学した当時は、高速道路改革や電気事業改革などが行われていたが、その当時から、インフラの維持管理をどう進めるかは課題であった。上下分離は代表的な改革手法であったが、いくら競争を導入しようとも顧客にサービスを提供するためには交通インフラを利用しないわけにはいかない。その場合、そのインフラは誰が責任を持って維持管理するのか。これが筆者の最初の研究の動機であった。

転じて、民間が交通インフラの維持管理を担えるように制度を改革するとしても、受け皿になる民間事業者は出現しうるのか、仮に出現するとすればどのような事業者が参入しうるのか、これもひとつのテーマであった。また、アメリカでは空港や道路のいわゆる民営化を実施していない事実に触れたとき、改めて政府所有とする意義はなにか。さらに、過疎地などを多く抱える地域では競争導入などというに及ばず、サービスの維持自体が危機に陥っているが、これをどうすべきなのか。このように、関心は徐々に広がっていった。

本書は4部構成としたが、筆者の研究の関心が鉄道や空港を中心としていたことから、それぞれの部に分散して章が配置されることになった面はある。確かに、事業分野ごとにまとめるという方法もあったかもしれない。ただ、規制改革の延長上にある交通インフラの経営改革に関する研究と、地域政策をめぐ

る研究は、学際的な分野として個別に論じられることが多かった。そのため、本書ではその接点を政策論から探り、あるべき制度設計を検討しようとしたがゆえに、あえて筆者の関心・切り口として 4 つの部を設け、それぞれの観点から各分野を検討するアプローチをとった。

　もちろん、本書で取り組もうとしたテーマは現代の大きな政策課題でもあり、本書だけですべてを網羅できたわけではない。研究課題も依然多く残されている。しかし、この時点で研究成果をとりまとめ、自分の研究成果を見つめ直すという目的もあった。

　こうした筆者のわがままを許し、本書の刊行を快くお引き受けいただいた成山堂書店の小川典子社長には、とりわけ厚くお礼を申し上げたい。

　2020 年 2 月

　　　　　　　　　　　　　　　　　　　　　　　　西藤　真一

目　　次

第1部　民間運営の期待と課題

第2部　多様化するインフラ事業の担い手

第3部　政府関与と民間資金の活用

第 4 部　サービス維持と地域政策

序　　章

　交通インフラの整備では、固定的な一括投資が必要である一方、その投資費用は撤退時に回収されないサンクコストとなる可能性が高いため、政府による直接的な管理や規制による維持管理のもとにおかれてきた。特に、わが国では戦後復興の時期から政府が主体的に計画、整備、維持管理を行うことで、国民の移動や輸送の利便性を向上させ、生産力増強に資するという好循環を生み出してきた側面もある。

　他方、インフラ整備は地域間の格差是正のツールとしても活用され、脆弱な地方経済の下支えとしての役割も期待されてきた。もっとも、こうした財政政策の意味合いを強く帯びたインフラ整備は、人口や経済が拡大した時代には効果を得られたのは事実である。しかし、現代の地方においては人口流出に歯止めがかからず、集落の存続自体が危ぶまれるような地域も続出している。

　さまざまな社会的あるいは政治的な要請から公共投資の一環としてインフラ整備が行われてきたが、逼迫する財政のなかで、もはや見過ごせない状況にある。そして、そうした投資のなかに、資源の浪費も含まれているのではないかという疑念も生じてきた。いわゆる NPM 改革（ニュー・パブリック・マネジメント）といわれる行政改革は、効率的なインフラの運営ないし経営を促し、ひいては国民に対して利便性の高い移動ニーズを充足できる改革と位置づけられてきた。

　現代では「民間でできることは民間に」という考え方のもとで、可能な限り民間の経営手法を導入し、効率的な運営が模索されるようになっている。いわゆる官民連携による民間活用（PPP/PFI）の活用はこの考え方の延長上にある。そして、この場合、単に市場原理の適用や競争促進といった目的にとどまらず、維持管理財源を外部に依存することも期待されている。かつては、民間活力の導入を期待するなかで「第三セクター方式」が多用されたが、官民寄合の曖昧な経営責任のもとで経営に行き詰まる事業も多くみられた。

　その点、民間の責任と自由裁量を認める PPP/PFI は、交通インフラに限らず一般の公共施設すべてに関して、従来型の公共セクターによる施設運営とは

異なり、民間の資金、経営能力および技術的能力を活用することによって、低廉で質の高いサービスを提供することが期待されている。2013 年 6 月に閣議決定された「PPP/PFI の抜本改革に向けたアクションプラン」においても、PPP/PFI は財政状況の厳しさが増すなかで、「真に必要な社会資本の整備と財政健全化を両立させるための切り札」と位置づけられた。

　1999 年に「民間資金等の活用による公共施設等の整備等の促進に関する法律」（PFI 法）が導入された当時から件数および契約金額は増加し、2016 年度には累計 600 件を超え、契約金額としても累計で 5 兆 5 千億円に迫っている。しかしながら、その多くは政府が中心となって施設等を計画・資金調達し、現場で消費者にサービスを提供する民間事業者にその事業資金を提供する「サービス購入型」の PFI が中心で、従来型のいわゆる公共事業と大きな違いはないのではないかとの指摘もあった。そうした状況は 2011 年に PFI 法が改正され、「公共施設等運営権」が導入されたことにより大きく変わり、既存施設の運営においても民間資金を活用することが可能となった。

　空港分野では、2013 年の「民間の能力を活用した国管理空港等の運営等に関する法律」（民活空港運営法）により、空港の維持管理者に関する空港法上の規定が緩和された。これを受け、2016 年には国が設置・管理していた仙台空港において、同空港の運営権を設定した上でそれを売却し、現在は東急グループを中心とした民間コンソーシアムがその運営にあたっている。そして、インバウンド旅客の拡大という追い風も受け、一時停滞していた旅客数にも持ち直しの動きがみられるなど、目下、事業としては好調である。同様の検討は全国の主要空港で進められている状況にあり、今後、こうした案件は空港以外でも増加するものと見込まれる。

　他方、そうしたインフラ整備や維持運営をめぐって、地域政策の観点からも大きな転換点を迎

えている。現代における地域政策は、高度経済成長以来の「国土の均衡ある発展」とは一線を画し、地域の自主性を重視し、地域主導による国土の形成が指向されるようになっている。かつての地域政策は、5次に渡る「全国総合開発計画（全総）」および、その具体施策としてのインフラ整備等により実施されてきた。つまり、地域政策は地域振興あるいは産業立地政策と、それを支えるインフラ整備と密接不可分の関係を保っていた。

　現代の地方では、伸び悩む地方経済と人口減少をはじめ、それらが間接的あるいは直接的に関係して複合的な課題を多数もたらしている。そして政府は「地方創生」という言葉を掲げ、地域がそれぞれの自主性に基づくさまざまな地域振興策を打ち出すことを促している。しかし、その場合の「地域振興」の解釈は実際には多様である。

　経済的な側面に注目した見方をすれば、地域内生産における付加価値の拡大や企業業績の向上といった地域経済の活性化という側面で捉えることができる。ところが、人口減少に直面している地方においては「交流人口の拡大」や「関係人口の拡大」も立派な地域振興となる。また、相対的に経済力の弱い地域において、経済活動を支える環境を整備するという地域間での分配政策もひとつの地域振興のための方策と捉えられる。

　このように、「地域振興」を実現する「地域政策」は、さまざまな目的を含んでいるがゆえに、その時どきで都合よく解釈されてきた面がある。しかし、たとえ分配政策や一般の社会的な観点に力点を置いた地域政策としてインフラ整備を行ったとしても、それが資源配分の観点から非効率なものであれば、たとえ一時的にそれが効果を持ちえたとしても、長期的には持続可能な地域社会を創生するとは考えられない。

　他方、公共の用に資する交通インフラは日常の経済活動を支えるうえで重要な役割を担っており、その安定した運営は社会的にも強く要請される。民間活用の進展により、インフラの運営は民間事業者に委ねられることが多くなったとはいえ、依然としてそうすることが不可能なケースも多いのが実情である。

　前述の空港を例にとれば、わが国では全国の空港を対象に民間活用が可能となったが、収益性の観点から、その運営を国や自治体に残さざるを得ないケースも多い。また、PPP/PFIの枠組みで民間運営を行う場合でも、公共との契

約が必要となるが、その契約としてどのような公共のコミットを認めるのかということも議論しなければならない。さらに、将来、たとえ事業破綻をきたしたとしても、国民あるいは地域住民の社会生活を考慮すればサービス供給の停止が許されがたい側面もある。

　PPP/PFIが推進される時代にあって、国や自治体などの公的部門との契約に基づき、民間事業者がサービスを供給することがますます期待されている。そのなかで、事業に対してどのように関わることが望ましいのか。単に民間運営に任せればよいというわけではないし、逆に「地域振興」という名の下に野放図に国や自治体の役割を期待することも許されない。ここに民間活用のあり方と地域政策に関する議論の接点を見いだせる。これまで両者は別々に論じられてきたが、制度設計に関するさまざまなケーススタディから両者の接点を検討することが本書の大きな目的であり、かつ特徴でもある。

　そのためのアプローチとして、第1部では、民間活用を進める過程で生じてきた課題について明らかにする。まず、第1章では、交通分野の民営化手法の多様性に注目する。そのうえで、サービスの安定供給を維持するため、それぞれの手法を採用した際に生ずる政策課題について整理する。なかんずく、1970年代からドラスティックに改革を進めてきたイギリスに注目し、インフラ分野における競争促進や民間資金の活用に向けた政策展開に焦点を当てる。

　第2章では、競争政策として実施された「上下分離」について取り上げる。交通インフラは従来、自然独占性が強いと考えられてきたがゆえに政府による維持管理が一般的であったが、上下分離という構造分離を実施することで産業の一部に競争を導入した。民間事業者の新規参入を可能にした点では大きな意義を見いだせるが、実際には課題も多い。とりわけ、民営化後の資産の所有者と運営者の責任領域の不透明さをもたらし、サービスの安定供給を阻害する要因にもなったことを明らかにする。

　第3章では、わが国でも民間活用に向けた動きを見せるなかで、まずこれまでの空港運営の経緯について概括する。そして、現在の空港運営体制や航空旅客数の推移も把握しつつ、今後、実際に民間運営に委ねるうえでは収入源を多様化することが必要となることについて指摘する。

　次に、第2部では、民間活用が進むにつれて多様化したサービスの担い手の

実態に注目する。いうまでもなく、「民営化」を厳密に捉えると、国有企業の所有を民間に移すことである。実際、こうした施策はイギリスにおいて先駆的に進められた。民営化には民間事業として、その事業を展開できる受け皿としての事業者が当然必要であるが、どのような事業者が活動しているのか、その実態はあまり知られていない。

　第4章では、ケーススタディとしてイギリスにおける空港運営を取り上げる。従来、空港民営化の担い手となったのは運輸事業に関連のある事業者がほとんどであった。しかし、近年ではデベロッパーや金融投資家など、さまざまな主体が、しかも国境を越えて事業に出資するようになっている実態を明らかにする。とりわけ、金融投資家と事業会社では、出資する空港の規模およびその出資姿勢が異なることを明らかにし、空港経営に対する期待は異なっている可能性があることを指摘する。

　第5章では、上下分離を伴う民営化を実施したイギリスの列車運行事業に注目する。イギリスの列車運行は、鉄道路線にそれぞれの運営権を設定し、それを民間事業者に売却する「フランチャイズ制」が採用されているが、そのフランチャイズを運営する列車運行会社や車両リース会社には、多様な所有者と出資者が出現している。この実態を明らかにすることを通して、先に述べる空港だけが特異な例ではないことを指摘する。また、海外の事業者が出資者として大きな役割を果たしてきたことや、ひとつのフランチャイズに共同出資する際の特徴を明らかにする。

　加えて、同じ民間の鉄道事業部門のなかで、列車運行部門のみならず、車両リース部門にも注目し、両部門の出資者および資金調達環境を比較検討し、民間投資をひきつける誘因についても明らかにする。これを通して、市場競争の厳しさや政府による政策

が、債券格付け、ひいては資金調達コストにも影響を及ぼす可能性があること
を述べる。

　続く第3部では、わが国では公共部門が交通インフラの所有者として長く制
度が設計されてきた経緯を踏まえ、その資金の調達において市場を活用する方
策として、まずアメリカの地方債に注目する。特にレベニュー債にも焦点を当
てる。加えて、PPP/PFIとして民間に事業運営を委ねているイギリスでも、
まったく政府の関与がないわけではなく、そうした関与がどのようなインパク
トをもたらすのかに注目する。

　具体的には、第6章においてアメリカの「地方債」について概括するため、
まずは国債との比較として利回り（イールド）の推移について把握する。な
お、アメリカの地方債には地方政府の信用を背景に発行される「一般財源債」
と、事業の信用を背景に発行される「レベニュー債」に大別されるが、それら
の格付け評価の結果の違いについて明らかにするため、その評価の背景となる
債券発行体の事業の安定性や債務不履行（デフォルト）の可能性に注目する。
それらを通して、資金調達コストの面から必ずしも民間運営だけが望ましい選
択とは限らないことを示す。

　第7章では、特にレベニュー債に注目し、資金調達市場ではその債券につい
てどのような要素に注目しているのか、またデフォルトが発生する背景につい
て、Moody'sから入手した資料をもとに検討する。これらを通して、レベ
ニュー債の活用を想定できるプロジェクトの特徴を明らかにする。

　続く第8章では、「フランチャイズ」や「コンセッション」など、契約によ
る民間運営を模索する際の課題、すなわち官民での資金調達の方法やリスクの
分担、政府のかかわり方について検討する。政府によるコミットメントについ
て、債券格付けではどのように評価されたのか、また、政府による政策変更は
それをいかに大きく左右するのかを明らかにする。つまり、政府によるコミッ
トメントはポジティブに評価されることが多いものの、それは状況により変わ
る可能性もあり、将来の政策が連続的で見通せるものとしておくことは極めて
重要なことだという点を指摘する。

　最後の第4部では、さまざまな民間の担い手が存在するなかで、政府、とり
わけ交通インフラの存在により受益する地域の役割について検討する。ここで

は特に民間では不採算となるような事業をケーススタディとして取り上げ、それぞれの自治体がどのような点について検討し、どう判断してきたのかを明らかにする。

　具体的に、第9章では、イギリスにおける小規模な空港をどのように運営しているのか、その実態を解明する。そのなかで、完全に民間運営が実現できている例にも注目し、それを可能にする背景について明らかにする。一方、やはり政府にサービスの維持を委ねざるを得ない場合に、どのような政策の枠組みを構築し、公営化等の政府関与の合理性を説明してきたのかその過程も明らかにする。単に空港だけの収益性に注目するのではなく、地域政策としてインフラの活かし方を検討すべきであることを述べる。

　第10章では、わが国の空港運営に戻り、民間活用が進む都市部の空港とは真逆の地方空港の維持運営に注目する。純粋な民間運営は望めないなかで、地方では、防災やその他の公共的な役割をも空港に期待するようになったものの、その維持に係る負担を免れるわけではない。結局は地元の総意として空港の活かし方を模索し続ける必要があることを述べる。

　最後の第11章では、インフラの活用策について、地域の交通計画ではどのような策定プロセスがあり、どのように検討されているのか、イギリス・イングランドにおける交通計画の立案をケースとして実態を明らかにする。そこでは、地域のニーズに基づいた計画策定のプロセスが明らかにされるが、同時にそれを実現するための予算は依然として国に頼らざるを得ないことも課題として指摘する。

　インフラ運営における民営活用は、制度としても整いつつあり、今後もますます進むと考えられる。他方、そうした期待とは裏腹に、民間による経営が円滑に進むようにするためにはどのような制度が望まれるのか、あるいは経営が行き詰まったときに地域はどう向き合うのか、考えておくべき点は少なくない。国や自治体の疲弊する財政を前にして、交通インフラは従前どおり公的部門が担い続けるわけにもいかない。こうした状況で、だれがそのサービスの供給を企画し、だれがサービスの提供を担うべきか。本書はこうした、交通インフラのサービス提供の方策を4部にわたって検討する。

第1部　民間運営の期待と課題

第1章　民間活用の政策潮流と制度設計の課題

1-1　民間活用の政策潮流と問題意識

　わが国では人口減少および高齢化の進展に伴い、公共サービスの質の向上に対する必要性が指摘され、民間資金の活用はその切り札に位置づけられている。かねて官民連携（PPP：Public Private Partnerships）およびそれに基づく民間資金の活用（PFI：Private Finance Initiative）（以下、「PPP/PFI」）が実施されてきたが、2011 年に既存の公共施設への民間運営を可能にする「公共施設等運営権（コンセッション）」が導入されたのは、政策上の大きな出来事であった。かつて、公的部門が画一的にサービス提供を行ってきたインフラの運営業務は、しだいに民間に開放されるようになってきた。今後、いくらかの見直しはあるかもしれないが、基本的にこの動きは変わらないものと考えられる。

　いわゆる民営化で実際に適用される手法は多様であるが、その実施にあたっては、どのような手法が望ましいのか慎重に検討する必要がある。特に、交通インフラは、国民生活に大きな影響を与えると考えられ、安定したサービスの提供が不可欠である。この場合、たとえば民営化後の資産の所有者と運営者の責任領域や、政府関与の在り方などは具体的な検討材料になる。

　垂直統合であった産業も、競争政策上の要請から企業構造を分離して産業の一部に競争を導入する「上下分離」を採用したケースもある。この場合、競争的な環境を効果的に維持するという観点に加えて、インフラの維持管理にあたる主体の役割分担のほか、投下資金の回収方法も考慮しなければならない。それらを十分に考慮した組織間関係の構築や制度設計が求められる。実際、イギリスは民営化にいち早く取り組んだが、数々の課題に直面し再改革を迫られている。わが国でも同様の課題に直面する可能性はないともいえない。

　そこで、本章ではまず交通分野の民営化手法の多様性に注目する。そのうえで、サービスの安定供給を維持するにあたり、それぞれの手法を採用した際に生ずる政策課題について整理する。なかんずく、1970 年代から競争促進に軸

足を置いた改革を進めてきたイギリスの「上下分離」と民間資金の活用に焦点
を当てる。

1-2　民間参画の多様性

(1)　民営化政策の推進

　周知のようにネットワーク産業は完全な政府管理のもとにおかれることが一
般的であった。イギリスも第二次世界大戦が終結した直後は、造船、鉄鋼業、
石炭産業のほか、水道やガス、電気事業などあらゆる産業の国有化が進められ
た。しかし、1970 年代に入るとイギリスは一転して民営化の断行に踏み切
り[1]、続く 1980 年代には国有状態を維持するのは例外的なものに限定すべき[2]
というように、ドラスティックな改革姿勢が貫徹される時代を迎えた。

　イギリスがそのような改革を進めた背景には、景気低迷と物価上昇にあえ
ぎ、国が財政難に陥り、その財源を確保するために国有企業の売却を急いだ面
もある[3]。しかし、それよりも国有企業は地域独占であるがゆえに競争圧力に
さらされることはなく、しかも経営責任が明らかにされず放置されてしまうな
どといった組織そのものに内在する非効率性の課題に対する問題意識の高まり
があった。国有企業ではプロジェクトの選択および事業の決定プロセスにおい
て、必ずしも経済合理性が反映されるわけではないため、結果として非効率が
発生してしまうと考えられたのである[4]。

　つまり、いわゆる民営化は、公企業にはない倒産リスクを認識させるととも
に、企業の利潤追求インセンティブの強化、ならびに企業経営の効率化、料金
低下や消費者に対するサービス水準の向上などが期待されていた[5]。イギリス
では 1970 年代末から数多くの民営化が実施されたが、なかんずく 1980 年代か
ら 1990 年代に集中しているのは大きな特徴である（図 1-1)[6]。しかし、2013

---

[1] 1972 年には保守党政権の下で旅行業を取り扱っていたトーマスクック、1976 年には労働党
　政権の下でブリティッシュ・ペトロリアム（BP）の株式の一部を売却した。1979 年に保守
　党政権が誕生すると、ブリティッシュ・エアロスペース（BAe）などが民間に売却された。
　時系列的な整理は、Rhodes, C. *et al.*（2014），p. 2. を参照。

[2] Parker, D.（2009），p. 82.

[3] Parker, D.（2009），p. 82.

[4] Grigg（2010），p. 256.

[5] 野村（1993），pp. 111〜115.

年に郵便事業（Royal Mail）の民営化が実施されるなど、現在でも株式売却を伴う民営化の余地は残されている。

　なかでも特筆されるのは、ネットワーク・インフラを有し、通常は自然独占と考えられてきたネットワーク産業ないしインフラ事業においても民営化を断行した点である。1980 年代には通信事業（1984 年）、ガス事業（1986 年）、航空および空港事業（1987 年）、イングランドとウェールズにおける水道事業（1989 年）がそれぞれ民営化された。続く 1990 年代でも、1991 年から電気事業、1994 年から鉄道事業の民営化がそれぞれ開始された。

(2)　民間参画の態様

　いわゆる「民営化」を厳密に解釈すれば、公的所有から民間所有に移す「国有化の解除」を意味する。しかし、実際にはその捉え方は多様で、たとえば、民営化の目的という観点から民営化を解釈すれば、政府管理の排除や企業性の付与、さらには競争導入・促進を目的として法的独占を緩和する「自由化」もいわゆる「民営化」と称されることも多い[7]。

　そして、その民営化の手法を資金調達の観点から整理すると、民間に所有と運営を委ねて独立採算をとる方法、政府が民間企業と契約を締結して施設の運営のみを民間が独立採算事業として担う方法、民間事業者が資金を調達して施設の建設を行った後、政府に資産を戻して政府が運営する方法など、いくつかのパターンがある[8]。数々の民営化の手法のうち、事業によっていかに使い分けるかが政策立案者らにとっても重要な関心事となる。

　また、インフラは社会の実情を反映して、それぞれの時代に適した形に作り変える必要がある。イギリスも例外ではなく、インフラ投資は今後も必要と考えられ、2016 年度から 2020 年度までの 5 年間に合計 4,900 億ポンドに上るイ

6　民営化を実施した件数は、1980～90 年代で 36 件である。また、1971 年から 2013 年までの売却総額（名目）は 716.3 億ポンドになるが、1980～90 年代で 638.6 億ポンドに上る。なお、年別の売却総額で最大になった 1991 年（117.6 億ポンド）には、通信事業（British Telecom）および電気事業（National Power/Power Gen およびスコットランド地域電力会社）がそれぞれ民営化された（Rhodes, *et al.*（2014), p.14.）。
7　Rhodes, *et al.*（2014), p.1.
8　Grigg（2010), p.256.

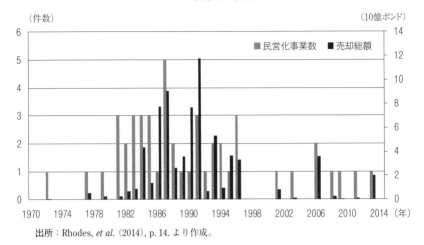

（件数）　　　　　　　　　　　　　　　　　　　　　　　　　　　（10億ポンド）

出所：Rhodes, *et al.* (2014), p. 14. より作成。

図1-1　イギリスにおける年別・民営化事業数と売却総額

ンフラ投資が計画されている[9]。そのうち、交通分野では 1,380 億ポンドの投資が期待されており、投資額の観点からいえば、交通分野はエネルギー分野の 2,070 億ポンドに次いで大きな分野である。

　なお、民間による投資だけに絞ると、交通分野における民間投資は 60 億ポンドと想定されている。このことから、依然として政府が資金調達において果たす役割は大きいことがわかる[10]。交通インフラ事業において独立採算での運営が可能なのは、完全に独占的な市場が形成される場合などに限定されるとも指摘される[11]。

　そのため、民営化では上記の民間事業者が政府との契約に基づきインフラ事業の整備・維持管理の一部に関わるという形態をとることも多い。これは一般には「官民連携（PPP）」として知られている[12]。イギリスでは、1990 年代の

---

[9]　投資総額でいえば、発電や送電、ガスおよび導管網などを含むエネルギー分野が圧倒的であり、2,820 億ポンド（総額ベースで58％）を占める。交通分野はそれに次ぐ 1,380 億ポンド（同、28％）の投資機会が想定されている（Infrastructure and Projects Authority (2016), p. 10.）。

[10]　ちなみに、エネルギー分野では 1,777 億ポンド、PPP/PFI による投資は 120 億ポンドとなっている。これはプロジェクトとして発電事業が多く、民間による投資を期待しやすいためでもある（Infrastructure and Projects Authority (2016), p. 10.）。

[11]　道路事業の場合であれば、独立採算による案件は、必然的に地域間の交通路を独占的に供給しやすい橋梁やトンネルが中心になる（Vickerman, R. (2007), p. 267.）。

保守党政権によって PFI が提唱されたが、その後の労働党政権でも民間資金
を活用する方針は継承され、その際に「PPP」という呼称が定着した。なお、
先の試算によれば、交通分野における PPP/PFI による投資は 70 億ポンドと想
定されている。

　表 1-1 は世界銀行グループとしてインフラ・プロジェクトの助言を行う
PPIAF による PPP/PFI の類型化を示している。この表から、建設から運営に
至るすべての事業を民間事業者に委ねるのではなく、事業の計画および建設段
階に限定し、一部に公共部門の役割を残していることも把握できる。当然なが
ら、インフラのセクターあるいは事業によって資金調達で中心的な役割を果た

表 1-1　民間参画の諸類型

| | 業務委託 | | PPP/PFI | | | 民営化 |
			管理・メンテナンス委託	運営コンセッション	BOT コンセッション	
契約タイプ	入札契約	随意契約	管理契約	実績ベース型契約	フランチャイズ/アフェルマージュ/ブラウンフィールド	BOT/DBFO/グリーンフィールド	－
計　　　画	民間	民間	－	－	－	民間	民間
建　　　設	民間		－	－	－		
運営・維持管理	公共	公共	民間	民間	民間		
インフラ整備の資金調達	公共	公共	公共	公共	公共		
所　　　有	公共	公共	公共	公共	公共	契約で定める	
民間の収入オプション	契約料金	契約料金	契約料金	実績連動型の契約料金	利用料金		
				アベイラビリティ・ペイメント（利用可能性に基づく支払い）			
				政府保証、政府補助、その他支援策			

出所：PPIAF（2009）, p. 17. に一部加筆して作成。

12　国や機関によってさまざまな呼称が存在する。たとえば、世界銀行では Private Participation in Infrastructure（PPI）、オーストラリアでは Privately Financed Projects（PFP）と呼んでいる。また、Private Sector Participation（PSP）も同義語として用いられることもある。

す主体はさまざまである[13]。

　さらに、国によって従来からあるインフラの所有形態は異なるので、それぞれのプロジェクトに応じて適切な民営化のあり方が模索されるのは当然ともいえる。少なくとも、事業のリスクを民間に移転させたり、政府本体の会計に計上せずにすむようになるため、政府の財政支出を抑制できる、という点は政府にとってもメリットと考えられている[14]。

1-3　サービスの安定供給に向けた課題

(1)　競争導入とインフラの運営

　どのようなタイプの民営化を実施するにせよ、その需要に対応し、安定したサービスの供給を行うため、適時・適切な投資・維持管理を行うことは欠かせない。一般に巨額の資本投下を必要とする交通インフラの分野では、建設から運営まですべてを民間に委ねることは難しい。しかし、民営化の実施過程においては、自然独占と考えられてきた大規模なネットワーク・インフラを必要とするような産業においても競争政策が適用されてきた。

　それを可能としたのは企業構造の分離、すなわち「アンバンドリング」ないし「上下分離」であった[15]。つまり、従来垂直統合であった地域独占の企業構造を、競争が可能な部門と依然として自然独占的な性格をおびた非競争的なインフラ部門に分割することにより、産業の一部に競争を導入する手法である。ただし、独占主体がインフラ運営にあたる場合、そのインフラは上流・下流の市場に参加する主体にとって、その施設を利用しなければサービス提供が完結しない不可欠な施設となる。つまり、インフラは「エッセンシャル・ファシリティ」として機能する。そのため、従来の垂直統合の場合とは異なる規制政策上の課題も新たにもたらした[16]。

　第1に、「ユニバーサル・サービス」として誰もが等しく受益できる公共的

---

[13]　詳細は Infrastructure and Projects Authority（2016）, p. 10. を参照。
[14]　Lockwood, S.（2007）p. 257., Vicerman, R.（2007）, p. 278.
[15]　もちろん、こうした競争原理の導入が可能となった背景には、技術革新による要因が大きい。そして、垂直統合形態のネットワーク産業であっても部門別に考えると、自然独占的な特徴を持つ部門は限定的であるとみなされるようになった（Gómez-Ibáñez, J.（2003）, p. 248.）。

なサービスと考えられる場合には、料金をどのように調整するかという課題が
表面化した。従来の地域独占で垂直統合型の企業がサービスを提供していた時
代においては、内部補助を活用して社会的に必要とされながらも不採算となる
サービスの維持が可能であった。ところが、アンバンドリングにより競争部門
が人為的に創出されると、こうした不採算のサービスは料金の調整がなされな
い限り、サービスの維持や投下した資本を回収できなくなってしまう（投下資
本のストランデッド化が発生する）。したがって、規制当局の介入を通した料
金の再調整か、あるいは企業の内部補助を認めるべきかの判断を迫られるよう
になった。

　第2に、競争制限的行為に対応が求められるようになった。前述のとおり、
アンバンドリングを実施した後のインフラは、エッセンシャル・ファシリティ
とみなされる。当該施設の所有者が競争部門でも事業を展開している場合、当
該事業者は競合事業者の利用を拒絶するインセンティブを持つと考えられるた
め、施設の利用をめぐってはその平等な利用および公平な賦課の実現が不可欠
となった[17]。

　第3に、アンバンドリングの実施により誕生した競争部門に参入した多くの
プレーヤーが施設を利用する際の容量配分の問題や、設備投資に向けた合意形
成が課題となった。たとえば鉄道の場合、重量の大きな貨物輸送を担う鉄道事
業者と高速鉄道を営業する事業者では線路に対して要求する規格は大きく異な
る。特に設備投資については、組織の内部取引に比べると、外部の取引を行う
ことに伴う利害の調整など、いわゆる取引費用の大きさが問題となる。

　一般的に、企業が内部取引として垂直統合を選好するのは、特定の取引相手
を想定した投資、すなわち「関係特殊投資（relation-specific investment）」が

---

[16] アンバンドリングの形態は、①所有分離、②クラブ的所有、③経営分離、④会計分離、⑤
　機能分離、⑥法人分離などが考えられるが、ネットワークを構成するインフラは、上流・下
　流の市場でサービスを提供するうえで必要不可欠な施設である（OECD（2001）、pp. 11-20.）。
[17] Gómez-Ibáñez（2003）では、競争制限的な行為が懸念されるのはアンバンドリングが部分
　的にしか実施されないなど、不完全な場合に生じうる問題だと述べている（pp. 255-265.）。
　確かに、「所有分離」を行う場合は、そうした懸念は払しょくされるが（OECD（2001）、
　p. 20.）、アンバンドリングの形態の選択においては、歴史的、政策的な判断を必要とする。
　後述するように、所有分離により、当該施設の利用における調整にかかる取引費用の問題と
　の比較衡量が不可欠な難しい判断が求められる。

強く要請される場合である。特定の相手との取引が強く要請されるほど、取引にのぞむ主体は、相手がその取引において自らの利得の最大化を得ようとする、いわゆる機会主義的な行動を懸念するようになる。こうなると、投資主体は、その投資に慎重にならざるを得ない。

　この問題を解決するためには、長期契約の締結もひとつの方策ではあるが、当該契約の不完備性が大きければ、やはり取引相手の機会主義的な行動をコントロールすることはできない。つまり、アンバンドリングを実施して、一部に競争を導入しても、依然として独占とならざるを得ないインフラ施設の利用者は特定化されており、その意味で関係特殊投資となる性格を強く帯びている。そのため、インフラ保有者はインフラ投資に慎重になる可能性があると考えられるため、適切に施設が維持管理できるよう、慎重な制度設計が必要となる。

　イギリスでは民営化政策の一環として、1997 年に従来の国鉄が民間会社に移行することになったが、同時に上下分離も行われ、列車運行、車両保有、線路保有はそれぞれ別の主体に分割された。そのうち、線路を保有・運営するレールトラックは、十分な設備投資を実施せず、それに起因した列車死亡事故を引き起こしてしまった。そして、その賠償のみならず、遅滞していた設備投資の再開を政府に命ぜられたことに伴って、急激に負担を強いられることになった。そうした負担にレールトラックは耐えられず、結果として経営は破綻した。

(2)　イギリスにおける PPP/PFI の推進と政府関与

　適切なインフラ整備や維持管理を行ううえでは、市場に参加している各事業者がさまざまなリスクを適切に管理できるよう、環境整備することが政府に課せられた重要な役割である[18]。それは先に述べたアンバンドリング、上下分離だけでなく民間資金を活用した PPP/PFI でも同様である。

　第 8 章で取り上げるロンドン地下鉄のように、当初は PPP/PFI の活用によって事業費の低廉化が期待されたにもかかわらず、かえって事業にかかる費用が膨らんだり、事業実施面で遅延が生ずるなど、さまざまな課題が露呈した。

---

[18] Vickerman, R.（2007), pp. 277-278.

一般的に、PPP/PFI の実施における課題として、以下 3 点を指摘される[19]。

　まず、資金調達の側面として、一般に民間に資金調達を任せると資金調達コストが増加する。しかし、それを上回る便益（VFM: Value for Money）を得られるからこそ、民間資金の活用に期待が寄せられてきた。しかしながら、現実問題として事業化に向けた枠組みの策定に長時間を浪費し、プロジェクトの進展に遅延が生じがちになっていたり、外部のアドバイザーの活用等により費用が膨らみがちになっているなど[20]、VFM の達成に対してネガティブな要因は多い。

　また、民間資金を活用したインフラ事業では、いったん投資した資金の回収のために長期間を要することになるが、長期間にわたって生じうるあらゆる事態を想定した契約を締結することは事実上不可能である。とりわけ環境が大きく変化する分野で長期契約を締結すると、かえって VFM を減じてしまう恐れもある。

　さらに、事業の運営にあたる主体が公共から民間に変更された場合でも、最終的なリスク負担者は依然として公共部門に残されることが多い。民間によるリスクの負担が適切ではないからこそ、政府がその役割を担うのはありうるとしても、政府による負担の合理性を示すなど、何らかの説明責任を果たす必要があると認識されるようになった[21]。

　こうした議論を受けて、イギリス政府は 2011 年に従来の PPP/PFI の枠組みに関する抜本的な改革案をとりまとめ、2012 年に「PF2」と称する新たな枠組みを導入した。その主要なポイントは、以下 5 点に要約される。

　①　政府がそれぞれのプロジェクトに対して 25〜49％の少数株を保有すること[22]。これにより、政府がプロジェクトの説明責任を明確化して透明性を向上させるとともに、資金調達を有利にすることで VFM の向上を期待している[23]。

　②　事業化を加速すること。入札公告から優先交渉権の獲得のための入札ま

[19] Booth, L. and V. Starodubtseva (2015), pp. 7-9.
[20] PPIAF (2009), p. 28.
[21] HM Treasury (2012), p. 6.
[22] Booth, L. and V. Starodubtseva (2015), pp. 14-15.
[23] HM Treasury (2012), p. 7.

でに 18 か月という基準を設け、それ以上の時間がかかる案件は、原則と
して事業化を認めないことにした[24]。また、新たに書類の標準化を進め、
手続きを簡素化することも盛り込んだ。

③　不確実性の高い長期契約に対応できるような柔軟性を確保すること。具
体的には、社会におけるニーズの変化が激しい清掃、ケータリング等の
「ソフトサービス事業」は PFI 案件としては認めず、短期契約とする方針
が示された。

④　政府が抱えるリスクの透明性を高めるために、「コントロール・トータ
ル」を実施する。つまり、PF2 案件として政府がリスク対応でコミット
する総額を把握する[25]。

⑤　長期契約における政府の役割を再認識すること。特に法改正に伴う変更
やその他の環境変化[26]など、民間事業者の不可抗力によって事業遂行上の
追加的費用が発生するなどのリスクは政府が負うべきとの指針を示した。

PPP/PFI はさまざまな公共施設やインフラの整備に活用されてきたが、それ
を適用する事業は長期にわたって政府がコミットすべき事業に活用される傾向
がある。そのうえで、総じて政府の役割を明確化あるいは強化する方向にある。

もっとも、PPP/PFI が契約に基づく民間活用であるからこそ、こうした一
連の改革が行われてきたのではあるが、一気に課題を解決できるということで
はない。資金調達において、より民間資金を活用するという方針は PPP/PFI
の基本ではあるが[27]、そのことは資金調達コストを押し上げる要因にもなる[28]。
さらに、事業の遂行上、政府のコミットメントの拡大は不可避であったとして
も、最終的に国民負担に帰すことになる可能性も排除できず、その場合の
VFM は限定的にならざるを得ないのではないかという懸念も根強くある[29]。

---

[24] ただし、所管省庁の副大臣が認める例外を除く（HM Treasury（2012），p. 9.）。
[25] 2015 年度以降では、毎年の新規コミットメントとして約 10 億ポンドを目安としながら、各
年の総額で 700 億ポンドを上限とするコミットメントにとどめることにしている（House of
Commons Treasury Committee（2014），p. 14.）。
[26] 特に、用地の除染（site contamination）や保険料の変化などが考えられる（HM Treasury
（2012），p. 13.）。
[27] House of Commons Treasury Committee（2014），p. 18.
[28] House of Commons Treasury Committee（2014），p. 22.
[29] Booth, L. and V. Starodubtseva（2015），pp. 15-16.

(3)　わが国におけるコンセッションの推進と設備投資

　わが国においても、政府の民間活用はさまざまな形態で実施されてきたが、なかんずく「コンセッション方式」は、国や地方の財政が厳しくなりつつあるなかで、今後の社会資本整備における切り札と期待されている[30]。コンセッション方式は、所有権を公共が有したまま民間事業者に公共施設の運営権（コンセッション）を売却し、民間に料金設定と施設の運営に関する権限を開放するものである。2011年のいわゆる「PFI法（民間資金等の活用による公共施設等の整備等の促進に関する法律）」の改正で、「公共施設等運営権（コンセッション）」が規定されたことにより導入されることとなった。

　コンセッション方式は従来とは異なり、所有権を公共部門に残しながらも、独立採算として民間事業者が自ら資金調達と回収を行い、より広範な経営リスクを民間に移転させる点で画期的といえる。従前の民間業務委託は、仕様発注のもと当該施設の仕様を公共があらかじめ決め、業務の一部を民間が肩代わりするものに過ぎなかった。

　また、従来からいわゆる「サービス購入型」のPFI事業はあったものの、基本的には建設資金や事業運営費を政府から延べ払いで受け取る側面が強く、民間は公共部門から設備投資の資金を回収するにとどまっていた。コンセッション方式の枠組みを活用することで、当該事業の信用力を担保とした資金調達を行い、利用者からの料金負担による投資資金の回収が可能となる。

　空港分野では、2013年には「民間の能力を活用した国管理空港等の運営等に関する法律（いわゆる「民活空港運営法」）」が制定された。これにより、今後は空港ごとに設置される「地域協議会」の意向に基づいて、基本施設およびターミナルビルや駐車場など、空港の一体的な民間運営が可能となった[31]。

　しかし、前項で述べたように、運営を担う民間事業者に過大なリスクを転嫁すれば事業そのものが成立しない。また、不完全な契約では運営権の途中放棄や設備投資の回避もしくは責任者不在による混乱にもつながりかねない。実

---

[30] 2013年6月に閣議決定された「PPP/PFIの抜本改革に向けたアクションプラン」においても、PPP/PFIは財政状況の厳しさが増すなかで、「真に必要な社会資本の整備と財政健全化を両立させるための切り札」と位置づけられている。政府は2013年度からの10年間でコンセッション事業は7兆円の市場規模に育てることを目標として掲げている（内閣府（2016），p. 6.）。

世界に先駆けて民営化を実施したヒースロー空港

ヒースロー空港は商業施設など非航空系事業を充実させて民間
での運営を可能にした

---

31 空港の場合は「空港法」で空港の設置者および維持管理者の定めがあり、改正 PFI 法の存
在を根拠として即座にコンセッション方式を適用することはできなかった。また、非航空系
事業といわれる空港ターミナルビル等は、空港法で規定される空港の設置・維持管理者とは
別の民間・第三セクター会社である。国管理空港のターミナルビル等は空港法に基づいて
「空港機能施設事業者」として指定され、国有財産法に基づく国有財産の使用許可を受けて
事業を行っているものである。したがって、非航空系事業を含めた一体的な民間運営を可能
にするにあたり、現在でも調整すべき事柄は多い（斎藤（2013）, p. 54.）。

従来型の公共事業スキーム

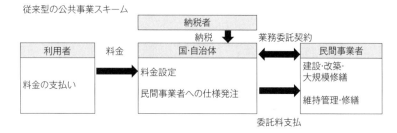

コンセッションによる事業スキーム

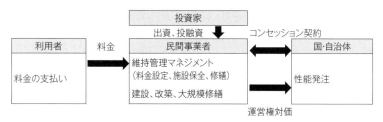

出所：国土交通省資料、その他資料から筆者作成。

図1-2　コンセッションの特徴

　際、コンセッションが導入されているイギリスのルートン空港では、設備投資の規模や期限に関して、自治体（Luton Borough Council）が所有している空港会社（London Luton Airport Ltd.）と、コンセッションを受けて空港を運営している会社（London Luton Airport Operations Ltd.）の間で認識にずれが生じ[32]、契約は再交渉にもつれこんだ。

　具体的には、空港を所有する自治体側は、空港処理能力を向上させるために誘導路やターミナルの設備投資を行うよう求めたのに対して、空港運営者側はその投資に難色を示した[33]。その理由は、空港運営会社が運営権を保有する期間内に投下資金を回収できないという判断があったためである[34]。結果とし

---

[32] Graham, Saito and Nomura（2011）, pp. 248-253.

[33] コンセッションの当初期限とされた2028年までに年間1,800万人の空港処理能力を持たせる計画を持っており、これに運営者側が6300万ポンドの投資により1,600万人規模を達成するプランを提示した。しかし、提示されたプランでは実際には1,350万人規模しか処理できないことが明らかになり、両者の交渉は平行線をたどっていた（Luton Borough Council（2012））。

て、2012年にコンセッション契約の再交渉を行うこととなり、空港運営会社は誘導路やターミナル等の設備投資を実施する一方、当初の契約で定めていた2028年までとしていた契約期限を2031年までに延長することで決着した。

1-4 制度設計上の示唆

民間を活用することでサービスの質を向上させたり、費用削減を実現させたりすることにより社会的な利益は拡大する。また、それらの過程を通して需要が喚起されるならば、社会的にはより一層望ましい結果をもたらす。これまでの一連の民営化や規制緩和は、このような考え方に基づきつつ進められてきた。

わが国でも、民営化やPPP/PFIは数多く実施されている。しかし、PFI案件については圧倒的に「サービス購入型」の案件が多く、どちらかといえば民間事業者の裁量を活用することは少なかった。ここに、「独立採算型」のコンセッションが導入されたことを踏まえ、今後はより一層の民間資金の活用が期待されている。

そこで、どのような点に注意して制度設計を行うべきか、政策上の示唆についてまとめる。まず、インフラ投資・更新は概して大規模な施設の一括投資が必要で、多額の資金を必要とすることに加えて、長期間にわたる投資資金の回収において不確実性を伴う。その際に、ネットワーク施設の所有・維持管理にあたる主体に対してどのような役割と権限を付与するかが課題となる。換言すれば、その主体が追及する目的が、社会的利益の拡大という結果と整合するかという問題を十分認識しておく必要がある。

前述のイギリスの鉄道事業の上限分離で誕生したレールトラックは、同社の利潤追求と社会的に必要とされたインフラ投資という目的が整合しなかった。また、ルートン空港におけるコンセッション事業では、一定の裁量に基づき事業運営にあたる民間の空港運営会社に対して自治体が要求した設備投資の水準は、民間事業者の利潤最大化という目的と整合しなかった結果と解釈できる。

両者の目的を整合させるためには、少なからず政府・自治体が意思決定、もしくはリスク負担で関与する必要がある。鉄道民営化の失敗から新たに創設さ

---

34 Luton Borough Council (2012), pp. 1-2.

れた線路保有会社のネットワークレールの場合は、政府が出<ruby>捐<rt>しゅつえん</rt></ruby>する非営利の組織に改められた[35]。また、イギリスにおける PPP/ PFI 事業においても、民間資金の活用を加速させ、より多くの事業を民間に委ねる目的でも、政府のコミットメントは積極的に活用する方向である。

　明示されたリスクに対してコミットメントの上限としての「コントロール・トータル」が設けられているのは、リスクの総量を管理しようという側面もある。しかし、これはあくまで政府の説明責任を果たすことを目的として実施されるものであって、本来の趣旨はあくまで適切なリスク管理および責任の分担のもと民間投資を促進することにある。民間参画の枠組みはさまざまである。しかし、いずれの枠組みを取ろうとも、適切にインフラを維持するうえでは責任・リスクの分担に関して絶えず検証することは避けられない。

【参考文献】

1）　Booth, L. and V. Starodubtseva（2015）*PFI: Costs and Benefits*, House of Commons Library, No. 6007.

2）　Gómez-Ibáñez, J.（2003）*Regulating Infrastructure: Monopoly, Contracts, and Discretion*, Harvard University Press.

3）　Graham, A., Saito, S. and M. Nomura（2014）"Airport Management in Japan: Any Lessons Learnt from the UK?", *Journal of Airport Management*, Vol.8 No.3, pp.244-263.

4）　Grigg, N.S.（2010）*Infrastructure Finance: The Business of Infrastructure for a Sustainable Future*, John Wiley & Sons.

5）　HM Treasury（2012）*A New Approach to Public Private Partnerships* PU1384.

6）　House of Commons Treasury Committee（2014）*Private Finance 2*, Tenth Report of Session 2013-14, HC97.

7）　Infrastructure and Projects Authority（2016）*National Infrastructure Delivery Plan 2016-2021*.

8）　Infrastructure and Projects Authority（2016）*National Infrastructure Delivery Plan Funding and Finance Supplement*.

9）　Lockwood, S.（2007）"Public and Private Roles in Transport Network Development", Stough, R. R.（*ed.*）, *Institutions and Sustainable Transport: Regulatory Reform in Advanced Economies*, Edward Elgar, Chap.11.

10）　Luton Borough Council（2012）"London Luton Airport Supplemental Agreement" Decision No. EX/111/12.

---

[35]「出捐」とは、一般的には非営利組織や公益法人に対する資金の拠出をいう。出資と異なり、それらへの資金の拠出は寄附行為であり、それ自体で当該団体に対する権利が保障されるわけではない。

11) National Audit Office (2011) *Lessons from PFI and Other Projects*, HC920 Session 2010–2012.

12) OECD (2001) *Restructuring Public Utilities for Competition: Competition and Regulatory Reform*.

13) Parker, D. (2009) *The Official History of Privatisation: Volume 1 The Formative Years 1970–1987*, Routledge.

14) Parker, D. (2010) "The Airport Industry in a Competitive Environment: A United Kingdom Perspective", Forsyth, P., Gillen, D., Müller, J. and H.M. Niemeier. (eds.) *Airport Competition: The European Experience*, Ashgate, Chap.17.

15) PPIAF (2009) *Toolkit for Public Private Partnerships in Road & Highways*.

16) Rhodes, C., Hough, D., and L. Butcher (2014) *Privatisation*, House of Commons Library Research Paper 14/61.

17) Vickerman, R. (2007) "Private Sector Finance of Transport Infrastructure", Stough, R. R. (*ed.*), *Institutions and Sustainable Transport: Regulatory Reform in Advanced Economies*, Edward Elgar, Chap.12.

18) 斎藤貢一 (2013)「活力ある空港運営を目指して―民活空港運営法の成立―」『立法と調査』No.344, pp.54〜66.

19) 手塚広一郎 (2014)「交通インフラの民間参画に関する論点」, 加藤一誠・手塚広一郎 (編著)『交通インフラ・ファイナンス』成山堂書店, 第4章所収.

20) 手塚広一郎 (2014)「PFIとコンセッション方式－交通インフラへの適用可能性」『ていくおふ』No.134, pp.18-25.

21) 内閣府 (2016)「PFIの現状について」.

22) 野村宗訓 (1993)『民営化政策と市場経済―イギリスにおける競争促進と政府介入―』税務経理協会.

第2章　イギリスの鉄道改革の失敗と再編

2-1　上下分離による構造改革と政策課題

　従来、自然独占とみなされたネットワーク産業では、1980年代以降を中心として国有企業の民営化や産業の一部への競争導入が行われてきた。イギリスは民営化を世界に先駆けて実施した国であり、1980年代には通信事業（1984年）、ガス事業（1986年）、航空および空港事業（1987年）、イングランドとウェールズにおける水道事業（1989年）など、大型事業の民営化を相次いで推進したことはよく知られている。1990年代に入ってからも、電気事業（1991年）、鉄道事業（1994年）をそれぞれ民営化した。

　民営化は、株式売却を通じて所有権を移転させる民営化と、PPP/PFIのような契約型の民営化に大別されるが、第1章で確認したように、実際に適用される手法は多様である。また、民営化は競争政策の観点から実施されることも多く、垂直統合であった地域独占の企業において上下分離ないしアンバンドリング（以下、上下分離）を実施し、従来の企業構造を分離して産業の一部に競争を導入する方策が取られた。

　しかし、とりわけ交通インフラは国民生活に大きな影響を与えるため、どのような民営化の手法を採択するにせよ、その実施にあたっては安定したサービスの提供が求められる。この場合、競争可能な分野においては効果的な競争環境を維持するという観点に加え、インフラの維持管理にあたる関係主体の役割分担および投下資金の回収手段にも配慮が必要である。

　上下分離は民間事業者の新規参入を可能にした点で大きな意義を見いだせるが、実際には課題も多い。とりわけ、民営化後の企業の責任領域や、政府関与の在り方をめぐっては今なお議論が続いている。本章では、イギリスの国鉄民営化の概要とその帰結をまとめ、サービスの安定的な供給を担保する制度設計の観点から政策的な含意を明らかにする。

2-2　上下分離の実施

(1)　欧州の鉄道政策

　鉄道事業は長きにわたり地域独占であり競争制限的な産業として取り扱われてきた。ところが、時代とともに人々のおもな輸送手段が鉄道から自動車に移りつつあるなかで、鉄道の経営は厳しさを増し、シェアを落とし続けた（表2-1）。競争力の回復のためにも規制の緩和は不可欠だとみなされたが、各国の国鉄経営は深刻で、政府による財政的な支援抜きには成り立たなかった。

　また、国有企業という立場に甘んじ、効率性に対する十分な配慮を欠いた事業運営を続け、実際には事業のニーズに合致しないような投資プロジェクトに資金を浪費してしまった。この結果として鉄道離れを招き、ひいては国鉄経営の悪化および財政支援への依存度を高めるという悪循環に陥っていたのである[1]。実際、欧州委員会の白書では、当時の各国の国鉄債務に対する姿勢について、「資金調達の目的が曖昧で経営の姿勢が欠落し」、「経営赤字や借入金に対するチェック機能が働いていない」と厳しく批判している[2]。

　他方、欧州は 1957 年に調印され翌年に発効した「欧州共同体設立条約（ローマ条約）」によって構成国の共通市場の創設と共通政策の実施が謳われた。その目標を達成するために、人・サービス・資本の移動を自由化し[3]、ひいては第 74 条から 84 条で示されるような、共通の交通政策を採用すべきことが定められた。このように、欧州は欧州共同体の設立から、その建前としては市場経済を重視する基本理念を掲げ、これを交通政策にも適用しようとしていた。

　ところが、1960～70 年代においては、実際には各国によって異なる規制政策が容認されていた。というのも、共通の交通政策を策定するうえでは、まず交通機関によって異なるインフラに対する費用負担の公正性、すなわちイコール・フッティングを実現することが先決だと考えられたからである。結果として、内部補助を温存する地域独占型のメカニズムが継続され、各国によって異

---

[1]　堀（2000）, p. 5.
[2]　Commission of the European Communities（1996）, p. 10.
[3]　ローマ条約第 3 条（c）の記述（*the abolition, as between Member States, of obstacles to freedom of movement for persons, services and capital*）にしたがった。

なる規制政策が温存された。

　これを大きく転換するきっかけとなったのが、1986年に調印、翌年に発効された「単一欧州議定書」であり、これによって欧州単一市場の発足に向けた動きが加速した。交通政策についても、鉄道のみならず航空、道路貨物などの分野ごとに共通市場を実現する政策が立案、実施されることになった。

　鉄道輸送については環境や道路混雑などの問題から、事業改善に向けた努力が表面的には行われてきたものの、鉄道輸送サービスの質は一向に改善しなかった。結果として、交通市場における鉄道の影響力を低下させることにつながった[4]。そして1989年、欧州委員会は鉄道の復権に向けて共通の鉄道政策の基本方針を示し、最終的にEU指令91/440として採択されるに至った。

　この指令の最大の特徴は、今後の欧州の鉄道は上下分離とオープン・アクセスを基本とした産業に改めるという方針を明確にしたことにある。なお、上下分離とオープン・アクセスの関係は、次のように理解できる。上下分離は、輸送主体が鉄道線路に対する所有権ないし支配権・占有権を喪失、または線路主体が自らの線路を用いて行使しうる輸送事業権を輸送主体に委譲することである。また、オープン・アクセスとは既存の事業者以外の「第三者に対する線路の開放」のことをいう[5]。

　オープン・アクセスは競争促進の一環として導入されるものであり、所有の異なる複数のオペレーション事業者が同一のインフラ施設を利用することになる。つまり、オープン・アクセスを採用すれば上下分離を必然的に実施せざるを得ないのであって、その点で両者は不可分の関係にある。

　つまり、上記の指令は、上下分離によって当初目指した他の交通手段とのイコール・フッティングを図り、オープン・アクセスを認めることで相互の輸送主体が自由競争を行うとともに、鉄道事業のサービス改善への道筋をつけることを企図していたのである[6]。なお、このEU指令で命ぜられた上下分離の要件は、線路部門と列車運行部門の会計分離であり、機能的な分離、もしくは所有権分離については各国の実情にあわせて選択できるひとつのオプションとい

---

[4] Commission of the European Communities (1996), p. 3.
[5] 堀 (2000), p. 112.

表2-1 EU主要15か国における貨物・旅客輸送量シェアの推移

貨 物				単位(%)
	道路	鉄道	内国水路	パイプライン
1970	48.6	31.7	12.3	7.4
1975	54.5	26.7	10.6	8.2
1980	57.4	24.9	9.8	7.9
1985	61.3	23.7	8.9	6.1
1990	67.5	18.9	8.3	5.3
1994	71.7	14.9	7.7	5.6

旅 客				単位(%)
	自動車	バス	鉄道	航空
1970	75.1	12.5	10.3	2.1
1975	75.8	12.0	9.5	2.7
1980	76.9	11.4	8.5	3.2
1985	77.0	10.5	8.1	4.4
1990	79.0	9.0	6.9	5.1
1994	79.7	8.3	6.2	5.8

出所：Commission of the European Communities (1996), pp. 41-42.

う扱いであった[7]。

ただし、画期的とも思われた欧州指令91/440そのものは、その後の鉄道産業に与えた影響としてはあまり大きなものとはならなかった。なぜなら、事業免許および安全規制は運行しようとするそれぞれの国で交付される必要があったほか、技術的な側面でも直通運行（インター・オペラビリティ）が確保されていなかったためである[8]。その課題を認識したEUは、2001年から2016年に至るまでの鉄道パッケージ（Railway Packages）を設定し、欧州単一の鉄道市場の創設に向け、段階的に市場の自由化を迫ることとなった[9]。

(2) イギリス国鉄改革の枠組み

欧州で進められた鉄道改革のなかでも、イギリスはもっとも早い段階で鉄道

---

6 なお、オープン・アクセスは最終的には旅客・貨物いずれのサービスにも適用されることが期待されていたが、旅客については基本的に不採算であることが多く、貨物サービスに関する改革が先行して実施された面がある。つまり、この時点でのオープン・アクセスは、おもに国際複合貨物事業者を念頭に置いたものであった。そのうえで、彼らが線路使用において価格および線路容量を差別的に取り扱われないようにすべきことが求められた（Nash, C (2006), p. 28.）。

7 European Communities (1991), p. 26.

8 Commission of the European Communities (1996), p. 8., Nash, C. (2006), p. 28.

9 具体的な取り決め事項は、線路利用料の設定やダイヤ配分のルール、鉄道事業免許、運転士の認証、安全規定、およびこれらの鉄道規制をEUとして担うEU鉄道局（European Railway Agency: 第4次パッケージではEuropean Union Agency for Railwaysに改称された）の設立が行われた。

イギリスの鉄道は上下分離により民営化された

改革に取り組むとともに、もっともドラスティックにその改革を断行した国として知られる。イギリスでは前述の1991年の欧州指令（91/440）に従う形で改革がスタートし、具体的な方針は1992年7月に公表された白書 "New Opportunities for the Railways: Privatisation of British Rail" において示された。その方針を反映したものが、翌年の鉄道法（Railways Act 1993）であり、同法に基づき鉄道改革が実施されたのである。

　イギリス鉄道改革の特徴は、次の2点である。第1に垂直統合の組織であった旧国鉄を、オペレーション部門とインフラ部門で資本関係をまったく持たない形で上下分離したこと、第2に、オープン・アクセスを認めながらも、基本的には路線単位でのフランチャイズ入札により列車運行会社の競争を促したことである。

　本節では、さしあたり第1の上下分離に注目し、その改革の概要について組織間関係の観点でまとめる。上下分離により、オペレーション部門とインフラ部門に分割されたが、前者はさらに細分化され、列車運行会社（TOC: Train Operating Companies）および貨物列車運行会社（FOC: Freight Operating Companies）と、車両リース会社（ROSCO: Rolling Stock Companies）に分割民営化された（図2-1）。

　また、インフラ部門も純粋な民間会社として株式上場を果たした。そして、車両保守会社や線路のメンテナンスを請け負う会社も含めると、合計で約100にも上る組織に分割民営化された[10]。旅客列車の運行を担う TOC は鉄道産業で中心的な役割を担っているが、彼らの経営資源となる車両や線路については

---

[10] ただし、これらの株式売却は1993年の鉄道法施行時に一斉に実施・完了したわけではなく、1997年にかけて順次実施された。

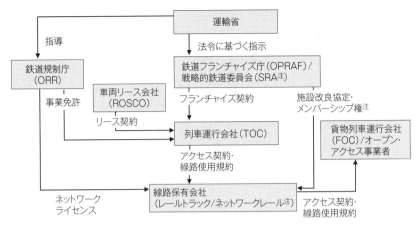

注 図中にある戦略的鉄道委員会（SRA）およびネットワークレールは、2001年の鉄道事業の
　規制主体および線路保有会社の再編ののちに誕生した組織である。したがって、それまで
　は施設改良協定やメンバーシップ権のように、線路保有会社との直接的な関係は存在しな
　かった。
出所：National Audit Office（2004），p. 2. および Lawrence, G.（2000），p. 10. を参考に作成。

図2-1　イギリスの鉄道産業における相互関係

リースで調達している。車両についてはそのリース会社（ROSCO）、インフラ
については線路会社と契約を結んで旅客輸送にあたる。

　鉄道改革の初期段階において ROSCO は3社（Angel Trains Ltd、Porter-
brook Leasing Company Ltd、HSBC Rail Ltd）が設立され、インフラ部門に
ついては全国をカバーする独占の民間会社「レールトラック」が設立された。
しかし、レールトラックは2001年に倒産し、破産管財人による管理を経て
2002年に「ネットワークレール」という、政府主導の新たな組織に再編され
現在に至っている。

　一連の改革では、民間企業の創設以外に、規制当局も複数創設された。代表
的な規制当局は「鉄道フランチャイズ庁（以下、OPRAF：Office of Passen-
ger Franchise）」である。イギリスの鉄道改革では上下分離を行い、複数の
TOC を参入させたが、TOC どうしの競争は「フランチャイズ」という路線ご
との営業権の獲得をめぐる入札競争であった。

　そのフランチャイズを配分したのが、当初、運輸省傘下に設置された OPRAF
であった。しかし、OPRAF は1999年に新たに設置された戦略的鉄道委員会

（以下、SRA：Strategic Railway Authority）に役割を移管する形で再編され
た。さらに、2006年にはそのSRAも政府への権限移譲とともに廃止され、現
在、フランチャイズ交付の役割は運輸省自らが担っている。

　なお、上下分離の実施によって独占的な地位を得たレールトラックの独禁規
制や線路使用料については、鉄道規制庁（ORR：Office of Rail Regulator[11]）
が規制した。他方、安全規制の運用は、改革当初は「安全衛生庁（HSE：
Health and Safety Executive)」の担当であったが、2006年にSRAが廃止され
ると同時に、その役割はORRに移管された。現在では、鉄道に関する政策立
案は一元的に運輸省が担うこととなっており、多くの権限は運輸省に集約され
ている。

2-3　改革の実施による成果と課題

(1)　フランチャイズ制による改革

　イギリスの鉄道改革において、上下分離に次ぐ大きな特徴は、「フランチャ
イズ制」を導入したことである。前述の民営化を決定づけた1992年の白書で
は、上下分離とオープン・アクセスによる改革のメリットとして次の点を指摘
していた。すなわち、①利用者ニーズの反映、②独占の廃止と競争促進、③経
営の自由度の拡大、④サービスの質に関する明確な基準の設定と強制力の確
保、⑤事業者のインセンティブ向上、⑥効率性の拡大、である[12]。このよう
に、④以外の点については、基本的には民間所有によって効率的な鉄道産業へ
の脱却を期待する項目であり、上下分離とオープン・アクセスを強く促す内容
であった。

　しかし、上下分離を実施することによるメリットは、おもに貨物輸送と、旅
客部門では都市間輸送を担うインターシティに限られていることも同時に認識
していた。つまり、地域輸送（リージョナル）やとりわけロンドン南東部を走
る路線（サウス・イースト）は、従来から補助金に大きく依存しており、それ
らの商業的な自立を期待することはできなかったのである[13]。

---

[11] ORRは、2004年にOffice of Rail Regulation、2015年にOffice of Rail and Roadと名称が変更
されているが、線路使用規制の役割は当初から変わっていない。
[12] Department of Transport（1992), pp. 4-5.

　一般的に商業的に成り立たない路線は廃止に追い込まれるのが必定だが、それは政治的に許されるものではなかったともいえる[14]。オープン・アクセスの下で同一路線上での競争が生ずれば、収益性の高い線区に新規参入が集中し、内部補助の原資となる独占的利潤を消滅させることになる。このことは、結果的に政府の補助金支出の拡大につながり、鉄道改革の目的そのものから逸脱してしまうという懸念があったからである。

　そのため、イギリスの鉄道改革では極めて限定的にしか同一路線上での複数事業者間による競争を活用せず、基本的にはフランチャイズ制の下でサービスを提供するという方策がとられた[15]。つまり、それぞれの路線について、最低限の運行頻度や運賃などをあらかじめ定め、それに呼応する民間事業者を入札で選び、運行を委ねるという方法が採用された。なお、フランチャイズの設定にあたっては、国鉄時代のサービス改善プログラムを実施する際に、路線別収支の改善を狙って設置されたプロフィット・センターをもとに、合計で25の路線が設定された[16]。

　ただし、このフランチャイズ入札は単にその入札額だけで落札者が決まるわけではなく、応札時に事業者の提示するサービス水準と列車運行計画、運賃制度、旅客サービス実績などをもとに、政府が総合的に落札者を定めることとなっている。そして、フランチャイズを獲得したTOCは当該路線の収益性に応じて、政府に収益の一部を「プレミアム」と称する名目で支払う。もちろん、設定された25路線はいずれも収益的であったわけではなく、いわゆる不採算路線もあった。このように当初から採算がとれないと予想された路線については、事実上、補助金入札となっている。なお、当初配分されたフランチャイズ期間は7〜10年が中心であった。

---

[13]　白書によれば、サウス・イーストに関しては、約12.2億ポンドの収入のうち、約3.5億ポンドは補助金（収入に占める割合は28％）、その他のリージョナル路線は約9.1億ポンドの収入のうち約6.3億ポンドは補助金（収入に占める割合は69％）であると述べている（Department of Transport（1992）, p. 9.）。

[14]　Nash, C.（2004）, p. 89.

[15]　フランチャイズ協定を締結せず、ORRによって特定の区間を運行する事業者として認定された場合は、「オープン・アクセス事業者」となる。現在、5事業者のみが存在する（Rail Executive（2015）, p. 8.）。

[16]　プロフィット・センターの詳細については、Bartle, I.（2004）, pp. 8-9. を参照。

(2)　鉄道改革の帰結

　改革当初、この仕組みの下で鉄道旅客をとり戻し、一定の成果を上げること
ができた。旅客キロでは、1993 年鉄道法が施行された翌年の最低値 288 億人
キロが、2000 年までに 390 億人キロへと劇的に回復を遂げた。同様に、定期
旅客列車の輸送力も 1997 年度から 2000 年度の間に列車キロベースで約 5,100
万キロ拡大した。イギリス全国の路線総延長は約 1 万 6,000 キロであることか
ら、大幅な列車本数増を記録したことがわかる。実際、改革直後からサービス
の拡大によって旅客数および旅客収入はインターシティ、首都圏、リージョナ
ルのいずれのカテゴリにおいても年々拡大した。この傾向は現在に至るまで一
貫しており、その面で鉄道改革は大きな成果を上げたといえる（図 2-2）。

　しかし、鉄道事業をめぐっては必ずしも成功とはいえない側面も露呈した。
改革当初においてもっとも深刻な問題と認識されたのは、2001 年に民間の線
路保有会社であるレールトラックが破綻したことであった。破綻の直接的な要
因は、2000 年にロンドン近郊のハットフィールドで発生した列車脱線事故、
およびその事故補償や政府に求められた線路投資の拡大に対応できなかったこ
とである。そのため、結果的に政府が管財人を立てて破綻処理が進められ、
2001 年に新しくネットワークレールという非営利の民間会社に再編された。

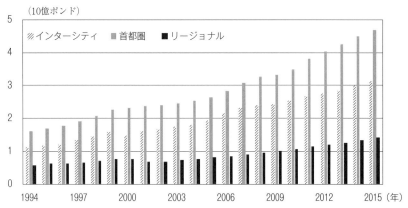

注　金額は 2015 年を基準に GDP デフレータで実質化している。
出所：ORR "NRT Data Portal" から作成。

図 2-2　旅客部門の収入

　このような帰結に至ったことについて、イギリス政府は積年の投資不足が大きな要因だとしている。確かに、線路の更新工事の総量を調べると、民営化の直前の 1993 年には総延長約 550km の工事が実施されていたが、1996 年には半分以下の 250km 程度に落ち込んだ。しかし、イギリスの線路の総延長を考慮した場合、イギリス会計検査院は年間 800km の更新工事が必要であったと指摘している。あわせて、その水準が達成できていたのは 1970 年から 80 年代初頭の一時期に限られていることも指摘している[17]。つまり、設備投資の不足という問題は民営化による新たな課題というよりも国鉄時代から抱えてきた積年の課題であった面が強い。

2-4　鉄道再改革の模索

(1)　鉄道インフラの維持管理をめぐる課題

　このように、劣悪なインフラの状況で国鉄から資産を受け継いだレールトラックは、本来であればインフラの改良を行うことが期待されたはずである。それでも更新投資を放置してしまったのは、レールトラックが上場株式会社という純粋な民間事業者であったため、株主への配当を重視するあまり設備投資を軽視したという批判もある。しかし、仮にそうだとしても、線路の利用者が利用に応じた料金を負担し、その負担分で新たに投資が行われるといったような循環を構築できなかったことが問題であろう。そして、それは上下分離によって生じた産業の構造や規制の枠組みによってもたらされた問題ともいえる。

　鉄道インフラの所有と維持管理を担ったレールトラックは、TOC から得られる線路利用料の収入を拡大させるために設備投資を行うと期待されたが、実際にはそうならなかった。その原因のひとつと考えられているのが、線路利用料の設定ルールである。つまり、料金の構成として、固定費の割合があまりにも大きく、線路を利用する回数や重量等に起因する線路の摩耗に応じた可変的な費用の割合が極端に小さかった。つまり、8%分が電力など線路使用の多寡に応じた費用であったが、残りの 92% は固定的な費用に相当するものであった[18]。

---

[17] National Audit Office (2004), pp. 2-3.

線路の更新・高規格化はいまなお課題になっ
ている

　固定的な料金がほとんどを占めることになれば、すでに固定料金を払ったTOCにとっては、列車の増発はしやすい。他方、貨物やフランチャイズ以外のオープン・アクセス事業者たちが線路を利用する場合、その路線でフランチャイズを持つTOCと線路容量の利用について交渉しなければならないが、それは交渉コストの面からも厳しい。なにより、貨物やオープン・アクセス事業者が既存のフランチャイジーたるTOCよりも、線路利用に対して高い価値を見いだしていたとしても、実際にはダイヤ調整の観点から線路を利用することが難しいのである。つまり、線路容量の非効率な利用に結び付きやすいという構造的な問題があった[19]。

　実際、線路の利用を決定づけるダイヤ調整は、空港の発着枠以上に複雑で列車相互に影響を与え合う。さらに、既存の線路容量の利用だけでなく、線路に対する投資の要求水準もTOCによって異なる。高速列車を希望するTOCが要求する線路規格と、貨物やリージョナル列車の要求する線路規格は違うだろう。そのため、投資に関する意思決定の調整に手間取り、結果として設備投資を遅滞させてしまった。

　加えて、規制当局側の問題もあった。ダイヤ調整で紛争が生じた場合、12項目に及ぶ基準（Decision Criteria）により仲裁されることになっていたが、その項目について優先劣後が示されないなどあいまいであったため、調整をさらに困難なものとしていた[20]。こうした反省から、よりインフラ投資を戦略的

18　レールトラックの全費用のうち、37％はそれぞれのTOCが必要とする容量を提供するための長期増分費用（long-term incremental cost）によりTOCに負担を求め、43％は共通費として車両走行キロやTOCの収入に応じて負担を求めた。そして残りの12％は駅・車庫に関わる費用として、共通費と同じように負担を求めた（Nash, C.（2004）, p. 106.）。

19　Nash, C.（2004）, pp. 107-109.

20　Nash, C.（2004）, pp. 90-91.

かつ円滑に進めるべく、フランチャイズ配分だけを担う OPRAF に代わって SRA が設置された。

　しかし、この措置によっても、改革以来の鉄道コストを抑制しようとする ORR との間で、必ずしも規制当局として連携のとれた方向性が示せたわけではなかった。最終的には鉄道産業の大局的な方向性について戦略を描くことを期待された SRA すら廃止し、フランチャイズ配分からネットワーク戦略に至る一切の計画策定および運用を運輸省（DfT：Department for Transport）自らが描くという形に戻された。あわせて 2001 年には新しくネットワークレールとして再編された（図 2-3）。

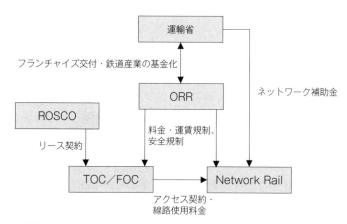

出所：National Audit Office（2004）, p. 2 および Lawrence, G.（2000）, p. 10. を
　　　参考に作成。

図 2-3　鉄道産業における再編後の相互関係

(2)　フランチャイズをめぐる課題

　TOC の運賃収入は旅客が急増したこともあり拡大傾向にある。しかし、費用も増加し、結果的にその差を補助金で穴埋めするという繰り返しに陥っている。なお、補助金は事業者と政府が契約する「フランチャイズ協定」において定められる[21]。路線の営業権たるフランチャイズは入札によって TOC に配分されるが、大半のフランチャイズは非収益的であり、実際には補助金入札の側

面が強くなっている。

　政府としてはサービスが改善されるのであれば、補助金の増加はやむを得ないとの立場であるが、安易な補助金への依存はかえって鉄道自体の競争力を削いでしまいかねない。当初は収益的な部門として鉄道産業を支え、交付される補助金額も次第に低下させられると期待されていたが、実際には交付される補助金総額は減少するどころか、改革当初から振り返ってみると、かえって増加していることがわかる（図2-4）。

　なかにはTOCの財務状況が急速に悪化し、契約を締結した当初のフランチャイズ協定で定められた内容を遵守できず、契約内容についての再交渉を持ち出す事業者が現れるなど混乱をきたした例もある。東海岸本線のフランチャイズをめぐって繰り広げられた混乱はその典型例である。2005年に入札過程を経て、グレート・ノーザン・イースタン・レールウェイ（Great Northern Eastern Railway）にフランチャイズが交付されたが、18か月後に同鉄道の親会社シー・コンテナ（Sea Containers Ltd.）が経営破綻したことを受け、政府はフランチャイズ協定を急きょ終了させることとした。その後、2007年12月に行われた新たな入札によって、イギリスの大手バス会社、ナショナル・エクスプレス・グループのナショナル・エクスプレス・イースト・コースト（National Express East Coast）がフランチャイジーとして14億ポンドで落札した。しかし、2008年ごろから経済の低迷によって旅客輸送量が予想以上に下回るようになり、2009年初頭から経営の行き詰まりが顕著になってきた。

　そこで、同社は政府に財務的な支援を求めて再交渉に応じるよう要請したものの、政府は2009年、再交渉を拒否するとともにフランチャイズ協定を再び終了させ、2015年ごろまで政府直営で列車運行サービスを提供するということを決断した[22]。時限的な措置とはいえ、再国営化という結末に至ったのである。結果的に2015年3月にステージ・コーチとバージン・グループの共同事業体がフランチャイズを獲得し再び民間運営に戻された。

---

[21] 協定ではフランチャイズ期間や補助金額（収益的なフランチャイズの場合は国への納付額）、サービス水準と列車運行計画、運賃制度、旅客サービス実績に基づくインセンティブなどが定められる。

[22] 詳細はDepartment for Transport（2010）, pp. 7-9.

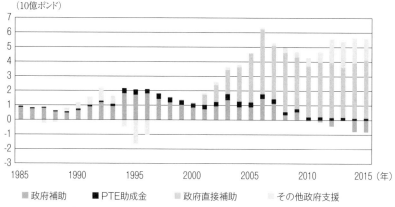

（10億ポンド）

注　金額は 2015 年を基準に GDP デフレータで実質化している。なお、「その他政府支
援」には、フランチャイズの売却収入のほか、交通警察など政府と密接な関係に
ある組織への補助が含まれる。
出所：ORR "NRT Data Portal" から作成。

図 2-4　鉄道産業に対する政府補助の推移（単位：100 万ポンド）

　この東海岸本線をめぐるフランチャイズの混乱は、フランチャイズ入札と事業リスクの分担に関する問題をはらんでいる。TOC が財務状況を急速に悪化させた背景には、フランチャイズ入札において需要等に関する自らの見通しを実際よりも楽観的に捉えて強気の入札を行ったことで、予想に反して負担が重くなり経営を圧迫してしまったと指摘されている[23]。フランチャイズの入札段階において、適切に将来の予測ができればこうした問題は生じないが、現実には需要は景気状況等に応じて変動し、入札段階での予測から乖離してしまう。

　一方、レールトラックの破綻以降、イギリスの鉄道政策として、競争促進よりも線路や駅、車両などへの投資を急ぐことに力点を置くようになり、鉄道事業に関わる事業者についても、まずは経営を安定化させることが優先されるようになっている。フランチャイジーに投資を促すためには、投資に見合うだけの収益を確保する機会を与えなければならない。

　投資額が大きくなればそれだけ回収期間が長くなるため、収益性を重視する TOC の経営を鑑みれば契約期間は長期の方が望ましい。そのため、政府とし

---

[23] National Audit Office（2015）, p. 9., Oxera（2012a）, p. 1.

ても事業者の経営安定化を図りつつ投資を促進させる観点から、当初7年程度としてきた契約期間を長く設定したり、期限の延長を認める傾向にある[24]。

　しかし、一方で契約期間を長くすると、将来の需要の見通しが立てにくくなるというジレンマもある[25]。このため、政府はフランチャイズ協定において、需要変動リスクの大部分を政府が担う仕組みを取り入れている。つまり、収入が入札時の予測より一定以上、下回った場合、予測値と実現値の差額について政府が補填し、一方で予測より収入が上回った場合は上回った分の50％について政府と利益を共有する[26]。

　また、何らかの事由により契約に不履行が生じた場合、政府が供給責任を負い、TOCから業務を引き継いで旅客輸送を継続することとなっている。これは、予期せぬショック等により旅客輸送量が激減した場合や事業者が破綻した場合の措置を用意し、旅客にサービスの供給遮断、すなわち旅客列車サービスの廃止というリスクを負わせないという立場から実施されるものである。このように、補助金総額の増大という民営化当初の政策目的からの乖離に加えて、リスク分担までも民間サイドに移転しない制度設計になっている。

2-5　政府による関与の必要性

　国鉄の再生と補助金の削減などを狙ったイギリス鉄道改革は、上下分離とフランチャイズ入札を組み合わせた形で実施された。そして、サービスの供給量の増加に従って旅客数が順調に増加したのは、改革の大きな成果であった。一方、インフラへの設備投資はレールトラックの破綻をきっかけとして、制度上の課題も露呈した。そして、その後は政府主導の制度設計に修正されつつある。一連の改革から、次の点を示唆として読み取ることができる。

　まず、民営化によりサービス改善に向けた設備投資をTOCやレールトラックなど民間事業者に委ねることになったが、短期的な利潤を求めざるを得ない

[24] Department for Transport（2010）, pp. 10-12.
[25] Department for Transport（2010）, p. 30.
[26] より具体的には、収入が予測値と比較して98％以下になった場合は乖離分の50％、予測値と比較して96％を下回った場合は乖離分の80％を政府が補填する。一方、実際の収入が予測値と比較して102％以上となった場合は、上回った分の50％を政府にプレミアムとして納める（Office of Rail Regulation（2012）, pp. 16-17.）。

事業者にしてみれば投資に対して躊躇する面があった。とりわけ上下分離の結果、複雑な合意形成が必要になると、事業者間での調整に手間取り、円滑な投資プロジェクトの阻害要因となる。

　ただし、上下分離はその要因とはなり得たものの、合意形成の問題は制度設計の工夫によりある程度回避できたかもしれない。少なくとも政府はレールトラックの破綻当時から、上下分離を見直してふたたび国営化に戻すことはないと明言しているが、政府による仲裁機能は円滑な合意形成における要諦であろう。つまり、依然として政府はきわめて重要な役割を担っている。

　しかし、現実には政府機能として ORR と OPRAF/SRA、HSE といったさまざまな機関のはざまで、各主体の役割分担が不明確となり、仲裁ばかりか戦略性も十分発揮できず、いわば責任者不在の状況に陥った。利害の調整を必要とする戦略的なインフラ投資の実現を図るうえでは、競争環境のルール策定も担う政府が主導的立場としてリードせざるを得ない。

　さらに、当初 TOC どうしの競争促進が期待されたが、レールトラックの破綻後はフランチャイズを統合するとともに、契約期間も延長する傾向が強くなった。また、政府と民間事業者との間でリスクシェアのメカニズムを導入して、民間事業者の事業環境の改善が図られている。民間事業者は短期的な費用の削減だけでしか対応できないため、こうした投資リスクを緩和する支援策は不可欠なものと判断されている。

　わが国においては 2011 年に PFI 法が改正され、コンセッションに基づくインフラ運営が期待されている。コンセッションも事業運営権の民間への売却を行うものであり、その点でフランチャイズと目的は同じである。その際、インフラの更新投資も含めたあらゆる事業とそれに伴うリスクを民間に移転するということは通常考えられない。当然、官民分担のあり方について、民間に移転する事業とリスクの範囲について検討をしなければならない。

　イギリスのフランチャイズ制を用いた鉄道改革の例でみたように、事業者のリスク軽減は経営の見通しを立てやすくなるという点でメリットをもたらすと考えられるが、事業リスクをすべて取り払うと事業者のモラルハザードをもたらしかねない。このように、大規模な投資も考慮した長期のフランチャイズ協定では、どの範囲まで民間事業者がそうしたリスクを担えるのかという検討が

必要で、契約のなかでそれを明確化できるかどうかが、その成否を左右するものと考えられる。

【参考文献】

1) Bartle, I. (2004) *Britain's Railway Crisis: A Review of the Arguments in Comparative Perspective*, Occasional Paper, No.20, Centre for the Study of Regulated Industries, University of Bath.

2) Bartle, I. (2005) *The 2004 Rail Review: Towards a New Regulatory Framework*, Occasional Paper, No.24, Centre for the Study of Regulated Industries, University of Bath.

3) Commission of the European Communities (1996) *White Paper: A Strategy for Revitalising the Community's Railways.*

4) Department of Transport (1992) *New Opportunities for Railways: The Privatisation of British Rail*, HMSO.

5) Department for Transport (2010) *InterCity East Coast Franchise Consultation.*

6) Department for Transport (2011) *Realising the Potential of GB Rail: Final Independent Report of the Rail Value for Money Study, Detailed Report.*

7) European Communities (1991) *Official Journal of the European Communities*, Legislation L237.

8) Gómez-Ibáñez, J.A. (2003) *Regulating Infrastructure: Monopoly, Contracts, and Discretion*, Harvard University Press.

9) Gómez-Ibáñez, J.A. and G. D. Rus (*eds.*) (2006), Competition in the Railway Industry: An International Comparative Analysis, Edward Elgar.

10) House of Commons Transport Committee (2017) *Rail Franchising: Ninth Report of Session 2016-17*, HC66.

11) Lawrence, G. (2000) *The Rail Industry in Great Britain- Institutional and Legal Structure 2000/2001*, Industry Brief, Center for the Study of Regulated Industries, University of Bath.

12) Mercer Management Consulting (2002) *The GB Rail Industry: In Its Own Words, Problems and Solutions.*

13) National Audit Office (2004) *Network Rail- Making a Fresh Start*, The Stationary Office.

14) National Audit Office (2015) *Reform of the Rail Franchising Programme*, HC604.

15) Nash, C. (2004) "What to Do about the Railways?", Robinson, C. (ed.) *Successes and Failures in Regulating and Deregulating Utilities: Evidence from the UK, Europe and the USA*, Edward Elgar.

16) Nash, C. (2006) "Europe: Alternative Models for Restructuring", Gomez-Ibanez, J.A. and G. D. Rus (*eds.*), *Competition in the Railway Industry: An International Comparative Analysis*, Edward Elgar.

17) Office of Rail Regulation (2012) *Costs and Revenues of Franchised Passenger Train Operators in the UK.*

18) Oxera (2012a) "Sold to the slyest bidder: optimism bias, strategy and overbidding", *Agenda*, September 2015, pp.1-5.

19) Oxera (2012b) *Disincentivising Overbidding for Toll Road Concessions: prepared for the*

Australian Department of Infrastructure and Transport.

20) Rail Executive（2015）*Passenger's Guide to Franchising.*

21) 植草益（2000）『公的規制の経済学』NTT 出版.

22) 小役丸幸子（2002）「レールトラックの破たんをめぐって」『運輸と経済』第 62 巻第 4 号，pp.79-85.

23) 小役丸幸子（2012）「イギリス鉄道における改革の評価と新たな動き」『運輸と経済』第 72 巻第 7 号，pp.71-80.

24) 西藤真一（2004）「英国における鉄道設備投資と市場設計」『公益事業研究』第 57 巻第 4 号，pp.31-38.

25) 西藤真一（2013）「鉄道：フランチャイズ契約」，山本哲三・野村宗訓（編著）『規制改革 30 講—厚生経済学的アプローチ—』中央経済社，第 25 講所収.

26) 醍醐昌英（2009）「英国の旅客鉄道事業のフランチャイズ設定に関する一考察」『交通学研究』2008 年研究年報，pp.121-130.

27) 堀雅通（2000）『現代欧州の交通政策と鉄道改革－上下分離とオープンアクセス』税務経理協会.

第3章　わが国における空港改革の進展

3-1　空港運営の課題

　わが国の空港運営をとりまく環境は年々厳しさを増している。首都圏においては拡大する航空需要に対応して発着処理能力を拡充させるとともに、東アジア地域における経済の拠点化に向け、国際空港としての機能強化が模索されている。しかし、大都市圏を除く多くの地方空港では、一部に旅客取扱量を拡大させることに成功している空港もあるが、伸び悩んでいる空港も多い。

　国内に限って旅客航空輸送市場の環境を概観すると、他の交通機関、とりわけ新幹線との競合が激化している。2010年12月には八戸～新青森、2011年3月には九州新幹線の博多～新八代、2015年3月には長野～金沢、2016年3月には新青森～新函館北斗がそれぞれ開通した。その他の区間も着工・計画が進められ、いずれの区間も航空輸送にとって強力な競争相手となっている。

　すでに国内には97空港が存在し、配置的側面においては「概成した」とされる[1]。大都市以外の地域における人口減少や経済の伸び悩み、新幹線をはじめとする他の交通機関との競合等により航空旅客がこれまでのように伸び続けるとは限らない。他方、国や地方の財政は疲弊し、財政措置を講じて航空路線を維持・利用促進するという方法ももはや限界にきている。今後は各空港を効率的に維持運営し、利用者にとって質の高いサービスを提供することを通じた利用者の獲得が求められる。

　すでに、国の空港政策の力点は整備から運営にシフトしている。実際、2013年にいわゆる「民活空港運営法」が定められたことを受け、各地で空港における民間活用が進められるようになった。ただ、あくまで一般論ではあるが、空港運営を民間に委ねられる空港は概して旅客数の多い空港に限られるのではないかとも考えられる。

　もっとも、最近では旅客数の多い国管理空港ばかりでなく、地方管理空港で

---

[1] 国土交通省交通政策審議会航空分科会（2002）, p. 11.

も民間による運営委託に向けた手続きが進められるようになってきた。たとえば、北海道の複数空港の一括民営化や、但馬空港や鳥取空港、南紀白浜空港の民営化は代表的な例であろう。本章では今後の空港運営を考えるうえで不可避となる空港の収支の実態を概括する。

3-2　これまでのわが国における空港整備

(1)　空港整備の枠組み

わが国では戦後から7年間にわたって連合国軍総司令部（GHQ）により民間航空輸送が禁止され、飛行場や航空保安施設はすべて連合国軍の管理下に置かれた。やがて朝鮮戦争の勃発を受け、1951年に日本国独自の資本による航空の自主運航が認められることとなった[2]。旧日本軍の飛行場を利用して再開されたものの、当時は全国に6空港しか存在しない状況で、全国の航空ネットワークは脆弱であった。

高速鉄道のない時代にあって、南北3000キロメートルにわたるわが国の国土において、点在する都市を結ぶためにも航空輸送網の確立は急務と考えられていた[3]。そこで、国は1956年に「空港整備法」により、設置・管理・費用の負担に関する主体を定めた。国際航空路線に必要な飛行場として、第1種空港、主要な国内航空路線に必要な飛行場は第2種空港、地方の航空輸送を確保するうえで必要な空港は第3種空港に区分され、それぞれの港格に応じた整備事業費の負担率と補助率が定められたのである。

その後、1961年には国内幹線路線にもジェット機が就航し、1967年には戦後初の国産旅客機としてYS11型機が就航するなど、航空需要は飛躍的に拡大した（図3-1）。このように、将来にわたって航空需要の高まりが予見されるなかで、計画的な空港整備を行うため、政府は「空港整備五か年計画」ならび

---

[2] 1950年に「日本国内航空運送事業運営に関する覚書」によって航空輸送は解禁されたものの、外国航空会社による運航が示されるなど、国際民間航空条約で定められるカボタージュを侵すものであった。そこで、日本国の資本による国内航空輸送を主張し、1951年に「日本資本による国内航空運送事業許可の覚書」が発令された。外国航空会社への運航委託という形態ではあるが、航空自主権を回復した動きとして重要である（加藤・引頭・山内（2014）, pp. 2-4.）。

[3] 参議院（1956）, pp. 1-2.

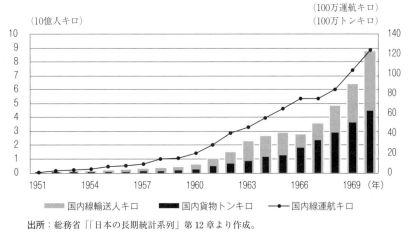

（10億人キロ）　　　　　　　　　　　　　　　　　　（100万運航キロ）
　　　　　　　　　　　　　　　　　　　　　　　　　（100万トンキロ）

出所：総務省「『日本の長期統計系列』第12章より作成。

図 3-1　戦後の航空需要の高まり

に「空港整備特別会計」を創設し、空港整備を推し進めたのである。

(2)　空港整備の概成と運営の効率化

　前述の枠組みの下で、わが国では航空需要の増大に対応した空港整備と、ジェット化や機材の大型化に対応した滑走路の延長整備などを推進してきた。その結果、現在では共用空港数は 97 にまで拡大している。すでに空港までの1 時間圏内でアクセスできる人口も、2002 年の段階で国内人口の約 75％、2 時間圏内を想定すれば約 97％も占める状況であり[4]、空港の配置的側面からの整備は全国的にみれば概成したものと考えられている[5]。

　もっとも、2002 年の答申で述べられているように、国際航空需要の伸びが見込まれる一方、国際競争力を強化するための国際拠点空港整備に対する必要性が薄れたわけではない。わが国が世界経済における中心的な役割を果たすためには、大都市拠点空港の整備を欠かすことはできないうえ、近年では耐震性の確保や国際的な安全基準の強化にしたがった機能強化も必要とされる。その

---

[4] 国土交通省交通政策審議会航空分科会空港整備部会（2002）「参考資料」第 1 回空港整備部会資料 5。
[5] 国土交通省交通政策審議会航空分科会（2002）, p. 3.

ため、全体の傾向としては投資の重点化を図り、大都市拠点空港の整備を進める一方、その他の一般空港については既存ストックの有効活用による利便性や効率性の向上に向けた取り組みが重視されるようになっている。

　他方、空港をとりまく環境も、空港整備法が定められた当時とは大きく乖離するようになった。たとえば、地方空港にも国際線が多数就航しているほか、原則として国が整備ならびに維持管理すべきと定めた旧第1種空港においても、株式会社が整備・運営する空港が存在するなど、実務的な側面において、法に定める原則と現実が乖離した状態が続いていた。

　このようなことから、2008年に「空港整備法」は「空港法」として新たに定められることになった[6]。これによって、全国の空港を「拠点空港」、「地方管理空港」「共用空港」に区分し、拠点空港については「会社管理空港」、「国管理空港」、「特定地方管理空港」というように実態に合わせた区分により整理された。

　このうち、「拠点空港」は国際航空輸送網や国内航空輸送網における拠点となる空港と位置づけられ、具体的には「会社管理空港」に区分される成田国際、中部国際、関西国際、大阪国際の4空港と、「国管理空港」と区分される19空港、および国が設置し地方公共団体が管理する「特定地方管理空港」の5空港の、計28空港である。

　「地方管理空港」は空港法第5条第1項に規定され、国際航空輸送網または国内航空輸送網を形成するうえで重要な役割を果たす空港で、地方公共団体が空港の設置および維持管理者となっている。また、地方管理空港は全国に54空港が存在するが、このうち礼文空港は2009年4月から2021年3月末まで供用が休止されているほか、福井、小値賀、波照間、伊江島の4空港には定期便が就航していない。「共用空港」は空港法附則第2条第1項に規定され、防衛省もしくは米軍が設置および維持管理を行っている。共用空港として国内に8飛行場が指定されているが、この中に含まれる千歳飛行場には定期便は就航していない。

---

[6] ただし、空港区分を実態にあわせて整理した以上の変化はみられなかったのが実態である。詳しくは加藤・引頭・山内（編著）（2014）, p. 30.

　なお、これらの国管理、特定地方管理、地方管理、共用空港といった設置および維持管理者に基づく区分は、空港法の前身となる空港整備法の分類を引き継いだものであり、大きな相違はないという面はある。とはいえ、実態に即して今後の整備・維持管理の枠組みを示した点は大きな転換であった。

(3)　空港運営を担う主体

　空港は航空機が離着陸するための施設であり、多様な主体がそれぞれの役割を担うことでひとつの空港としての機能をまっとうしている。ひとつの空港内にある施設を、おおまかに分類すると、基本施設（滑走路や誘導路、エプロン）、附帯施設（排水施設や護岸、道路、自動車駐車場および橋梁）、管制施設、ターミナルビルとなる。

　基本施設と附帯施設については、空港の設置および維持管理者がその施設の造成、維持管理にあたることが多いが、それ以外の各施設は異なる主体がそれぞれの事業を担うのが一般的である。なお、管制施設についてはすべての空港において国が設置管理および運営を担っている。そして、それらの施設に関する整備事業費は、空港法によってそれぞれ負担割合が定められている（表3-1）。

　もちろん、上記の分類以外にも空港内に施設は存在する。たとえば、給油や機体整備等の航空機サービスのための施設や、税関、出入国管理および防疫等のＣＩＱ業務に関わる施設などである。航空機サービスのための施設について、会社管理空港ではそれぞれの会社が行っているが、それ以外の空港では独立の民間企業がサービスを提供するのが一般的である。また、ＣＩＱ業務については管制業務と同様、国がその役割を担うこととなっている。

　このように、ひとつの空港に多様な主体が関わっている。この背景には、戦後復興の過程で最初に整備された東京国際空港の旅客ターミナルビル整備がある。当時、東京国際空港の旅客ターミナルビルを建設するための資金を国の財源で賄うことができなかったため、独立の民間資金によりターミナルビル会社を設立させ、民間会社がターミナルビルを整備した。これが、その後の空港整備の一般的な形式として定着し、現在のような多様な主体が空港運営に関わることになったのである。

表 3-1　空港整備事業における国の負担率および補助率

空港の種類	負担補助の別	負担補助の別	新設または改良					災害復旧	地方空港整備特別事業
			一　般	北海道	離　　島	奄　美	沖　　縄		
東京国際空港	負担	基本施設	100%	-	-	-		100%	-
		附帯施設	100%	-	-	-		100%	-
上記空港を除く国管理空港	負担	基本施設	2/3	85%	80%		95%	80%	-
		附帯施設	100%	100%	100%		100%	100%	-
特定地方管理空港	負担	基本施設	55%	2/3	80%		90%	80%	-
	補助		-	-	-		-	-	40%以内
	補助	附帯施設	55%以内	2/3以内	80%		90%	80%以内	0%
地方管理空港	負担	基本施設	50%	60%	80%	80%	90%	80%	-
	補助		-	-	-		-	-	40%以内
	補助	附帯施設	50%以内	60%以内	80%	80%	90%	80%以内	0%
自衛隊共用空港	負担	基本施設	2/3	85%	-	-		80%	-
		附帯施設	100%	100%	-	-		100%	-

注1　拠点空港のうち、成田国際空港は成田国際空港株式会社が、中部国際空港は中部国際空港株式会社が、関西国際空港は平成 24 年 7 月 1 日まで関西国際空港株式会社が、平成 24 年 7 月 1 日以降は新関西国際空港株式会社が、大阪国際空港は平成 24 年 7 月 1 日以降新関西国際空港株式会社が設置管理者である。

注2　基本施設とは、滑走路、着陸帯、誘導路、エプロン、照明施設および政令で定める空港用地をいう。

注3　附帯施設とは、排水施設、護岸、道路、自動車駐車場および橋をいう。

注4　一般、北海道および災害復旧については、「空港法」および「同法施行令」による。

出所：国土交通省航空局（2012）『数字で見る航空 2012』航空振興財団、p. 172。

　このように空港の整備主体とは別の民間の主体がターミナルビルを整備したが、彼らが自由にターミナルビル事業を展開できたわけではなかった。たとえば国が整備した空港におけるターミナルビルの敷地はあくまで国有地である。したがって、その空港用地は国有財産法に定める行政財産の一部として位置づけられた。そして、その使用については 1958 年の大蔵省通達「行政財産を使用又は収益させる場合の取扱いの基準について」が適用され、特別の定めがない限り国有財産である空港用地上で自由な営業施策の展開ができないということになっていた。

　もちろん、現在ではこの規制の運用は弾力化されたほか、そもそも地方管理空港は国有財産ではないことから当該通達の対象外である。しかし、空港の設置・運営者とターミナルビルをはじめとして、非航空系を担う多数の事業者が

ひとつの空港用地に立地するという形式はいまや定着している。空港活性化に向けた取り組みが必要とされるなかで、各主体が緊密に連携できなければ空港の収益性向上は望めない。こうしたことから、空港の主要な収入源となる基本施設とターミナルビルの一体運営が求められるようになったのである[7]。国管理空港を中心に議論されている空港運営権の売却（コンセッション方式の採用）は、こうした問題意識の延長上にある。

3-3　わが国における空港改革の背景

（1）　民間活用に向けた検討

　わが国の空港経営改革は2011年のPFI法の改正および2013年の「民間の能力を活用した国管理空港島の運営等に関する法律」、いわゆる「民活空港運営法」が成立したことにより本格的に実施されるようになった。ここに至るまでの政策動向の要点をまとめる。まず、2009年から翌年にかけて開催された国土交通省成長戦略会議における議論で、わが国のインフラ整備についての大まかな方針が示された。わが国の財政は社会保障関係費が拡大する一方、公共事業費が年々削減される状況にあり、今後は「財政に頼らない成長」が重要で、地域や企業の創意工夫による経済成長に期待するとされた。そして、そのひとつの方策として、官民が連携した協力体制のもと「民間の知恵と資金」を活用することが打ち出された。

　とりわけ航空分野では、オープンスカイ政策の推進を前面に打ち出し、LCCをはじめとする航空会社の新規参入、およびアジアの航空需要の取り込みを狙った施策の展開が図られた。他方、航空会社が乗り入れる空港については大都市圏空港を中心とした投資の重点化、ならびに空港経営の効率化などが目指された。なかんずく、経営の効率化については「中期的な目標」としてターミナルビルなどの空港関連企業と基本施設との一体運営と、民間への経営委託ないし民営化を図ることが重点項目に掲げられた[8]。

---

[7] ただし、会社管理空港の場合は、基本施設および附帯施設の一部（駐車場や関西空港の橋梁施設のうち鉄道施設など）、旅客ターミナルビルは空港の設置および維持管理者たる各会社が一体的にその役割を担っている。

[8] 国土交通省成長戦略会議（2010）, p. 5.

　前節で述べたように、わが国では羽田空港のターミナルビル整備をひな形としてきたため、航空系事業と非航空系事業がそれぞれ別の主体によって運営されてきたという歴史がある。しかし、非航空系事業で獲得する収入は、航空系事業の外部性から得られる部分とみなされ、両者は一体化することが強く求められてきた。

　ただし、国土交通省成長戦略が公表された 2010 年の時点において、現在の空港民営化で活用されている「コンセッション」は法制化されているわけではなかった。交通分野で前述の検討が進められる一方、2010 年 2 月に内閣府に設置された PFI 推進委員会では、コンセッションを導入することを念頭に置いた PFI 法改正の議論が進められていた。その議論では、2011 年度までに公物管理の民間開放[9]、公務員の民間への出向の円滑化、民間資金導入が予定され、2013 年度までには公共施設を PFI 手法で整備できるように法整備する計画で進められた[10]。かくして、2011 年 5 月に「民間資金等の活用による公共施設等の整備等の促進に関する法律の一部を改正する法律」（いわゆる「改正 PFI 法」）が成立し、2013 年 6 月に前述の「民活空港運営法」が成立するに至ったのである。

(2)　空港整備の特別会計の廃止

　全国的に、地域に偏りなく円滑に空港整備を進められたのは、財政的な仕組みとして「空港整備特別会計」が設けられたからであり、そこでは収入プール制が採用されていた。なお、2008 年度以降、この特別会計は「社会資本特別会計」の一部である「空港整備勘定」に編入されたのち、2013 年には同会計も廃止された。現在、空港整備勘定は自動車安全特別会計に統合され、そのなかで経過勘定として管理されるにとどまっている。

　ここで、最終年度となった 2013 年度の状況を概観する。羽田空港の新滑走路が 2010 年に供用が開始され、首都圏空港の整備も一巡した状況下では、歳入・歳出に大きな特徴の差はみられない。当該年度における空港整備勘定の当

---

[9] 2008 年に空港整備法から空港法に改められたが、同法では民間による運営を前提とした設置管理者の定めはなかった。

[10] 石田・野村（2014）, p. 14.

初予算は 3,298 億円であった。歳入にあたる部分には、空港のおもたる利用者
である航空会社を通して最終的に航空利用者が負担している空港使用料収入
（2013 年度当初予算ベースでは 1,960 億円）のウェイトが大きく、歳入全体の
約 60％を占める。空港使用料収入には、国管理空港における航空機の着陸料
や航空航行援助施設使用料などが含まれている。

　そのほかの歳入としては、一般会計からの繰り入れ（同 767 億円、歳入全体
に占める割合は 23％）がある。この中には航空機燃料税（同 500 億円、同
15％）が含まれており、これも最終的には航空利用者が負担している。航空機
燃料税の税率は 1 キロリットルにつき 18,000 円が課金され、2013 年度当初予
算における税収総額は 643 億円である。そのうちの 9 分の 7 が特別会計に編入
され、その額は 2013 年度については 500 億円である。また、東京国際空港の
拡張が完了し新施設の供用が開始された 2010 年度まで、財政投融資や地方公
共団体からの借入金（2010 年度の当初予算で 882 億円）が歳入の部に計上さ
れていた。

　一方、歳出としては、国管理空港の維持運営や航空保安施設の保守に使われ
る空港等維持運営費（2013 年度当初予算ベースで 1442 億円、全体の約 44％）、
空港整備事業費（同 490 億円、15％）がある。なお空港整備事業費は、東京国
際空港の拡張が完了し、新施設の供用が開始された 2010 年度（1,565 億円）
を境として大幅に減少している。

　わが国の空港整備が概成した状況では、空港整備の特別会計制度もそのあり
方の変容を迫られてきた。以下の 2 点は、会計制度の仕組みから生ずるいくつ
かの課題に注目した指摘である。

　まず、空港整備の特別会計がプール制を採用していることに対する指摘であ
る。地方においては航空需要が、空港設置時に計画された予測よりも下回る空
港も多くみられるようになった。わが国の航空旅客数の大半は拠点空港のなか
でもいわゆる幹線路線に集中しており、地方路線のウェイトは低い。航空会社
にとっては各路線の収益性を無視できなくなりつつあり、利用が低迷する路線
を縮小する傾向にある。

　つまり、戦後以降のわが国における空港整備を急速に進めるうえでは、プー
ル制は有効に機能したが、その反面、事業の採算性や利用者獲得といった、い

わば空港経営における自律性の側面ではむしろ課題が残されているとの認識が高まってきた。

　また、特別会計制度そのものについても、特定化された予算よりも、使途を毎年の予算にあわせて柔軟に配分できる予算の方が社会厚生上は効率的であり、特定財源への依存は財政の硬直化をもたらすとの指摘もあった。こうしたことを背景に、2006年6月に施行された行政改革推進法では、企業会計の慣行を参考にした財務情報を開示して国家財政の総覧性を高めることを目的として、2010年度までを目途に特別会計を統廃合する方針が示された[11]。

　それを具体化したのが2007年4月に施行された特別会計法であり、2008年4月、空港整備特別会計は治水や道路整備、港湾整備等の特別会計と統合し、社会資本整備事業特別会計に一元化された。さらに、2013年の「特別会計に関する法律の一部を改正する等の法律」によって、社会資本整備事業特別会計も廃止された。

(3)　収支の開示と空港運営の効率化

　2008年に成立した空港法に基づき、今後の空港の中長期的な整備と運営のあり方を示すため、同年12月に「空港の設置及び管理に関する基本方針」が策定された。空港政策の重点はすでに整備から運営にシフトしているが、今後はより効果的かつ効率的な運営を模索し、利用者便益の増進に努める必要がある。

　これまでの空港整備に関する特別会計制度では空港ごとの収支を明示するには至っていなかった。そこで、コスト低下に向けたより一層の努力を各空港に意識させることを目的として、国管理空港を対象として各空港別の収支を2008年度以降継続して公表することとなった。

　ただし、空港の維持管理にかかる会計はあくまで公会計であり、企業会計と集計方法が異なっている。国が開示する国管理空港の収支についてはあくまで企業会計を適用した場合の試算結果である。同様の理由から公会計で歳入と歳出の各項目で計上された金額を、どのように各空港に按分するかといった視点から、当初、試算は4つのパターンが用意された。

---

[11]　一連の特別会計改革によって、2006年に31の特別会計が2011年度には17にまで減少した。

　一方、地方管理空港については、国土交通省が自治体に自主的な情報公開を促した結果、国管理空港の収支が開示された時点から5年後には、26自治体61空港が情報を開示するに至った。ただし、その内訳は公会計に基づくキャッシュフローが示される程度で、国管理空港で行われているような企業会計に基づく財務データの試算結果に関する開示はほとんど行われていない。

　加えて、各県によって集計・開示している収入・費用の項目が異なっており、一覧して比較することができない。たとえば、静岡空港においては費目として保安関係費、空港土木施設管理費、航空灯火施設管理費、駐車場管理運営費、事業所運営費等、周囲部管理・環境対策費、浄化槽施設管理費、給油施設管理費など費目細目まで計上されたのに対して、他の空港ではこれらを「空港維持管理費等」にまとめられていたりする。わが国の空港財務の通覧性を確保し、それぞれの空港運営の効率化を促すうえでも、今後は地方管理空港についても国管理空港と同様、企業会計ベースで統一した試算結果を示すことが期待される。

3-4　空港運営の実態

（1）　空港の収入と費用

　国土交通省が空港別の収支を開示しているのは、2006年度以降の国管理空港の収支についての試算結果である[12]。図3-2は、その試算に基づく国管理空港の航空系収入、すなわち基本施設の収入の推移を示したものである。これによれば、2011年度を境に下げ止まりがみられるものの、それまでは東京国際空港（羽田空港）を除いて収入は減少傾向をたどっていた。

　なお、この期間において収入の内訳を詳細に調べると、空港の土地や建物の貸付料収入はほぼ一定で推移しているため、この変動は着陸料収入が要因となっている。一方、羽田空港のみ着陸料収入をほぼ一貫して増加させてきた点は特筆できる。これは航空会社が羽田に航空路線を集中化させてきたという背

---

[12] コンセッションスキームが導入された空港は、この収支試算からは除外されている。仙台空港（2016年7月）、高松空港（2018年4月）、福岡空港（2019年4月）はそれぞれ民間による運営が開始されている。本章では、可能な限り最近までの状況を把握する一方で、できる限り多くの空港を比較するため、2016年度までのデータを使用する。

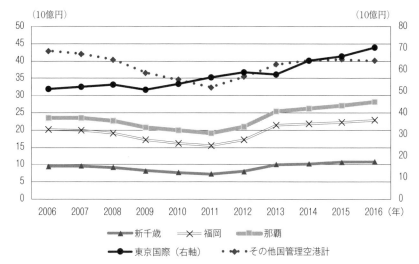

出所：国土交通省「国管理空港（共用空港を含む）の空港別収支」から筆者作成。

図 3-2　国管理空港の収入推移

景を反映していると考えてよい。

　他方、国管理空港の基本施設にかかる費用については、空港によって特徴は多様である。これは計画的に実施される空港整備費の支出が空港ごとに違うほか、空港が民有地を使用している場合の賃借料や環境対策費、除雪費などが空港の立地条件によって大きく異なるからである。

　また、特殊なケースとして、年度によっても費用支出が大きく変動する場合がある。たとえば、2011 年度以降の東京国際空港（羽田空港）における減価償却費が他年度と比較しても突出して大きな値を示しているが[13]、これは前年度の桟橋構造物を利用した D 滑走路供用に伴う資産増加に対応している。仙台空港についても同様に、東日本大震災で被災した施設の復旧のために空港整備費が他年度に比べて突出して大きくなっている。空港別に収支を比較する場合、これらの空港別の特殊要因について理解しておくべきであろう。

　ここで、収支を比較するために 2016 年度の EBITDA（Earnings Before In-

---

[13] 2010 年度では約 200 億円であるが、2011 年度は約 440 億円、2016 年度でも約 380 億円が計上されている。

terest, Taxes, Depreciation, and Amortization）について以下で確認する。EBITDA は利払い前・税引き前・償却前の利益水準のことである。通常、この指標は国によって制度が異なる税制や減価償却制度などを考慮しないようにすることで、グローバルな観点で企業業績を比較するために用いられる。しかし、ここでは空港によって大きく異なる減価償却費を考慮しないようにすることで、営業を通じて得られる純粋なキャッシュフローを確認することを目的に用いている。

　図 3-3 は国管理空港の基本施設収支に加えて、ターミナルビルや駐車場などの収支も加味し、EBITDA をベースとして示したものである。1,000 万人以上の乗降客数を取り扱う空港には、東京国際（羽田）、新千歳、福岡、那覇の4 空港が存在する。各空港の航空系事業に関する EBITDA は、東京国際（435 億円）、新千歳（47 億円）、福岡（▲ 36 億円）、那覇（▲ 55 億円）である。

　そして、この図から、EBITDA ベースで基本施設収支が黒字となるのは、東京国際と新千歳を含む計 6 空港、赤字となるのは計 19 空港であることを把握できる。福岡や那覇は旅客数、着陸回数は多いものの、空港の基本施設として民有地を借り上げていること、特に福岡では騒音対策に費用がかかることが基本施設の収益を圧迫している。一方、基本施設に加えて、ターミナルビルや

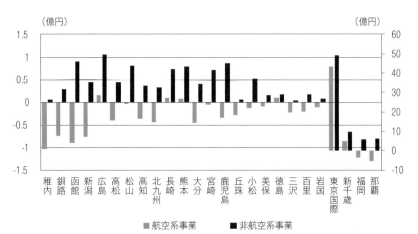

注　1000 万人以上の乗降客数を抱える那覇，福岡，新千歳，東京国際の 4 空港は右軸。
出所：国土交通省（2017）「国管理空港（共用空港を含む）の空港別収支」から筆者作成。

図 3-3　国管理空港における航空系・非航空系事業の EBITDA（2016 年度）

駐車場の収支を合算した試算結果で黒字となるのは、東京国際（926億円）、新千歳（143億円）、福岡（22億円）を含む16空港、赤字となるのは9空港となり、基本施設だけの場合と比較すると対照的である。

　次に、地方管理空港の収支について以下で確認する。ほとんどの地方管理空港の収支は空港別にその財務が開示されているとはいえ、前述のとおり一覧で比較が可能なデータとしては開示されていない。また、個別にターミナルビル会社の財務状況について公開されてはいるものの、基本施設との一体運営を見越した情報開示はまったく行われていない。したがって、収入や費用に関して空港間で比較することは不可能である。

　そこで、2005年度の財務データに関して自治体へのアンケート等をもとに加藤・引頭たちが試算した結果を参照する（図3-4）。地方管理空港の収支は国管理空港と比較して収支は小さく、なおかつほとんどの空港が一体運営を行った場合においても収支はマイナスとなっている。これは収入規模、およびそれに影響を与える旅客取扱数がもともと小さいことが理由として考えられる。

　離島を除く地方管理空港のなかで、2016年の実績において100万人以上の乗降客数を抱える空港は、神戸（270万人）、岡山（144万人）、青森（107万人）、の3空港のみである。空港の設置者は国であるが維持管理を自治体が担う特定地方管理空港も含めれば、100万人以上の旅客を取り扱っているのは小松（171万人）、秋田（123万人）、旭川（114万人）が追加され、計6空港となる。

　これに対して、国管理空港では先に示した25空港のうち、17空港が100万人以上を取り扱っている。このように、地方管理空港は概して規模が小さく、たとえ非航空系の収入を組み込んで基本施設と一体運営を行ったとしても商業的には成り立ちがたい。乗降客数が少ないことから地方の各空港では利用促進に向けた対策が実施されている。

　たとえば、着陸料・停留料等の減免措置は、航空会社の負担軽減を通じて就航意欲を刺激し、ひいては利用者の利便性を確保する考えのもとで実施されている。さらに、航空旅客に対しても助成金を分配して利用率向上に取り組む空港もある。しかし、これらの取り組みは、もともと少ない収益源をさらに失い、財政的負担を拡大することにつながる面も否めない。したがって、こうし

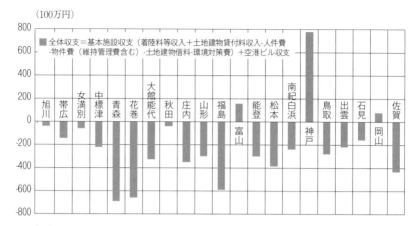

出所：加藤一誠・引頭雄一（編著）（2009）『今後の空港運営のあり方について』航空政
　　　策研究会，p. 72.

図3-4　地方管理空港における収支（減価償却を含まず）

た措置の実施および空港の維持管理のあり方について、地元で十分な理解を得
ることが必須である。

(2)　収入源多様化の必要性

　現在の空港運営では、安全運航の確保にとどまらず利用者にとって利便性と
質の高い航空サービスの提供が求められる。それゆえ、空港運営においても一
般企業のような経営的な発想が求められる。空港にとってのおもな収入源は、
着陸料収入とターミナルビル収入である。空港が独立的な運営を模索するうえ
では、これらの収入を全体として引き上げるために柔軟な料金体系を設定して
誘客を図り、既存設備の最大限の活用を目指さなければならない。

　しかし、その収入源となる着陸料については、今後、増加を期待できる状況
ではない。1便あたりの乗降客数をみると、地方管理空港の発着便では約100
人でほぼ一定であるのに対して、会社管理および国管理の空港を発着する便の
1便あたりの乗降客数は減少している（図3-5）。

　とりわけ、国内路線が集中する羽田空港では大幅に減少している。このこと
は、先に示したように羽田をはじめとする拠点空港の発着路線では、機材のダ
ウンサイジングが実施された一方で、多頻度運航が行われるようになったこと

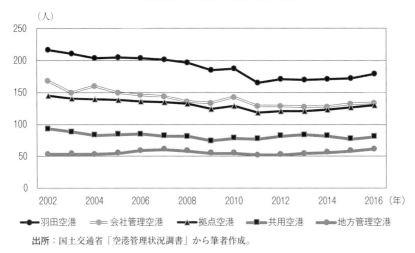

出所：国土交通省「空港管理状況調書」から筆者作成。

図 3-5　1 便あたりの乗降客数の推移（2002〜2011 年度）

と表裏一体の関係を示している。

　機材のダウンサイジングの一方で増便が行われるのであれば、収入は変わらないかむしろ増加する。しかし、わが国の空港を発着する便数は、東京国際空港を除き減少傾向にある。このことは、機動的な着陸料体系を打ち出そうとする空港運営者にとって減収要因となる。加えて、航空会社向けの着陸料減免措置はこれまでの着陸料収入をさらに減少させる要因となる。航空会社にとっては、就航路線で得られる収益性の維持が必須であり、収益性を維持するためには機材の小型化等を通じた効率化が必要となる。しかし、空港にとっては旅客減となる傾向が強く、このことがひいてはターミナル収入にもマイナスの影響を及ぼす。

3-5　民間運営への期待と地方空港の現実

　2010 年に示された「国土交通戦略」では、「民間の知恵と資金」の活用が提示され、航空分野においては公共施設等運営権の民間への付与、すなわちコンセッション方式の導入が検討されることとなった。そして、その検討結果は 2013 年 6 月に成立した「民間の能力を活用した国管理空港等の運営等に関する法律」に反映され、民間による基本施設と附帯施設の一体的な運用を実現で

きる道筋がつけられた。

　おりしも LCC が地方の主要空港にも就航しつつあることと軌を一にして、外国人観光客数が急増している。こうした追い風を受けて好業績を記録している空港も少なくない。旅客数が従来から比較的多い国管理空港を中心に、コンセッション方式の活用に向けた検討が順次進められている。

　もちろん、それ以前から地方管理空港の静岡空港や県営名古屋空港では指定管理者制度を活用してきた。特定地方管理空港の旭川空港においても「総合的維持管理業務委託」と称して民間への一括運営委託が実施されてきた。こうした施策は実施例が限られているほか、管理を指定された管理者が代行するのみで、経営一切を委ねられているわけではない。そのため、地方管理空港においても、上記のコンセッション方式を含めた新たな維持管理策を模索しているところである。

関西空港ではコンセッション方式による民営化が行われた

広島空港など国管理空港の民間運営に向けて議論が進む

　ただし、上述のように乗降客数の少ない地方管理空港にあっては、たとえ非航空系収入を合算しても黒字になる空港は限られている。現実的には、キャッシュフローでも黒字が見込まれない空港では、コンセッション方式を活用した民間活用や独立採算による維持管理は極めて困難であるといわざるを得ない。もちろん、空港はそもそも巨額の投資が必要で懐妊期間も長く、民間による整備を見込めないからこそ公共セクターが空港整備を行ってきたのであって、短期的な収支のみで空港の存廃を決定することは適当ではない。しかし、いずれの自治体にお

いても従前の空港運営を漫然と続けられるような財政状況ではなくなっている。

今後の人口減少も踏まえると、地方空港はその管理者の如何を問わず、ますます厳しい環境におかれることは間違いない。空港は地域にとっての財産であり、その最

インバウンドの拡大を受け非航空系事業は好業績

大の受益者となる地域が応分の負担が求められるのは不可避である。だからこそ、利用者にとって利便性の高い地域の交通機関のあり方について広く検討しなければならないし、空港に限れば運営の効率化に向けた努力も必要である。

【参考文献】
1) Kato, K., Uemura, T., Indo, Y., Okada, A., Tanabe, K., Saito, S., Oguma, H., Yamauchi, H., Shiomi, E., Saegusa, M., and K. Migita "Current Accounts of Japanese Airports", *Journal of Air Transport Management*, Elsevier, Vol.17No.2, pp.88-93.
2) 石田哲也・野村宗訓（2014）『官民連携による交通インフラ改革─PFI・PPPで拡がる新たなビジネス領域』同文館出版.
3) 引頭雄一（2008）「空港整備・運営の課題」『IATSS review』国際交通安全学会，第33巻第1号，pp.42-49.
4) 上村敏之（2008）「空港整備に関わる特別会計の現状と将来」『運輸と経済』第68巻第8号，pp.55-62.
5) 内田傑（2008）「地方空港の現況と活性化方策」『運輸と経済』第68巻第8号，pp.38-46.
6) 国土交通省交通政策審議会航空分科会（2002）『今後の空港及び航空保安施設の整備に関する方策について』.
7) 国土交通省交通政策審議会航空分科会空港整備部会（2002）「参考資料」第1回空港整備部会資料5.
8) 国土交通省成長戦略会議（2010）「国土交通省成長戦略会議重点項目」.
9) 加藤一誠（2010）「地方空港における国際化の進展と空港制度改革の課題」『運輸と経済』第70巻第6号，pp.32-39.
10) 加藤一誠・引頭雄一（編著）（2009）『今後の空港運営のあり方について』航空政策研究会.
11) 加藤一誠・引頭雄一・山内芳樹（編著）（2014）『空港経営と地域─航空・空港政策のフロンティア─』成山堂書店.
12) 国土交通省（2013）「国管理空港（共用空港を含む）の空港別収支」
13) 斎藤貢一（2011）「関西三空港問題の解決に向けて～関空・伊丹一体化法案の成立～」『立法と調査』No.319，pp.40-49.
14) 西藤真一（2011）「旭川空港における空港運営効率化に向けた取り組み」『運輸と経済』第71

巻第4号，pp.81-87.

15)　西藤真一（2014）「空港経営の財務構造と資金調達―航空系収入」，加藤一誠・引頭雄一・山内芳樹（編著）『空港経営と地域―航空・空港政策のフロンティア―』，成山堂書店，第7章1節所収.

16)　参議院（1956）「第二十四回国会参議院運輸委員会会議録第七号」.

17)　杉谷愛・丹生清輝（2010）「地方空港における国際路線・旅客の推移と現状」『国土技術政策研究所資料』第603号.

18)　福山潤三（2007）「空港整備特別会計の見直し」『調査と情報』第573号.

19)　村上英樹・加藤一誠・高橋望・榊原胖夫（編著）（2011）『航空の経済学』第4刷，ミネルヴァ書房.

20)　山内弘隆（2006）「交通社会資本の特質と費用負担について」『運輸と経済』第67巻第1号，pp.18-26.

第2部　多様化するインフラ事業の担い手

第4章　空港の民間運営と出資者の姿勢

4-1　空港民営化の推進と新たな運営の担い手

　わが国ではいわゆる地方空港をとりまく環境は厳しく、その維持運営のあり方が焦眉の政策課題となっている。収益性の低い航空路線は運休・廃止に追い込まれ、発着回数の少ない空港では存続そのものが危機的な状況といってよい。空港整備は配置的な側面で考えれば「概成した」とされる現在では、それぞれの空港の独立性を重視した効率的な空港運営が求められている。

　わが国の空港運営の現状については、いくつかの研究でその収支は明らかになっているし、近年では国・地方とも収支の実態は明らかにされるようになってきた[1]。そして、一定の空港利用者を確保できれば、民営化やコンセッションなどの民間的な経営手法を導入できることが示唆されている[2]。

　実際、2011年には「民間資金等の活用による公共施設等の整備等の促進に関する法律の一部を改正する法律」（改正PFI法）が成立し、公物管理の民間開放、すなわち既存公共施設に対する民間運営を可能とし、民間資金の活用が可能となった。加えて、2013年には「民間の能力を活用した国管理空港等の運営等に関する法律」（民活空港運営法）が成立し、仙台空港や関西・伊丹空港、高松空港など各地で空港のコンセッションの導入が進められている。

　一般的に公共セクターよりも民間セクターによる空港運営のほうが効率的だとされる。ただし、「空港民営化」という場合、実際に採用される手法は幅広い。民営化はイギリスが世界に先駆けて実施したことはよく知られているが、それは必ずしも空港の株式売却を前提としていたわけではなく、株式会社化のみを実施し、実際の株式保有は自治体にとどめておく「会社化」なども選択肢

---

[1] たとえば、内田（2008）や加藤・引頭（編著）（2009）などがある。
[2] 国内41空港を対象に2005年度のデータを用いて推計した加藤・引頭（編著）（2009）の結果によれば、上下一体運営を実施した場合に黒字となるのは3空港のみとされている。減価償却費を考慮しないケースの推計でも黒字となるのは5空港にとどまる。ただし、減価償却費の負担を排除したうえで、乗降客数が200万人程度確保できるのであれば、「民間的な経営手法」を導入できる可能性を示している。

として存在した。また、イギリスではやや例外的ではあるが、所有権を公共セクターに残したまま運営だけを民間に委ねる「コンセッション方式」もルートン空港では採用された。これも株式売却とは異なる。

　すでに、この民営化について分析した研究は数多く蓄積されている。たとえば、所有権の違いを考慮した場合、民間所有の空港ほど効率性が高いことを実証的に示した研究や[3]、空港間の競争について取り上げ、空港所有が民間であろうと公共セクターであろうと、空港利潤の源泉たる旅客獲得を目標とした積極的な競争が展開されていることを積極的に評価した研究もある[4]。そして、その競争の成果として、航空会社との弾力的な契約や非航空系のサービスでも過去と比べると大きな改善がみられたことなどが示されている。

　このように、空港民営化は航空分野における規制改革の進展にあわせて、航空利用者に対するサービス改善を図るうえで、有力な方策として検討されるようになっている。空港民営化の過程で株式を民間に売却するかどうかは、政策当局の方針のみならず投資先としての魅力が判断材料のひとつである。空港を世界に先駆けて民営化したイギリスでは、ロンドン首都圏以外の地方空港でも旅客数が飛躍的に伸びている。これは、地方空港へのLCCの就航、およびEU域内の国際線需要の拡大が背景にある。全国規模で拡大する航空需要、そして空港の成長を背景に、イギリスではこれまで空港経営には関与してこなかった新しいタイプの投資家も空港運営会社の株式を取得し、運営に乗り出すようになってきた。

　ところで、同じ民間所有の空港であっても、その空港への出資者がどういう主体かによって、出資戦略は大きく異なるであろう。たとえば、出資割合や設備投資に対する姿勢など、空港経営に携わる姿勢が異なるのではないかと考えられる。これまでの先行研究では、所有が民間か公的所有かといった議論が多く、出資者のタイプによって経営姿勢がどう異なるのかということについてはあまり明らかにされてこなかった。そこで、本章ではイギリスの空港を例に、出資者のタイプによって出資や空港への設備投資に対する姿勢がどのように違

---

[3] たとえば、横見（2009）がある。
[4] Gillen（2011）や Graham（2007）.

うのか明らかにする。

4-2　イギリスの空港所有者の多様化

（1）　わが国の空港との対比

　イギリスの多くの空港では旅客数が大幅に増加している。イギリス民間航空局（CAA）が公表している Airports Statistics により、ロンドン地域の空港とそれ以外のいわゆる「地方空港」の利用者数の推移を確認する（図 4-1）。それによると 1999 年の時点では、ロンドン首都圏の空港が約 1 億 200 万人（国内全体の約 63%）、地方空港が約 6,100 万人（同、約 37%）であった。それが 2007 年にはロンドン首都圏の空港で約 1 億 4000 万人（同、約 58%）、地方空港は 1 億 300 万人（同、約 42%）となった[5]。

　なお、2006 年には初めて地方空港で 1 億人を突破した。1999 年から 2007 年の年平均の旅客数の成長率は首都圏の空港で 3.3% であるのに対して、地方空港のそれは 6.0% である。このように、地方空港を利用する旅客が 10 年弱の間に大幅に増えた。ちなみに、最新の 2016 年の実績では、ロンドン首都圏の

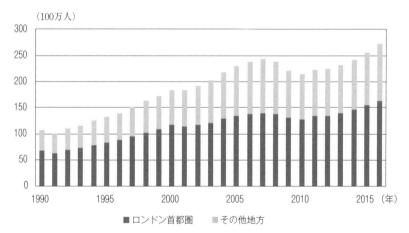

出所：CAA（各年版）から作成.

図 4-1　イギリスの空港利用者数の推移

---

[5] ただし、2008 年以降、景気後退とともに旅客数はやや落ち込んだ。しかし、その後、現在に至るまで再び拡大傾向をたどっている。

利用者数は1億6,300万人（同、約60%）、地方空港で1億860万人（同、約40%）となっている。

　このように、イギリスの空港利用者数は全体として増加している。それに加えて、地方空港の利用者数のみならず、全旅客数に占める割合も拡大していることは注目できる。他方、わが国の空港利用者数をみると、東京国際（羽田）、成田国際など首都圏の空港、ならびに年間利用者数が1000万人を超える大都市圏の空港では大きく旅客数を伸ばす一方で、それ以外の空港では大きく伸びているわけではなく、イギリスの状況はわが国のそれとは対照的である。

　空港の所有形態についてもイギリスとわが国では大きく異なる。イギリスの空港の所有実態はOFTによる調査で初めて明らかになった。当該資料は2008年時点の空港への出資者とその出資割合を示したものであるが、それ以降の更新はなされていない。個別の空港について公開情報があれば最新状況を明らかにできる空港もあるが、全空港を網羅したデータは当該資料しか存在しない。そのため、以下の所有実態についての記述は、特段の記述がない限り、2008年時点で集計されたOFTの資料を用いることにする。

　さて、イギリスの全59空港のうち、約半数の29空港は民間部門が所有する空港である[6]。2008年時点で、出資者の一部として公的機関が出資する空港は5空港であるが、そのうち発行済株式の50%以上を公的機関が握っている空港はニューカッスル空港（51%）のみである[7]。発行済株式のすべて（100%）を公的部門が保有する公企業、あるいは自治体直営の空港も24空港存在するが、自治体直営で運営にあたっているのは8空港にすぎない[8]。一方、わが国でも民間会社が空港運営にあたる「会社管理空港」は存在するが、その株主のほと

---

[6] 全59空港にはイギリス王室属領内の空港も含まれる。

[7] 一部公的機関が出資するその他の空港における公的機関の出資割合は、バーミンガム空港（49%）、ノリッチ空港（20%）、ダラム・ティーズ・バレー空港（25%）、ブラックプール空港（5%）である（OFT（2010）*Airports Ownership Database*）。なお、ブラックプール空港は、2014年10月に、当時所有者であったバルフォア・ベティによって閉鎖されたが、翌月に受け皿となる新たな企業（Squires Gate Airport Operations Limited）が負債の整理後、空港所有を引き受けることとなった（BBC（2014）"Blackpool Airport reopens to small aircraft", 12 Dec., 2014）。その後、ジェネラル・アビエーションなど小型機を中心とする空港として運営されてきたが、2017年9月にブラックプール・カウンシルによって再公有化されることになった（BBC（2017）"Blackpool International Airport bought back by council", 13 Sep., 2017）。

んどは国や自治体である。わが国でも「民営化」が進められているが、施設の
所有権は公共部門に残して運営のみを民間に委ねるコンセッション方式を基本
としている。

(2)　イギリスの空港所有者の特徴

　イギリスの空港民営化は、株式売却を通じて行われた。民営化当初、空港に
株式を取得し出資に応じたのは、運輸業や航空関連企業のほか、自治体が比較
的多かった。しかし、近年その出資者は多様化しており、従来にはみられな
かった出資者も多数出現している。

　たとえば、リバプール空港への出資者は、もともとは航空宇宙産業のブリ
ティッシュ・エアロスペース（76％）と地元自治体（24％）であったが、2008
年時点ではデベロッパーのピール・ホールディングス（35％）、海外の公的機
関であるバンクーバー空港公団（32.5％）、および金融投資家のシティ・イン
フラストラクチャー・インベスターズ（32.5％）である[9]。同様に、ブリスト
ル空港も鉄道やバスの運行事業を本業とするファースト・グループ（51％）と
地元自治体（49％）が株主であったが、現在の出資者の内訳は金融投資家の
マッコーリー・グループ（51％）とオンタリオ州教員年金基金（49％）である[10]。

　表 4-1 は OFT の資料を用いて、2008 年時点のイギリスの空港に出資する出
資者を分類したものである。まず、持株比率として、ある出資者が単独で
50％より多い株式を保有しているような空港（表上段）と、そうでない空港
（表下段）に分類した[11]。そのうえで、それぞれの空港に出資する出資者のタ
イプを「金融投資家」、「事業会社」、「公的機関」、「海外公的機関」に細目分類
した[12]。さらに、その空港への出資者に注目し、イギリス国内の複数空港に出

8　それぞれ、Alderney（アルダニー政府所有）、Guernsey（ガーンジー政府所有）、Isle of Man
　（マン島政府所有）、Jersey（ジャージー政府所有）、Lerwick（シェトランド諸島議会自治区
　所有）、Newquay（コーンウォール議会所有）、Isles of Scilly（シリー諸島議会所有）、Glou-
　cestershire（グロスタシャー州議会所有）の計 8 空港である。
9　リバプール空港は 1999 年から 2008 年の間で旅客数がもっとも拡大（4.1 倍）を遂げた空港
　である。
10　ブリストル空港は 1997 年に初めて株式を民間に売却した。
11　通常、議決権の割合は株式の保有割合に連動するので、株式の保有割合が単独で 50％を超
　えていれば、出資先企業を事実上支配できる。

表 4-1　空港への出資主体の分類

50%以上出資 するケース	複数空港への出資		特定の空港のみへの出資	
	出資者の数	出資先空港数	出資者の数	出資先空港数
金融投資家	1 (1)	2 (1)	3 ②	3 ②
事 業 会 社	3 (2)	11 (4)	9 ⑨	9 ⑨
公 的 機 関	2 (2)	15 (15) ⑭	11 ⑩	11 ⑩
海外公的機関	0	0	0	0
50%未満の出資に とどまるケース	複数空港への出資		特定の空港のみへの出資	
	出資者の数	出資先空港数	出資者の数	出資先空港数
金融投資家	4	17	8	8
事 業 会 社	1	3	1	1
公 的 機 関	0	0	5	5
海外公的機関	2	6	0	0
その他	0	0	2	2

　注　表中のカッコ内は3分の2以上の出資を行っている出資者および出資先となる
　　　空港の数、丸で囲った値は100%単独出資する出資者または出資先となる空港
　　　の数を表す。「特定の空港のみへの出資」する出資者と出資先空港の数は、「複
　　　数空港への出資」とは異なり、当然ながら一致する。
　出所：OFT（2010）から作成。

資する者と、特定の1空港にしか出資していない者に分類したうえで、そうし
た出資者の数および出資先となる空港の数を細目区分した。ここから、次の3
点を指摘できる。
　第1に、50%以上の株式を保有するケースは事業会社に多く、金融投資家は
その逆でごく少数である[13]。特に、金融投資家のうちイギリス国内の複数空港
に出資し、50%以上の株式を獲得して空港運営にあたっているのは、ロンド
ン・シティ空港（75%）とガトウィック空港（60%）に出資するグローバル・

---

[12] 「金融投資家」として分類したものには、プライベートエクイティ、投資ファンド、インフ
　　ラファンド、年金基金、政府出資ファンドが含まれる。また、「事業会社」は金融投資家
　　（金融業）以外の民間事業者を指す。「公的機関」は自治体や自治体所有企業が含まれる。さ
　　らに、「海外公的機関」はイギリス国外の公的機関が出資しているものが含まれる。なお、
　　これらの詳細分類はOFT（2010）にしたがっている。
[13] 持株比率が50%以上であれば、株主総会において半数以上の賛成が必要とされる普通決議
　　を可決でき、3分の2以上の比率となれば特別決議をも可決できるようになる。

インフラストラクチャー・パートナーズの1社のみである[14]。

　一方、金融投資家は50%以下の出資にとどまるケースが多い。金融投資家は出資先の空港経営に対して必ずしも積極的に関与する姿勢にあるとはいえず、実際の経営にあたる事業会社に資金を供給する見返りに配当でリターンを得る、もしくは転売によるキャピタルゲインを得るという、金融事業者の本来の役割を重視しているものと考えられる[15]。

　第2に、前述のように自治体直営の空港は少ないが、依然として公的機関が空港経営に関与している実態を把握できる。複数の空港に出資する公的機関は少ないが、特定の1空港に50%以上出資する公的な出資者は11主体存在する。また、特定の1空港にいくらかの割合を出資する公的機関は5つ存在する。

　たとえば、マンチェスター空港グループ（MAG：Manchester Airports Group）はマンチェスター空港のほか、イースト・ミッドランズ空港などの複数空港を運営する会社であるが、その出資者は地元の10地域の自治体のみで構成される。つまり、MAGは公的機関が100%出資する空港運営会社である。なお、表4-1で示したデータをとりまとめた2008年時点では、MAGはハンバーサイド空港やボーンマス空港も運営しており、このことも表4-1に反映されている。

　ところがその後、ハンバーサイド空港は2012年に航空会社のイースタン航空を運営するイースタン・グループに売却し[16]、ボーンマス空港も2017年12月に、航空事業や不動産業などを営むリグビー・グループ傘下のリージョナル＆シティ・エアポーツに株式を売却した[17]。一方、MAGは2013年2月にロン

---

[14] ただし、コペンハーゲン空港（Copenhagen Airports A/S）にも出資するマッコーリー・グループはコペンハーゲン空港を通して間接的にニューカッスル空港（49%）にも出資している。この意味で、マッコーリー・グループはイギリス国内の複数空港に出資しているともいえるが、今回は空港への1次的な出資者による分類とした。

[15] なお、ほとんどの金融投資家の出資比率は3分の1にも満たない。3分の1以上50%未満の出資比率の金融投資家はブリストル空港に49%出資するオンタリオ州教員年金基金と、Exeterに40%出資するギャラクシー（Galaxy S. ar. L）のみである。ちなみに、オンタリオ州教員年金基金はバーミンガム空港にも出資しているが、その比率は28.65%にとどまっている（OFT（2010））。

[16] BBC（2012）"Humberside Airport sold by Manchester Airports Group", 2 Aug 2012.

[17] Airports Council International（2017）"Rigby Group buys Bournemouth Airport for undisclosed fee", 5 Dec. 2017.

ドン・スタンステッド空港を買収した[18]。このように、公的機関とはいえ民間
企業のように収益性の観点から運営する空港のポートフォリオを柔軟に組み替
えている。公的機関が100％出資するものの、法律上は会社法に則った民間企
業が運営することを反映しているといえる。

　他方、近年ではいったん民営化した空港を再公営化する空港もいくらかみら
れるようになってきた。たとえば表4-1ではブラックプール空港は株式の一部
を公的機関が出資する空港として分類したが、民間の出資者による運営が行き
詰まったことをきっかけに、2017年以降は発行済み株式の100％を地元自治体
が出資する空港になった。そのほか、カーディフ空港やプレストウィック空港
も、現在は100％公有に戻されている。これらの空港も同様に、公的機関が
100％出資する空港である。ただし、これらの空港は前述のMAGのケースと
は異なり、空港の廃港に関わる重大な局面において、地元自治体が救済措置と
して出資したという側面が強い。いずれにせよ、民営化を実施したのちも、公
的機関は出資者としても大きな存在感を発揮している。

　第3に、複数の空港を運営する空港会社に100％単独で出資する主体は公的
機関を除いて存在しない。複数空港の運営会社に単独出資するのはスコットラ
ンド政府（ハイランド・アンド・アイランズ社：計11空港を運営）とマン
チェスター周辺自治体（MAG：計4空港）のみである。複数空港を運営する
空港会社に50％以上を出資する主体としてマッコーリー・グループやフェロビ
アルなど民間の出資者も存在するが、それらは必ず他の主体との共同出資の形
態をとっている。複数空港を民間1社で買収・出資するのは現実的には困難で
あるとともに、単独出資する特段のメリットも見いだせないためと考えられる。

　次に、表4-2は空港の旅客規模別に出資者を分類したものであるが、ここか
らも同様のことを把握できる。表4-2に分類した空港のうち、データの取得で
きる空港のみ2008年度の資産価額をカッコ内に示した。この表から、空港の
旅客取扱数が多くなるほど空港の資産価額が高くなっていることがわかる。こ
れは旅客数が大きくなるほど、ターミナルなどの各種施設の規模が大きくなる

---

[18] Financial Times（2014）"MAG says Stansted growth outperforms expectations" 15 Jul. 2014.

表4-2　空港の旅客数規模と空港出資者の分類

旅客取扱規模（2008年）	民営（100%単独出資の空港）	民営（50%以上の出資者が存在する空港）	民営（50%未満の出資者で構成される空港）	一部公的部門の出資	公企業・自治体直営	コンセッション
1000万人以上		Heathrow (9864.5), Stansted (1613.1), Gatwick (1925.8)			Manchester (1204.8)	Luton (157.4)
500-1000万人		Edinburgh (327.2), Glasgow (298.4), Bristol (117.9), Belfast int'l (166.2)	Liverpool (150.2)	Birmingham (434.1), Newcastle (362.3)	East Midland (274.3)	
100-500万人	Leeds Bradford (143.0), Prestwick, Belfast City	London City (240.2), Aberdeen (125.7), Southampton (111.0), Cardiff Wales			Bournemouth (94.4), Highlands & Islands total (99.9), Jersey	
50-100万人		Exeter (20.4)	Doncaster Sheffield	Norwich (35.0), Durham Tees Valley	Inverness, Guernsey, Isle of Man	
10-50万人	Plymouth, Coventry, Scatsta			Blackpool (13.4)	Newquay, Isles of Scilly (St. Mary's), Kirkwall, Stornoway, Sumburgh, Humberside	
10万人未満	Southend (4.2), Lands End, Cambridge, Isles of Scilly (Tresco heliport), Lydd, Shoreham, Kent				City of Derry, Gloucestershre, Barra, Benbecula, Cambeltown, Dundee, Islay, Tiree, Wick, Lerwick, Alderney	

注　CRI（各年版）から資産価額に関するデータを取得できる空港のみ、カッコ書きで2008年度の資産価額を示した。なお、単位は100万ポンドである。
出所：OFT (2010), CAA (2008), CRI (2008).

ことを反映していると解釈できる[19]。

　他方、出資者に注目したとき、公企業や自治体直営で運営されているのは、旅客数の極めて小さな空港が大半だということも把握できる。スコットランド政府（Scottish Ministers）が出資し、全11空港を運営するハイランド・アンド・アイランズ（以下、HIAL：Highland and Islands）が所有する空港も、インバネス空港以外は年間約10万人の旅客数もない小規模な空港である。このようなケースでは、民間主体での経営は困難であるが、地域経済を支えるインフラとして、空港の必要性を認識する地元スコットランド政府が強いコミットメントを発揮している。前述のブラックプール空港やカーディフ空港も、存廃の岐路に立たされるという重大局面において、地域政策の観点から100％株式を民間から買い戻し、再公有化した。

　一方、民間の100％単独出資により空港経営を行うケースは大規模空港にはみられず、きわめて小規模な空港で確認される。たとえば、ストバート・グループが出資するサウスエンド空港は、表4-2に示す2008年当時、旅客規模が4万人程度であり、資産価額も420万ポンドに過ぎなかった。前述のように、複数空港を民間出資者が買収するには、複数の出資者を募らなければ資金調達できないが、規模の小さな空港は資産価額が低いため空港を買収しやすい側面がある。

　なお、同空港はその後、滑走路の延長やターミナルの拡大などの急速な設備投資を行うとともに、2011年に空港に乗り入れる鉄道駅も開業させたうえで、その運営も手掛けるなどして、2015年には約90万人の旅客数を獲得するまでに急拡大した。LCCのイージー・ジェットが10年間のハブ機能を置く契約を締結したほか[20]、他のLCCも乗り入れたことがその背景にある。これら一連の設備投資の結果、期末資産は2015年度には1億2900万ポンドに拡大している[21]。

　しかし、小規模空港を単独で買収することに成功しても、サウスエンド空港のように旅客数を拡大できるとは限らない。旅客数の少ない空港では、乗り入

---

[19] なお、わが国では、滑走路や誘導路などの基本施設とターミナルビルは、それぞれ別の主体が所有・運営しているのに対して、イギリスではそれらが一体的に所有・運営されている。この点はわが国の状況と大きく異なる。

[20] サウスエンド空港のウェブサイトによる（Retrieved 23 Mar. 2018）。

[21] Leigh Fisher（2017）。

イギリスのリーズ・ブラッドフォード空港には LCC が多数就航し旅客数が急拡大した

れる航空会社次第で需要が大きく左右されることになるからである。たとえば、コベントリー空港のように極めて規模の小さな空港で、取引関係を持つ航空会社が1社のみという状況であれば、航空会社が撤退した場合に大きな打撃を受ける[22]。

　この点、こうした小規模な空港の運営を担う会社では、投資を抑制しながらも収入源を多様化させるといった対応をしている。具体的には、コベントリー空港に100%出資するパトリオット・アビエーション・グループは、同空港をベースに小型航空機の販売・リースのほか、操縦訓練学校を事業として営んでいる。同様に、シリー諸島空港（Isles of Scilly）に100%出資するブリティッシュ・インターナショナル社も航空機利用事業を営んでいる。このようにして、単独出資者は空港を活用した別事業を展開するなど、需要変動に対してある程度リスク分散を図っているともいえる。

4-3　空港経営に対する姿勢

(1)　空港投資の傾向

　本節では、現実の投資に対する空港経営者の姿勢を確認する。イギリス政府は地方空港の役割を積極的に強化する方針であり、2003年に政府の示した航空政策白書（*The Future of Air Transport*）のなかで、各空港は機能強化に向けた具体的なマスタープランを策定するよう要請している[23]。これに対応して

---

[22] コベントリー空港は 2008 年 10 月に航空会社（トムソンフライ）が撤退したのち、定期便が消滅した。2007 年の旅客数は 59.9 万人、2008 年は 33.1 万人であったものが、2009 年には 167 人、2010 年にはゼロとなった。

各空港ではターミナル拡張計画などを打ち出している。ここでは前節と同様の OFT のデータを使用し、2008 年度末の資産価額が 100 万ポンド以上の空港を大規模空港、それ以下の空港を小規模空港に分類したうえで、それぞれの空港の資産価額の推移について集計する（表 4-3)[24]。

表 4-3 では、旅客数の伸びに対応して資産価額が大きく伸びていることを確認できる。特に、もともと資産価額の大きい大規模空港は旅客数も多く、さらに伸び続ける旅客数に対応して施設拡張を進めていることがうかがえる。この点では民間所有の空港と公企業形態の空港で大きな相違はない[25]。HIAL など小規模空港のうち実質的に 100％を公的機関が所有する空港でも、積極的な投資を行っている。

しかし、エクセター空港やブラックプール空港などの小規模空港における資産価額について、2014 年以降は不明だが、それまでの状況ではほとんど伸びておらず、目立った投資は行われていないことがうかがえる。ただし、その時期にも旅客数は増加している。つまり、小規模な空港では余剰のキャパシティがあり、旅客数が拡大したという事実はそれを有効活用できるようになったと解釈できる。旅客の取り扱いさえ増加させることができれば、むしろ投資をしないほうが、企業経営にとっては効果的であろう。

(2)　空港の経営状況

次に、空港の規模別に空港の収入および利益の大きさについて確認する（表 4-4)。総じて規模の大きな空港ほど営業収入は大きく、小規模な空港ほど営業収入は少ない傾向がみられる。なお、HIAL は、スコットランドに 11 空港を所有する公企業形態の空港会社であるが、個別空港の経営状況については明らかにしていないため、ここでは 11 空港全体の状況を示している。

ところで、CAA が指摘するように、より多くの旅客を獲得すれば、おもに

---

[23] DfT（2003), p. 141.

[24] 資産価額の値は GDP デフレータで実質化している。

[25] たとえばリバプール空港では 2002 年に 1 億 3000 万ポンドをかけた新ターミナルを開業し、ブリストル空港でも 2015 年までに年間 800 万人の旅客取扱を目標に掲げてターミナルや駐機場、駐車場等の空港施設の拡大に動いている（Liverpool John Lennon Airport（no date）"Background Information", Bristol Airport（2006) *Bristol Airport Master Plan*, pp. 51-52.）。

表 4-3　空港の期末資産価額（実質値）と旅客数の推移

年度	旅客数（1000人）					期末資産価額（100万ポンド）年度				
	1999	2004	2009	2014	2015	1999	2004	2009	2014	2015
大規模空港										
民間所有										
Leeds Bradford	1,462	2,369	2,574	3,274	3,455	62	63	182	158	151
Edinburgh	5,119	8,018	9,049	10,160	11,115	227	326	424	507	884
Glasgow	6,814	8,575	7,225	7,716	8,714	325	318	350	N.A.	474
Bristol	1,993	4,647	5,643	6,340	6,787	78	138	157	151	175
Belfast International	3,036	4,407	4,546	4,034	4,391	143	147	155	136	132
Aberdeen	2,468	2,636	2,984	3,724	3,470	100	149	156	N.A.	272
Southampton	755	1,531	1,790	1,832	1,789	76	109	129	N.A.	0
London City	1,386	1,675	2,797	3,648	4,319	262	255	235	70	68
Liverpool	1,305	3,353	4,884	3,987	4,301	65	124	185	N.A.	57
公的部門の一部出資										
Birmingham International	7,014	8,862	9,103	9,706	10,187	313	504	N.A.	480	607
Newcastle	2,994	4,724	4,588	4,517	4,563	119	135	313	306	363
公企業										
Manchester	17,578	21,250	18,725	21,990	23,136	1,213	1,494	1,369	1,523	1,769
East Midlands	2,230	4,381	4,658	4,511	4,451	209	347	306	294	300
コンセッション										
London Luton	5,285	7,536	9,121	10,485	12,264	141	127	206	116	123
小規模空港										
民間所有										
Southend	4	3	4	1,102	901	5	4	12	132	129
Exeter	297	622	796	767	822	19	28	23	N.A.	N.A.
公的部門の一部出資										
Norwich	343	448	431	459	460	39	34	N.A.	N.A.	N.A.
Blackpool	118	266	277	224	33	15	18	17	N.A.	N.A.
公企業										
Bournemouth	279	499	871	662	707	37	91	114	73	62
Highlands & Islands	933	1,034	1,188	1,306	1,367	26	53	115	106	115

注　ロンドン・シティ空港は 2009 年以降、資産総額を大きく落としているが、固定資産額は名
　　目価額で 2009 年に 193 万ポンド、2010 年に 249 万ポンド、2011 年に 328 万ポンド、2014
　　年には 513 万ポンドと拡大している。なお、固定資産額は統計データとして、2009 年度以
　　前は明らかにされていないため、ここでは資産総額を集計した。また、一部空港はデータ
　　を開示しなくなったことから、「N.A.」と表記している。
出所：CAA（各年版）、CRI（各年版）、Leigh Fisher（各年版）をもとに作成。

非航空系収入の増加により空港収益全体にとってプラスの効果を期待でき
る[26]。こうした旅客の増減と空港経営の実態はどうなっているか、表 4-3 およ

---

[26] CAA（2007）, p. 13 of Chapter 6.

び表 4-4・表 4-5 で確認する。まず表 4-4 で示すように、空港の営業収入、ならびに利益としての EBITDA は、ほとんどの空港で増加している。表 4-3 では年ごとの旅客数の推移も示しており、双方の表を重ねると、旅客取扱数の拡大にともなって、営業収入は拡大してきたことがわかる。これは 11 の小さな空港を抱える HIAL でも同様である。ただし、同空港会社は唯一、EBITDA がマイナスとなっている。もともと、同空港では採算性を確保するには至っておらず、ほぼ毎年スコットランド政府から約 1800 万ポンドの補給金を受けている[27]。

　このように、ほとんどの空港は旅客増と収入増を達成できている。しかし、旅客あたりの営業収入の単価でみると、空港によって状況にばらつきがある。表 4-5 は 1999 年度の航空機離発着数（以下、ATM：Air Transport Movements）あたりの航空系収入、旅客 1 人あたりの営業収入を 1 として指標化したものである。ここから、空港によっては、それらの単価は低下していることを把握できる[28]。

　この要因としては、航空会社の使用機材の小規模化も可能性として考えられるが、CAA は各空港が航空会社に対して広範な使用料割引を実施していることを指摘している[29]。航空会社への割引を通じてさらに多くの旅客を獲得すれば、非航空系収入を増加させられる。実際、リーズ・ブラッドフォード空港やベルファスト国際空港などは、表 4-5 で示す ATM あたりの航空系収入単価、旅客あたりの営業収入単価のいずれも低下しているものの、表 4-4 で示す営業収入や EBITDA は増加傾向にある。

　空港運営会社としては利益の拡大が目標である。旅客の増加は収入の拡大をもたらす反面、そのための投資も積極化させなければならない。しかし、ATM および旅客ベースそれぞれで単価が低下している事実は、空港が旅客数の増加を達成しなければ空港経営が立ち行かないということも示唆している。

---

[27] なお、表 4-4 の営業収入には補給金総額を除いた額を掲載している。

[28] ただし、Blackpool については単価が急上昇している。それまで、ジェネラルアビエーションの拠点空港として年間約 8 万人程度が利用する空港であったが、2005 年に同空港を拠点とするいくつかの航空会社が現れ、複数の路線が開設された（Blackpool airport website（no date）"History".）。このことが単価を押し上げているのではないかと推察される。

[29] CAA（2007）, Chap. 6 p. 13.

表 4-4　イギリス地方空港の収入と利益の推移（実質値）

(単位：100万ポンド) 年度	営業収入					EBITDA				
	1999	2004	2009	2014	2015	1999	2004	2009	2014	2015
大規模空港 民間所有										
Leeds Bradford	22.6	25.5	21.9	27.9	29.5	8.5	6.0	4.1	12.5	9.1
Edinburgh	61.3	87.7	106.5	131.7	145.5	27.0	41.9	35.2	63.6	72.2
Glasgow	91.0	96.3	89.2	N.A.	103.8	45.5	39.9	22.0	N.A.	41.4
Bristol	42.9	44.9	61.3	68.4	76.8	15.7	34.7	35.1	39.3	42.8
Belfast International	45.9	29.8	34.3	29.6	31.1	20.1	10.8	6.6	7.3	5.9
Aberdeen	36.1	37.8	52.5	N.A.	63.4	15.4	14.6	11.9	N.A.	25.0
Southampton	17.1	22.1	29.1	N.A.	27.6	5.1	10.6	4.9	N.A.	7.4
London City	32.6	41.1	74.8	90.2	106.6	5.1	9.5	23.7	34.1	41.3
Liverpool	13.8	29.9	34.0	N.A.	33.0	0.3	6.7	4.8	N.A.	6.2
公的部門の一部出資										
Birmingham International	117.8	136.2	114.0	122.1	N.A.	53.1	63.0	38.8	54.2	62.9
Newcastle	48.1	54.5	51.6	51.6	64.0	20.0	30.8	27.8	28.1	36.0
公企業										
Manchester	341.6	347.7	309.1	392.4	415.3	138.5	176.6	126.9	146.3	152.3
East Midlands	41.9	65.4	54.2	56.3	56.4	20.7	31.4	21.6	16.2	17.1
コンセッション										
London Luton	69.8	67.7	107.9	130.0	147.0	7.9	29.8	34.7	40.4	50.0
小規模空港 民間所有										
Southend	4.8	4.9	6.2	19.0	17.3	0.4	0.2	0.5	-0.3	-0.3
Exeter	10.0	18.4	18.6	N.A.	N.A.	1.7	3.4	2.0	N.A.	N.A.
公的部門の一部出資										
Norwich	17.3	13.6	N.A.	N.A.	N.A.	0.3	2.4	N.A.	N.A.	N.A.
Blackpool	4.2	6.2	7.7	N.A.	N.A.	-0.1	-1.5	-3.1	N.A.	N.A.
公企業										
Bournemouth	11.4	14.3	17.2	9.7	9.9	1.7	4.3	4.2	1.3	1.0
Highlands & Islands	25.8	34.8	39.3	39.8	41.2	-13.3	-22.6	-21.2	-1.3	-2.5

注　一部空港は年度によってデータを開示していないところがある。そうした箇所については
　　「N.A.」と表記している。
出所：CAA（各年版）、CRI（各年版）から作成

　もちろん、どの空港も ATM 単価を引き下げ旅客数を拡大させて、収入や空港会社の利益を拡大させているわけではない。たとえば、ロンドン・シティ空港のようにビジネス客が中心の空港では、旅客単価はほぼ一定、かつ ATM 単価も年々拡大している。このように、就航する航空会社の路線や利用客の特性によって、経営の実態にはいくらかのバリエーションがある。
　また、主としてイギリスの地方空港の旅客数の伸びは、EU 加盟国を結ぶ国

表 4-5 イギリス地方空港の収入単価（実質値の推移）

(1999年＝1) 年度	ATMあたり航空系収入単価					旅客あたり営業収入単価				
	1999	2004	2009	2014	2015	1999	2004	2009	2014	2015
大規模空港 　**民間所有**										
Leeds Bradford	1	N.A.	0.4	0.5	0.5	1	0.7	0.6	0.6	0.6
Edinburgh	1	1.0	1.1	1.4	1.5	1	0.9	1.0	1.1	1.1
Glasgow	1	0.9	1.0	N.A.	1.0	1	0.8	0.9	N.A.	0.9
Bristol	1	0.9	0.7	0.8	0.9	1	0.4	0.5	0.5	0.5
Belfast International	1	0.7	0.5	0.5	0.5	1	0.4	0.5	0.5	0.5
Aberdeen	1	1.0	1.2	N.A.	1.4	1	1.0	1.2	N.A.	1.3
Southampton	1	0.9	1.1	N.A.	N.A.	1	0.6	0.7	N.A.	0.7
London City	1	1.0	1.5	1.8	1.8	1	1.0	1.1	1.0	1.0
Liverpool	1	1.1	0.7	N.A.	2.8	1	0.8	0.7	N.A.	0.7
公的部門の一部出資										
Birmingham International	1	0.9	0.7	0.7	0.7	1	0.9	0.7	0.7	N.A.
Newcastle	1	0.9	0.7	0.7	N.A.	1	0.7	0.7	0.7	0.9
公企業										
Manchester	1	0.7	0.8	1.1	1.2	1	0.8	0.8	0.9	0.9
East Midlands	1	1.0	0.7	0.7	0.7	1	0.8	0.6	0.7	0.7
コンセッション										
London Luton	1	1.2	1.2	1.4	1.4	1	0.7	0.9	0.9	0.9
小規模空港 　**民間所有**										
Southend	1	15.3	14.9	0.5	0.6	1	1.2	1.2	N.A.	N.A.
Exeter	1	1.9	1.1	N.A.	N.A.	1	0.9	0.7	N.A.	N.A.
公的部門の一部出資										
Norwich	1	1.2	N.A.	N.A.	N.A.	1	0.6	N.A.	N.A.	N.A.
Blackpool	1	1.0	1.0	N.A.	N.A.	1	0.6	0.8	N.A.	N.A.
公企業										
Bournemouth	1	1.0	1.0	1.2	0.9	1	0.7	0.5	0.4	0.3
Highlands & Islands	1	0.9	0.8	1.0	1.0	1	1.2	1.2	1.1	1.1

注　一部空港は年度によってデータを開示していないところがある。そうした箇所については
　　「N.A.」と表記している。
出所：CAA（各年版）、CRI（各年版）から作成

　際路線を LCC 各社が設定したことによってもたらされたものである。それゆ
え、EU 加盟国間を中心とする路線構造では非航空系収入でもっとも大きな
ウェイトを占めるといわれる免税品収入に過度な期待は禁物であろう[30]。さら
に、低価格指向が強いといわれる LCC 利用者が空港利用者の中心になると、
単価の向上はさらに難しくなる[31]。加えて、2016 年にイギリスが EU から離脱
することを表明して以降、これまで EU の航空政策が引き続きイギリスに適用

されるのか、いまだ不透明である。国別の二国間協定が必要となると、航空会社の路線や拠点空港の再編を介して空港経営にも多大な影響を及ぼしかねない。

4-4　民間投資家の獲得に向けた空港運営

　イギリスは空港民営化によって経営の効率化を進めてきた代表的な国である。当初、地方空港に出資してきたのは、運輸業や航空関連企業のほか自治体が比較的多かったが、近年ではデベロッパーや建設業、金融業などが大きな役割を果たすようになってきた。そして、以前にも増して空港に出資する主体は多様化している。空港は比較的安定した収益性を期待できるため、新たな投資先として認知されつつある。実際、旅客数の増加にしたがって、空港会社の収入は拡大してきた。

　本章では、空港の資産規模や空港への出資者のタイプによって、空港への設備投資や出資比率に関する姿勢はそれぞれ異なることを述べた。具体的には、旅客数が多く資産規模も大きな空港ほど、空港会社は積極的な投資を行い、取り扱い旅客数の拡大に寄与していることが判明した。

　また、投資家のタイプとして、金融投資家は空港への新たな出資者として注目されているが、彼らが半数以上の株式を保有し空港経営に対して積極的に関与することは実際には少ないことも判明した。また、そうした投資家は大規模な空港に出資するコンソーシアムの一構成員として活躍している。逆に、小規模な空港では事業会社が100%出資して運営にあたることも多い。

　さらに、空港経営の側面として、多くの空港で旅客1人あたりの収入単価が低下傾向にあり、空港経営者にとっては旅客獲得が至上命題となっていることを把握した。もちろん、当該空港に就航する航空会社の路線展開や利用者としてビジネス客を主体とするか否かなどによって、いくらかの多様性もみられ、単価を引き下げずに収益性を確保する空港もある。

　わが国の地方空港の多くは利用者数自体が少なく、現段階において収益性が

---

[30] Graham（2009）によれば、2006年度の全世界の空港における収入のうち、商業（Retail）収入は22%である。免税品売上はHeathrowで商業収入のうちの36%、Stanstedでは同24%であり、EU加盟の欧州各国を結ぶ路線では免税品売上が商業収入に占めるウェイトは小さいと指摘している（Graham（2009）, p. 108.）。

[31] Graham（2009）, pp. 109-110.

高いわけではない。加えて、空港の開業年が比較的新しい空港では、所有権も含めたイギリス型の民営化を実施した場合、たとえ空港ビルとの経営一体化を実施しても、減価償却費など資産所有にかかるコストが経営上の重荷になることが予想される。イギリスの地方空港の例で確認したように、今後の旅客数の拡大がLCC利用者を中心としたものになるとすれば、旅客単価の拡大をあまり期待すべきではない。その場合、投資回収のためにはより一層の旅客獲得が不可避となる。それができない空港では、民間ベースでの運営はますます困難になり、資金提供者の出現も期待できなくなる。

　わが国における空港分野の民間活用の手法はコンセッション方式であり、イギリスのような株式売却ではない。利用者拡大とそれを実現させるための設備投資は不可欠である。どのような民営化手法を採用しようとも、少なくとも空港運営会社に対する出資者の出現を想定しつつ、彼らがリターンを得られるような制度設計が求められる。

【参考文献】

1)　Bristol Airport（2006）*Bristol Airport Master Pla*n.

2)　CAA（2007）*Air Services at UK Regional Airports: an Update Developments*, CAP 775.

3)　CAA（各年版）*UK Airport Statistics*.

4)　DfT（2003）*The Future of Air Transport*.

5)　DfT（2010）*Airports Ownership Database*.

6)　CRI（各年版）*Airports Statistics*.

7)　Forsyth, P. Gillen, D., Müller, J. and H.M. Niemeier（*eds.*）（2010）*Airport Competition The European Experience*, Ashgate.

8)　Gillen, D.（2011）"The Evolution of Airport Ownership and Governance" *Journal of Air Transport Management*, Vol.17, pp.3-13.

9)　Graham, A.（2009）"How Important are Commercial Revenues to Today's Airports?", *Journal of Air Transport Management*, Vol.11, pp.43-48.

10)　Graham, A. and N. Dennis（2007）"Airport Traffic and Financial Performance: a UK and Ireland Case Study" *Journal of Transport Geography*, Vol.15, pp.161-171.

11)　Leigh Fisher（各年版）*UK Airports Performance Indicators*.

12)　Liverpool John Lennon Airport（no date）"Background Information"

13)　加藤一誠（2011）「今後の空港『経営』と資金調達」『運輸と経済』第71巻第4号，pp.38-45.

14)　加藤一誠・引頭雄一（編著）（2009）『今後の空港運営のあり方について』航空政策研究会特別研究プロジェクト報告書.

15)　国土交通省（各年版）「空港管理状況調書」.

16) 西藤真一（2012）「イギリス地方空港の経営に関する一考察」,『交通学研究』日本交通学会,第55号, pp.213-222.

17) 野村宗訓・切通堅太郎（2010）『航空グローバル化と空港ビジネス―LCC 時代の政策と戦略―』同文舘出版.

18) OFT（2010）*Airports Ownership Database*.

19) Papatheodorou, A. and Z, Lei（2006）"Leisure Travel in Europe and Airline Business Models: A Study of Regional Airports in Great Britain" *Journal of Air Transport Management*, Vol.12, pp.47-52.

20) 内田傑（2009）「地方空港の現況と活性化方策」『運輸と経済』第68巻第8号, pp.38-46.

21) 横見宗樹（2009）「イギリスの地方空港における所有形態と経営成果の定量分析」『大阪商業大学論集』第5巻第1号, pp.339-352.

第5章　イギリスの鉄道改革と出資者の多様化

5-1　鉄道民営化と事業環境の変化

　イギリスは鉄道事業の民営化における先駆けとなった国のひとつとして世界的に知られている。1994年に民営化が開始されてから約25年が経過したが、これまでの経過を顧みると、およそ順調とはいいがたいものであった。第2章で確認したように、旅客輸送量の大幅な拡大など一定の成果はみられたものの、線路保有会社レールトラックの破綻という大失態も招いてしまった。それ以降、インフラ投資を進め、同時に鉄道サービスの水準を向上させるためのさまざまな組織改革や制度改革が実施されてきた。しかし、必要とするインフラへの投資負担が大きく、補助金額はかえって増加するなど必要性にかられた別の課題も露呈した。

　サービス水準を向上させるためには、事業者間の競争のみならず、それぞれの事業者が自発的かつ継続的に投資を実施することが不可欠である。しかし、改革当初は自発的な投資に期待が集まったが、実際には進捗が遅く、線路の更新および改良については政府が主導的な役割を担うようになった。また、イギリスでは列車運行については「フランチャイズ」という政府との契約により年限を区切った民間運営が行われているが、近年ではその見直しが図られ、契約期間を延長する傾向がみられるようになった。

　このように、産業全体として政府の役割は強化される傾向にある。こうした中で、列車運行会社（TOC）の事業環境は実際に改善してきたのだろうか。TOCは旅客サービス提供において最前線を担うが、TOCに何か変化はあったのだろうか。また、同じ民間の会社として設立された車両リース会社（ROSCO）とTOCではその出資者に特徴的な相違はあるのだろうか。本章では、まず現在に至るまで、フランチャイズが何度か再編されてきた経過に注目する。そして、路線のフランチャイズを受けて実際の運行にあたるTOCおよびROSCOの実態を、出資者の側面から明らかにする。

5-2　フランチャイズをめぐる政策変更

(1)　フランチャイズの設定

　イギリスの鉄道改革は1993年の鉄道法に基づいて進められ、上下分離により従来の国鉄をTOC、ROSCO、線路保有会社（レールトラック。2002年からネットワークレール）の3部門に分割したうえで、それぞれを民営化した[1]。一般論として上下分離を行えば、インフラ施設の整備費用等にかかる固定費の負担からTOCを解放できるため、鉄道産業の活性化に寄与すると考えられた。

　また、フランチャイズ制を採用したことで、新規参入を可能にした。ただし、新規参入はどの区間でも可能であったというわけではない。列車運行についてはオープン・アクセスを認めてはいたが、貨物事業を除くと、それはきわめて限定的にしか導入されなかった。規制当局を含む鉄道事業に関わるおもな主体のそれぞれの役割は表5-1のとおりである。

　フランチャイズは路線営業権のことで、現在は運輸省（DfT）が交付している。政府が民間企業に一定期間、公的施設の管理と運営を委ねる点で、「フランチャイズ」は空港や高速道路、橋梁、スタジアムなどの分野で利用されている「コンセッション」とほぼ同義とみなすことができる[2]。民営化の初期段階においては、国鉄時代の収益改善のため便宜的に設定されていた路線管理（プロフィット・センター）区分に基づき、フランチャイズは25設定されたが、徐々に再編・集約化され、現在その数は15となっている。なお、フランチャイズの配分のプロセスはおおむね次の通りである。まず入札を通じて事業者を選択する。そのうえで、DfTとTOCが交渉を通じて詳細な協定を調整し、「フランチャイズ協定（Franchise Agreement）」を締結する[3]。

---

[1] このように、イギリスの上下分離ではTOCと資本関係を持たない線路保有会社が全国で1社、車両保有会社が3社、それぞれ設立された。したがって、TOCはこれらの会社と契約を締結して線路を使用するとともに車両をリースしなければならない。

[2] 「フランチャイズ」と「コンセッション」は、いずれも性能発注により商業的なリスクを民間が負う点で共通しているが、フランチャイズの方が政府による管理は大きく、民間事業者が提供すべきサービスが特定されている。また、契約期間もコンセッションよりフランチャイズの方が短いのが一般的である（Shaw, Gwilliam and Thompson（1996）, p. 2.）。

表 5-1　鉄道事業における主要な主体の役割

主体	機能と役割
運輸省 （DfT）	・鉄道政策、戦略の策定 ・フランチャイズ交付と不採算路線フランチャイズに対する補助金の交付、収益的なフランチャイズからのプレミアム（報酬額の一部）の収受 ・最終的な鉄道事業の責任者として、事業者が撤退した場合等における鉄道サービスの維持・確保 ・Crossrail や HS2（高速鉄道路線）の建設と資金提供
ネットワーク レール	・イギリスの鉄道インフラの所有、運営、メンテナンス ・線路の規格向上と改良工事の実施 ・フランチャイズ事業者に対する線路使用料の課金
列車運行会社 （TOC）	・列車運行サービスの提供 ・ネットワークレールに対する線路使用料の支払い ・ROSCO からの車両借り入れ
鉄道・道路規 制庁（ORR）	・ネットワークレールのインフラ維持管理および改良に対する支出の効率性確保 ・旅客列車サービスの運行に対する免許付与 ・鉄道に関する公衆衛生と安全性の確保・監視

出所：National Audit Office（2015 b），p. 11. を一部変更。

　フランチャイズ協定には、それぞれの TOC に営業を委ねる期間、運賃水準、運営権対価などが定められ[4]、その内容は入札過程でも審査される。なお、入札価格について、インターシティなど収益的な路線ではそれぞれの TOC から DfT にフランチャイズの対価が支払われるが、地方路線など不採算な路線に関するフランチャイズでは補助金が支払われることになっている。このように、不採算路線のフランチャイズ入札は実態的には補助金入札である。以上のような入札手続きを経て事業者が決定すれば、事業者は契約期間にわたって路線をほぼ独占的に営業することになる。当然、運賃についても協定に含まれるが、それに加えて普通運賃は鉄道事業規制を担う鉄道・道路規制庁（ORR）

---

[3] TOC が事業を行ううえでは、事業免許の交付も受けなければならない。事業免許は、運賃や線路使用料などの経済規制や安全規制の役割も担う鉄道・道路規制庁（ORR）が交付する。なお、安全規制について、改革当初は衛生安全庁（HSE）がその役割を担ったが、2006年にその機能を DfT に移管した。

[4] 個別のフランチャイズ協定については、DfT のウェブサイトで公開されている（Retrieved on 30. Aug. 2017）。

イギリスの旅客鉄道はフランチャイズを獲得した事業者が運行する

による規制の対象となっている。

また、フランチャイズ期間は契約によって時限的に設定されているものであって、一般企業のように事業継続性を前提にしているわけではない。TOC にとってみれば、契約期間が終了すれば営業権を返却しなければならないため、概して投資に対して及び腰になりがちである。そのため、TOC には何らかの形で投資を促すとともに、協定で定められたサービス水準を実現させる必要がある。そのため、最低限クリアすべき投資目標についても、フランチャイズ協定に明示されている。そして、それが未達成となった場合には、TOC にペナルティの支払いを求めることや、フランチャイズのはく奪も辞さないという枠組み（インセンティブ・スキーム）が盛り込まれている。

(2)　鉄道事業の再改革

TOC は最終顧客となる利用者と直接関わる主体であるため、サービス水準の向上が強く期待される。イギリスの鉄道改革で当初設定された契約期間は、約 7 年間が一般的であった。しかし、近年、それは長期化する傾向にあり、最長 15 年の契約も存在する（表 5-2）[5]。現在のフランチャイズ制は、2004 年の「鉄道の将来」と題した白書、およびそれを具体化した 2005 年鉄道法で示された枠組みに基づいている。なお、同白書では以下 5 点に関わる改革を求めており、フランチャイズ制の見直しについても含まれる[6]。

すなわち、①戦略的鉄道委員会（SRA）の廃止とそれにともなって DfT に権限を移管すること、②政府がネットワークレールの運営とパフォーマンスを管理すべきこと、③ネットワークレールの地域別組織に基づいたフランチャイ

---

[5] フランチャイズ契約の最長期間は、EU 規則 1370/2007/EC の第 4 条に定められている。それによると、バスサービスにおける委託期間は最長 10 年と定められているが、鉄道の場合は 15 年まで認められることになっている。また、必要と認められる場合には、さらにその 50％分だけの期間（つまり 22 年半）まで契約を延長することが可能である。

[6] Butcher, L. (2010), p. 1.

ズの設定を行い、フランチャイズの数を削減すること、④スコットランド政府、ウェールズ政府、ロンドン市の役割強化と分権化を進めること[7]、⑤ ORR に対して、安全規制とともに TOC の運営成果を監視する役割を付与すること[8]、である。

　そもそも、こうした鉄道産業の再改革が行われるようになったのは、鉄道改革に着手する以前から放置されてきた線路や駅などに対する設備投資の問題がある[9]。つまり、2002 年に誕生したネットワークレールが、前身のレールトラックから資産を引き継ぐことになったが、資産の劣化が極めて深刻な状態にあった。その再生・近代化に膨大な設備投資を要し、それが鉄道産業全体のコストを増大させる一因になっていたのである。

　さらに、上下分離によって組織が細分化された結果、それぞれの関係が複雑になり円滑な意思決定が困難になるという問題があった。この組織間関係の複雑化の指す内容は、政府が示した改革の方向性に基づけば、大まかに以下 2 点に要約できる。

　第 1 に、公共セクター内での役割の重複である。つまり、DfT と SRA は鉄道政策をめぐる戦略策定という観点では同様の役割を担っており、その意味で責任領域に重複があった。また、SRA と ORR に課せられた役割についても、ネットワークレールを監視する業務の分担が重複していた。さらに、安全に関しても DfT、SRA、ORR、HSE がそれぞれ役割を担い、重複があった。このように、組織の役割が重複していれば、意思決定が複雑化するだけでなく、人員配置の面でもコスト増の要因となる。

　第 2 に、線路を保有するネットワークレールと列車運行に携わる TOC の責任領域の課題もあった。鉄道施設の適切な維持・改良を急ぎたい政府はネットワークレールの実質的な経営をコントロールしていた。また、政府は列車運行

---

[7] 改革当初から 2001 年までフランチャイズ交付を担ったのは鉄道フランチャイズ庁（OPRAF）、2006 年までは戦略的鉄道委員会（SRA）であったが、2005 年鉄道法によって、イングランドについては DfT、スコットランドについてはスコットランド政府がそれぞれその役割を担うようになった。また、ウェールズのリージョナル・サービスについてはウェールズ政府が管理している。

[8] 改革当初は、衛生安全庁（HSE）がその役割を担っていた。

[9] Butcher, L. (2010), pp. 2-3., 投資額の推移に関する記述は第 2 章を参照。

表5-2　TOCsへの出資者とフランチャイズ期間

フランチャイズ名	通称	フランチャイズ所有者・その親会社	期間		直接交付
West Coast	Virgin West Coast	West Coast Trains, owned by Virgin Group and Stagecoach Group	1997/3-2012/12	15年10か月	(1) 2012/12-2014/11 (2) 2014/11-2017/9
Great Western	First Great Western	First Group	2006/4-2013/10	7年7か月	(1) 2013/10-2015/9 (2) 2015/9-2019/3
East Coast	Virgin East Coast	Inter City Railways, owned by Stagecoach Group and Virgin Group	2015/3-2023/3	8年1か月	
Cross Country	Cross Country	Arriva UK Trains, owned by Deutsche Bahn	2007/11-2016/10	9年	2016/10-2019/10
East Midlands	East Midlands Trains	Stagecoach Group	2007/11-2015/10	8年6か月	2015/10-2018/7
South Western	South West Trains	Stagecoach Group	2007/3-2017/6	10年5か月	
Thameslink, Southern & Great Northern (TSGN)	Thameslink, Great Northern, Southern and Gatwick Express	Govia, a joint venture between Go-Ahead Group and Keolis (the latter majority owned by the French state rail operator, SNCF)	2014/9-2021/9	7年1か月	
Southeastern	Southeastern	London & South Eastern Railway Ltd., owned byt Govia: a joint venture between Go-Ahead Group and Keolis (the latter majority owned by the French state rail operator, SNCF)	2006/4-2014/10	7年7か月	2014/10-2018/6
East Anglia	Abellio East Anglia	Abellio, owned byt NedRailways (Nederlandse Spoorwegen)	2016/10—2025/10	10年1か月	
Essex Thameside	C2C	NEXT Trains, owned by National Express Group	2014/9-2029/11	15年3か月	
Chiltern	Chiltern Railways	Arriva UK Trains, owned by Deutsche Bahn	2002/3-2021/12	18年10か月	
ScotRail	ScotRail	Abellio, owned byt NedRailways (Nederlandse Spoorwegen)	2015/4-2025/4	10年1か月	
Northern	Northern	Arriva UK Trains, owned by Deutsche Bahn	2016/4-2025/3	10年	
West Midlands	London Midland	Govia, a joint venture between Go-Ahead Group and Keolis (the latter majority owned by the French state rail operator, SNCF)	2007/11-2016/4	8年6か月	2016/4—2017/10
TransPennine Express	First TransPennine Express	First Group and Keolis (the latter majority owned by the French state rail operator, SNCF)	2004/2/2016/4	12年3か月	
Wales & Borders	Arriva Trains Wales	Arriva UK Trains, owned by Deutsche Bahn	2003/12-2018/10	14年11か月	

出所：Butcher, L. (2016) を用いて作成.

に関わるサービス水準を上昇させるべく、TOC の設備投資についてもフランチャイズ協定を通じてコントロールしていた。

　いずれもコスト増が不可避となる事項を政府が要求し、TOC はその要求にこたえる反面、補助金の増額を求めた。さらに、ネットワークレールと TOC の間で責任領域が曖昧な部分が多くあり、投資の負担をめぐって合意形成が難航しがちで、協調する場面が少ないことも指摘されていた。

　複雑な組織間関係では各種の調整に手間取るため、TOC とネットワークレールとの関係をよりシンプルなものに変える必要があった。つまり、さまざまな役割をできるだけひとつの主体に集約すると同時に、政府による集権的な管理を強めることが妥当だと判断されたのである[10]。

　いずれにせよ、フランチャイズ交付を通じて鉄道サービスの改善を図るためには、投資をいかに拡大させるかが大きな課題であった。そして、TOC にとっての投資環境を整えるためにも、より長期間の契約の方が望ましいという判断があった[11]。そのため、当初 7 年程度に抑えられていたフランチャイズ期間が、15 年とおよそ倍の契約期間が設定される例も出てきたのである。

5-3　鉄道事業をめぐる混乱と政府介入

(1)　フランチャイズ協定と鉄道経営

　フランチャイズ協定で定める契約期間が長期化の傾向をみせるようになったことで、事業者にとっては投資環境の改善が図られたが、それだけで鉄道事業全体として安定化することにはならなかった。まず、2005 年と 2009 年の 2 回にわたり、東海岸本線のフランチャイズ「イースト・コースト」をめぐって混乱があった。詳細は第 2 章に述べるが、同路線ではフランチャイズ協定で定めた契約期間が満了する以前に、経営悪化を理由として事業者が運行から撤退した。これを引き継いだ TOC も事業が悪化し政府支援を申し出たものの、政府は支援を拒否するとともにフランチャイズ協定を途中で打ち切った。

　この例は、フランチャイズの契約期間が長くなったとしても、入札する企業

---

[10] Department for Transport（2004）, pp. 13-17.
[11] ただし、すべての TOC に対して長期間のフランチャイズが望ましいというわけではなく、ケース・バイ・ケースでの判断であった（Butcher, L.（2017）, p. 6.）。

にとって必ずしも有利になるとはいえないことを示している。そもそも、収益が見込まれる路線が限られている点を踏まえると、契約期間を長期化してもフランチャイズの獲得に向けた入札に応ずる企業にとっては魅力とは映らない。しかも、それぞれのフランチャイズ協定で達成すべきサービス水準を政府が定める点は、かえって政府関与の強さが浮き彫りになる。

　鉄道事業の混乱は、西海岸本線にも及んだ。2012 年に西海岸本線のインターシティに関するフランチャイズの入札で評価プロセスに瑕疵(かし)があることが判明し[12]、DfT はその手続きをいったん打ち切った。入札手続きは、手続きの進め方で他のフランチャイズに差が出ないよう整合性を図る必要があり、同時期に進行していた他の３つのフランチャイズの選定手続きについてもいったん打ち切った[13]。確かにこの打ち切りは技術的な問題から発生したものである。しかし、その対応策を求めた報告書では、政府の組織的な機能強化を強く求めており[14]、これは民間主導のサービス改善を期待した動きというより、むしろその逆である。

　西海岸本線における混乱から翌年の 2013 年、政府はこれ以上の手続きが遅延すれば他のフランチャイズの入札手続きにも深刻な影響が及ぶと懸念し、フランチャイズの契約期間が終了したものについて、順次、入札を経ずに既存事業者にフランチャイズを交付する「直接交付（Direct Awards）」を実施した。ただし、この措置はフランチャイズ入札の手続きにおける問題を修正するために時間を要するという技術的な要請から実施したものであるため、直接交付によるフランチャイズは２年もしくは３年と限定されたものであった。

　また、たとえ直接交付であっても政府の示したサービス水準を達成する必要があり、それが困難だと判断されれば、政府による直接的な列車運行も辞さな

---

[12] フランチャイズ入札の際には、入札企業の経営が行き詰まった時もサービス供給が途絶しないよう、その親会社に対する保証を求めている。これは、「劣後負債枠（SLF: Subordinated Loan Facility)」といわれるものである。そして、この SLF の算定において欠陥があることが判明したため、入札手続きを停止したのである（Butcher, L. (2017), p. 16.）。

[13] Great Western、Essex Thameside、Thameslink, Southern and Great Northern の３つのフランチャイズのこと（National Audit Office (2015b), p. 12.）。

[14] 答申を受けて、フランチャイズ交付およびフランチャイズの管理を行う新たな部門として、DfT の一部局である鉄道局（Rail Executive）の中に旅客サービス管理部（Passenger Services）を設立することになった（National Audit Office (2015b), p. 13.）。

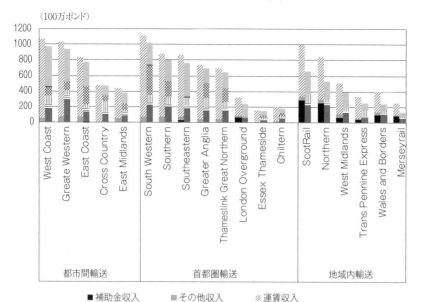

（100万ポンド）

凡例:
- ■ 補助金収入
- ▦ その他収入
- ▨ 運賃収入
- ▩ 人件費
- ☰ 動力費
- ▥ 車両リース料
- ※ 政府への支払い
- ■ 法人税
- ▤ その他費用

出所：Office of Rail and Road（2016), p. 40. から作成。

図5-1　フランチャイズ別の収入と費用内訳

い構えをみせた。イースト・コーストにおいては、実際に政府が直接出資した
「Directly Operated Railways」という名のTOCを設立した実績もあることか
ら、これがTOCにとっては潜在的な競合相手になるとみなしたのである。

　このように、競争導入を標榜して実施したフランチャイズ制ではあるが、競
争環境を作り出すことがきわめて困難になっている。実際、TOC全体では2
億3300万ポンドの利益が出ているものの、TOCに向けられた補助金総額9億
200万ポンドを差し引くと6億7200万ポンドの赤字となる[15]。もちろん、すべ
てのTOCが赤字というわけではない。図5-1は収入および費用の内訳をフラ
ンチャイズ別に示したものである。

---

[15] この集計はあくまで営業にかかる費用を集計したものである。したがって、会計上の損失
　額とは異なる（Office of Rail and Road（2016), p. 40. 注釈C）。

　ここに示すように、都市間輸送の部門は補助金に頼らない営業が可能となっている一方、地域内輸送を担う部門はその収入の大部分を政府等の補助金に依存している。結果として、実質的に収益性を魅力的な要素とみなし、競争入札を実施可能なフランチャイズはインターシティや首都圏輸送などに限られている。また、インターシティに限らず、サービス水準を政府が管理しており、低費用化を目指す限定的な競争にとどまらざるを得ないのが実情である。

(2)　競争促進のためのオープン・アクセス

　民間運営を円滑に推進するためには、適切な官民の役割分担が必要である。イギリスの鉄道産業では、いまや政府が戦略策定を担う要となっており、その役割に対する期待はさらに高まっている。フランチャイズの配分において考慮すべき重要な点は以下 2 点である。第 1 に、フランチャイズ入札を通じて、どのようなサービスを提供し、そのためにどのような条件を提示するのか明らかにすること、第 2 に市場を通じて合理的な価格と質のサービスが提供される透明性を確保することである[16]。

　確かに、こうした目標は明確であるが、それをいかに実現するかは別問題である。特に鉄道産業に関わるあらゆる部門、すなわち線路や駅などのインフラのみならず、車両などにも設備投資を要求する一方で、サービス提供の最前線を担う TOC の採算性は非常に厳しいという現実は問題を複雑にしている。当面のこれらの課題への対応策は 2005 年の鉄道法の改正であった。そこでは、鉄道サービスの水準をさらに向上させるために、列車運行、インフラ、車両すべてに投資を促進し、フランチャイズについては契約期間を長期化することが示された。短期間の契約であれば民間経営の自由度を奪い、投資の遅滞にとどまるのではないかという問題意識があったためである[17]。

　このように、TOC の事業環境を改善する施策は、民営化以降、試行錯誤が

───────────────────

[16] Butcher, L. (2017), p. 7.

[17] 2011 年に DfT が公表した現状報告、いわゆる「マクナルティ・リポート」においても、イギリスの鉄道産業全体のコスト増、非効率について言及している。そのうえで、これまでの政策を基本的に踏襲する方針が示されるとともに、政府の戦略としてフランチャイズの見直しを進めること、TOC と自治体やネットワークレールとの連携を促すことなどを提言した（小役丸（2012））。

続いてきた。しかし、近年ではそれぞれのフランチャイズへの入札数は減少しつつある。DfT としては、これまでの傾向として各入札でおおむね 4 社から応札があった実績を踏まえ、その水準は確保すべきと考えているが、近年では 3 社を集めることすら厳しくなりつつある。

　このように鉄道フランチャイズへの応札状況が厳しくなりつつある理由について、イギリス会計検査院（NAO：National Audit Office）は、次の点を指摘している。すなわち、①鉄道以外の交通事業の運営権も考慮すると鉄道よりバスの方が安上がりで魅力的であること、②親会社に保証を求めるなど手続き面での負担が大きいこと、を要因として指摘している[18]。親会社にも責任を持たせることは、鉄道への投資を担保する有効的な手段でもあったが、かえって民間事業としての魅力を失う要因にもなった。

　これに対して、競争・市場庁（CMA：Competition and Market Authority）は、①フランチャイズを細分化してそれぞれの路線営業を担う TOC の負担を減らすこと、②オープン・アクセスをより促進すること、を提言した。実際、フランチャイズを獲得している事業者にはバス会社もある。フランチャイズが集約化されるとともに、その固定化が進めば地域内の旅客交通分野における地域独占が強化されることにもつながりかねない。当初は競争促進を狙うべく上下分離を実施し組織の細分化を図った結果、取引費用を高めてしまったという教訓を踏まえ、政府は事業者の集約化を進める方向に転換してきた。しかし、再び競争促進の観点からの再検討が求められるようになっている。

5-4　鉄道運営会社への出資者の多様化

（1）　列車運行会社への出資者

　前節で述べたイギリス会計検査院は、フランチャイズの応札が厳しくなっている現状を踏まえ、その解決策までは言及していないものの、実情として他国の事業者からの入札が増えていることを紹介している。そこで、本節では TOC と車両リース会社 3 社の出資者に注目する。すでに何度も確認したように、イギリスの鉄道産業は上下分離により列車運行と線路や駅などのインフラ

---

[18] National Audit Office（2015b）, p. 30.

フランチャイズを保有する TOC は外国資本
も多い

所有、車両保有はそれぞれ別の主体に委ねられた。他国では列車運行会社が車両を保有するのが一般的であり、リース形式で独立部門として位置づけられたイギリスの改革はユニークである。

当初、すべての部門で純粋民間企業による運営が行われたが、インフラ所有は 2002 年にネットワークレールという、政府が出捐^{えん}する非営利会社に改組された。したがって、現在、民間事業者によって運営されているのは、列車運行と車両保有である。さらに、列車運行についても時限的とはいえ政府が全額出資する会社が運営するイースト・コーストの例も出現したうえ、地方を中心に政府補助金に頼った運営がなされている実態が明白となった。

もともと株式を売却するには魅力に乏しい国鉄を、フランチャイズ入札によって民間企業に移行させるという措置も、実際には課題は多い。しかし、内部補助から外部補助にシフトさせることで事業の採算性を明確化した点は評価できる。また、バス会社などが鉄道経営に参入できたことは異業種参入が可能なことを示したうえ、バスと鉄道が同一ブランドでサービス展開することで、旅客利便など運輸市場の活性化に寄与した面はある。

しかも、図5-2 から明らかなように、フランチャイズを獲得して列車運行にあたる TOC は近隣国のドイツ、フランス、オランダの元国鉄や他国企業である。イギリスは EU 加盟国として「欧州連合の機能に関する条約（TFEU：Treaty on the Functioning of the European Union）」第34条や54条など、加盟国間の国境を越えた商品・役務等の自由移動の原則が、第34条や第54条に示されている条約にしたがい、資本移動の自由を認めてきた。しかし、鉄道サービスは実態としては、おもに EU を中心とする他国に依存するかたちで維持されている状況にある。

National Express	Arriva UK Deutsche	First Group	Keolis SNCF	Go-Ahead Group	Abellio NedRailways	Serco Group	Stagecoach Group	Virgin Group
UK・バス	ドイツ・鉄道	UK・バス	フランス・鉄道	UK・バス	オランダ・鉄道	公共サービス・鉄道	UK・バス	UK・航空
100% C2C	100% Chiltern	100% First Great Western			100% Abellio Greater Anglia		100% East Midlands Trains	
	100% Arriva Cross	55% First Trans Pennine Express	45% First Trans Pennine Express		100% ScotRail		100% South West Trains	
	100% Arriva Trains Wales		35% London Midland	65% London Midland	50% Northern	50% Northern	49% Virgin West Coast	51% Virgin West Coast
			35% Southeastern	65% Southeastern			90% London Midland	10% London Midland
			35% Thameslink, Great Northern, Southern and Gatwick Express	65% Thameslink, Great Northern, Southern and Gatwick Express				

注　Thameslink、Great Northern、Southern、Gatwick Express は複数の路線が統合されて、ひとつのフランチャイズになったものである。

出所：National Audit Office（2015b），pp. 28-29. に基づき作成。

図 5-2　フランチャイズへの出資状況

　TFEU では互恵的な取り扱いが定められているため、イギリス企業による他の EU 加盟国の運営権獲得も可能である。しかし、他の EU 加盟国で事業を展開する事業者はナショナル・エクスプレスに限られる[19]。こうした状況から、鉄道運行を外国企業に委ねることについて批判的な論調もあるが、一方で自国の鉄道運行の受け皿になれるような競争力ある事業者が国内に存在しないという現実もある。

　さらに、図からすべてのフランチャイズのうち 7 つが、TOC2 社による共同出資で運営されていることがわかる。つまり、単独でフランチャイズを獲得し、経営するには大きなメリットがない、もしくは投資リスクが高いので、共同出資で乗り切っていると考えられる。

---

[19] 根岸（2012），p. 19. による。なお、ナショナル・エクスプレスは 2015 年 12 月から 15 年間の契約で、ドイツ国内の地域内運行を担っている（Butcher, L.（2017），p. 24. および National Express ウェブサイト）。

(2)　車両リース会社への出資者

　イギリスの鉄道では、民間事業者による運営は列車運行部門のほか車両リース部門でも行われている。改革当初に設立された車両リース会社（ROSCO）は、エンジェル・トレインズ、エバーショルト・レール・グループ、ポーターブルック・リーシング・カンパニーの3社であり、この大手3社は2009年の時点において車両数ベースで97％のシェアを占めていた。現在、ROSCOは9社にまで増加し、大手3社の車両数シェアは92％に低下したが、依然として3社寡占の状態が続いている。

　さらに、政府がTOCに対して車両の更新を進めるよう求めている状況を踏まえると、車両リース部門は比較的安定成長を見込める分野である。たとえば、エバーショルト・レール・グループ（Eversholt Rail Group）の債券発行体としての格付けを行っているフィッチは、2015年10月時点で、同社を「BBB+、安定」と評価し、その根拠として「変動のない市場シェア」に注目している[20]。堅調な旅客需要の伸びも車両調達に対するニーズを高めている。

　また、2015年時点でのROSCOへの出資者を確認すると、表5-3の通り3社すべてが外国企業による出資を受けて運営されていることがわかる。なお、これらの出資者には車両メーカーが参画しており、具体的にはアルストム・パワー、ボンバルディア・トランスポーテーション、シーメンス・トランスポーテーション・システムズ、日立ヨーロッパの4社である。これらの事業者は世界的な大手メーカーであり、すべてイギリス外に本拠を置く外国企業である。

　TOCと異なるのは、出資者として金融投資家が大きな役割を担っている点である。投資に際してある程度大きな資金が必要であり、実需としても市場の成長が見込まれるため安定したリターンが見込める。加えて、車両更新は鉄道サービスの改善を強力に進める政府の中心的な政策でもある。これらの環境を投資家は高く評価していると考えられる。実際、政府による車両更新策について、投資家は「暗黙的な政府支援（indirect regulatory support）」が得られていると考えており、ROSCOへの投資の魅力は高まっている。

　ただ、鉄道改革開始から20年以上が経過したが、鉄道事業は当初想定され

---

[20] Fitch Ratings（2015）.

表5-3　大手車両リース会社への出資者

車両リース会社	出資年	出資者	出資者の国籍
エンジェル・トレインズ	1997	Royal Bank of Scotland Group plc.	イギリス
	2008	Arcus European Infrastructure Fund 1	イギリス
	2015	AMP Capital Investors	オーストラリア
エバーショルト・レール・グループ	1997	HSBC Asset Finance (UK) Ltd.	イギリス
	2010	Eversholt Investment Group SCS consortium equally owned by 3i Infrastructure, Morgan Stanley Infrastructure Partners and STAR Capital Partners with its co-investor PGGM	イギリス/アメリカ
	2015	UK Rails S. A. R. L., a company jointly owned by Cheung Kong Infrastructure Holdings Ltd and Cheung Kong (Holdings) Ltd.	バミューダ/香港
ポーターブルック・リーシング・カンパニー	1996	Stagecoach	イギリス
	2008	Abbey National Treasury Services, owned by Banco Santander S. A.	イギリス/スペイン
	2010	Antin Infrastructure/Deutsche Bank/OP Trust	フランス/ドイツ/カナダ

出所：各種資料より筆者作成。

た以上に厳しい運営を強いられているのは事実である。線路などの更新等に莫大な費用を必要とするインフラ事業の運営は、政府が出損するネットワークレールに委ねられて事実上、再国有化されているが、列車運行を担うTOCも他国の事業者からの支援や、共同出資の形態により維持しているのが実情である。

　もちろん、政府による関与が必要としても、単純に過去の状態に戻る再国有化という政策オプションも選べない。こうした状況で、外国企業による投資は鉄道サービスを維持するための受け皿になっているともいえる。投資家の強い関心を惹いているROSCOの出資者をみても、やはり世界の鉄道車両市場を席巻する大手メーカーである。そして、その出資者はイギリス国内事業者ではなく、海外の事業者や投資家である。

5-5　鉄道路線維持と民間活用の課題

　イギリスの鉄道民営化では、従来の国営組織から民間事業者に所有権を移転させるとともに、フランチャイズ入札により路線別の営業権を獲得させることを通じた競争促進が期待された。しかし、莫大なインフラ投資を民間に委ねることはできず、インフラ部門は事実上、国主導の組織形態に戻されてしまっ

た。TOC についても同様で、フランチャイズを通して政府が強力に管理する
方向に修正された。

　長期的な設備投資を着実に推進するためには、事業期間を長めにとり、契約
期間内に投資した資金を回収できる見通しを民間事業者に持たせる必要があ
る。フランチャイズ協定の契約期間の延長は、投資計画に基づく資金回収を容
易化する点で意味のある措置であった。また、イギリスの鉄道は上下分離によ
り、プレイヤー間の合意形成が困難になっていることもあり、TOC の線路使
用を一元管理するネットワークレールと連携を強化させるようにしたのは合理
的な措置である。

　また、民間主導とすることにより事業効率性を高められる可能性に期待した
ものの、投資促進の面で課題が露呈した以上、鉄道産業の将来戦略を担う政府
が個別企業に数年間にわたる投資計画を公表させ、事業者自らが安定供給につ
ながる計画を提示させる必要がある。フランチャイズ協定には必要なサービス
水準も事前に示され、そのために必要となる投資についてもあらかじめ示され
る。空港セクターでは、政府は各空港運営会社に対してマスタープランの公表
を義務付けているが、実態として鉄道でも同様の措置が適用されている。政府
による援助も行われているが、鉄道利用者による運賃負担を通じて、長期的視
点からの投資に理解を示し、応分の負担をすべきであろう。

　また、競争が期待された列車運行部門でも次第に寡占化が進むとともに、入
札に参加する主体も減少するという課題に直面するようになった。競争市場庁
（CMA）はオープン・アクセスを主張しているが、TOC とネットワークレー
ルとの緊密な連携が投資の確保と安定したサービス提供に不可欠と判断してき
た面はある。すなわち、これまでの政策の根底にある考え方に立てば、限られ
た部分でしかオープン・アクセスを導入することはできないのではないかと推
察される。現に、TOC で組織する列車運行会社協会（ATOC）はオープン・
アクセスには反対の立場をとっている。

　さらに、フランチャイズ入札に応じ支えてきたのは、国内事業者だけにとど
まらない点も見過ごすことはできない。国内のバス会社など他分野の交通事業
者がフランチャイズ獲得に動くケースはみられたが、異業種からの参入は活発
とはいえない。その受け皿として機能してきたのは、国内企業ではなくむしろ

海外の同業他社であった。

　わが国の鉄道事業はフランチャイズ制ではないが、空港運営はこれに近いコンセッションを採用し、一部の空港はすでに民間運営に移行した。これまでのところ、複数の事業者が入札に応じており順調である。それも適切に官民で責任分担がなされていることや、デベロッパーや海外の金融投資家

ローカル鉄道のフランチャイジーとして、ドイツ国鉄も出資している

などにも幅広く門戸を開放しているからであろう。

　EUでは互恵主義に基づき鉄道運行の事業そのものも加盟国に解放されているが、イギリス企業が他国で列車運行を行っているのは、ナショナル・エクスプレスのドイツ国内の事業に限られる。国有化や政府規制で保護されてきた公益事業に他国企業が関与することは、国民感情として心理的な抵抗があり、トラブルを招きやすい。しかし、これまでのイギリスが開放的な姿勢を示してきたのは、サービスが従来通り供給されることに加え、雇用も維持されるメリットを認めていたからである。

　イギリスはEUから離脱することを国民投票で決定したが、これまでイギリスはEUの広域市場に組み込まれていたので、民営化・規制緩和後もグローバル展開を試みる企業から関心が寄せられてきた。鉄道以外に、空港経営にも多数の他国企業が出資・運営している。人・モノ・カネ・情報が自由に動く利点が失われると、出資・運営に関わる主体にとっての魅力が失われ、イギリスの鉄道事業に対する持続性も危ぶまれる。事業の担い手になる出資者として、外国企業にも可能な限り門戸を開き、国内でのサービス維持を目指す必要に迫られている。

【参考文献】
　1）　小役丸幸子（2012）「イギリス鉄道における改革の評価と新たな動き」『運輸と経済』第72巻第7号，pp. 71-80.

2）　西藤真一（2015）「イギリスの鉄道事業における民間参画と政府関与―財源調達スキームの観点から―」『国際公共経済研究』第 26 号.

3）　西藤真一・野村宗訓（2017）「鉄道整備・運営の国際化」，塩見英治（監）鳥居昭夫・岡田啓・小熊仁（編著）『自由化時代のネットワーク産業と社会資本』，八千代出版，第 13 章所収.

4）　塩見英治（編）（2011）『現代公益事業―ネットワーク産業の新展開』有斐閣.

5）　根岸哲（2012）「EU 競争法と市場統合の総合的検討」『日本 EU 学会年報』第 32 号，pp. 18-28.

6）　野村宗訓（2016）「民営化・規制緩和とインフラ・ビジネスの展開―英国の経験からグローバル化の課題を考える―」『産業学会 研究年報』，31 号.

7）　堀雅通（2000）『現代欧州の交通政策と鉄道改革―上下分離とオープンアクセス』税務経理協会.

8）　Association of Train Operating Companies（2013）Long Term Passenger Rolling Stock Strategy for the Rail Industry.

9）　Booth, L.（2015）*Public Procurement*, House of Commons Library, No. 6029.

10）　Butcher, L.（2010）*Railways: 2004 White Paper*, House of Commons Library SN/BT/3142.

11）　Butchre, L.（2016）*Railway Passenger Franchises*, House of Commons Library, SN01343.

12）　Butcher, L.（2017）*Passenger Rail Services in England*, House of Commons Library, SN6521.

13）　Competition Commission（2009）Rollin Stock Leasing Market Investigation.

14）　Department for Transport（2004）*The Future of Rail-White Paper*, The Stationary Office.

15）　Department for Transport（2011）Realising the Potential of GB Rail: Final Independent Report of the Rail Value for Money Study.

16）　Fitch Ratings（2015）"Fitch Affirms Eversholt Investment at ʻBBB＋ʼ; Outlook Stable".

17）　House of Commons（2003）National Statistics: The Classification of Network Rail, First Report of Session 2002-03, HC154.

18）　National Audit Office（2004）Network Rail-Making a Fresh Start.

19）　National Audit Office（2015a）A Short Guide to Network Rail.

20）　National Audit Office（2015b）*Reform of the Rail Franchising Programme*.

21）　Office for National Statistics（2013）Classification of Network Rail under European System of Accounts 2010.

22）　Office of Rail and Road（2016）*GB rail industry financial information 2014-15*.

23）　Shaw, N., Gwillian, K., and Thompson, L.（1996）*Concessions in Transport*, The World Bank.

第3部　政府関与と民間資金の活用

第6章　公共所有のもとで進めるアメリカの
道路インフラ整備

6-1　わが国のインフラ整備との接点

　社会資本の民間運営は、国や自治体の財政状況が悪化するなかで、企業運営の合理化や改善を促すことにより、利用者のニーズに合致した効率的なサービス提供を可能にすると考えられてきた。その処方箋がイギリスに代表される多くの国において推進されてきた民営化であった。国有企業が民営化されると、当該事業者は市場から資金を調達することになり、貸し手となる債権者によるチェックが効率的な運営を促す源泉となる。つまり、高い信用を獲得することは有利な条件での資金調達が可能となるのである。

　翻って、わが国における、おもなインフラは公的所有のもとに置かれてきた。そして、その整備財源としては、一般財源や特定財源、財政投融資資金を原資とした地方債・公営企業債、あるいは利用料金が中心的な役割を果たしてきた[1]。これまでの章でイギリスの例をみたように、わが国の公的所有のもとでは、民間所有のもとで利用者が支払う料金によって整備・維持管理財源を賄う方法とはまったく異なる。もちろん、わが国の空港分野など、一部の産業では民間運営に移行しつつあるが、所有権はやはり公共に置かれたままである。

　他方、アメリカの道路整備などは、州などの地方政府が大きな役割を果たし、所有も公共である。つまり、公共による所有という側面に注目すれば、わが国のインフラ整備は、アメリカのそれと通ずるものがあり、その点でアメリカの道路分野におけるインフラ整備・維持管理に学ぶべきところは大きい。そこで、本章ではアメリカの道路整備における財源調達の手法を探る。そのための手順として、本章ではまず、次の章で説明する交通債、とりわけ、インフラ向けのレベニュー債の格付けを理解するため、アメリカ地方債の発行状況と発行・流通市場の推移、デフォルト等の全体像を把握する。

---

[1] 植村ほか　(2010), p. 62.

6-2 アメリカのインフラ整備と維持管理

(1) 公共によるインフラ整備と維持管理

1980年ごろには「荒廃するアメリカ」と形容されるほど老朽化し、その維持更新が課題となった。陸上交通についていえば、常に道路投資の不足が指摘されながらも、交通量は経済成長とともに1980年から2006年の約20年間で2倍近くに上昇した[2]。しかし、アメリカではそれに応じた十分な投資が行われてきたわけではなかった。アメリカ土木学会が示した推計によれば、陸上交通インフラを適切に維持管理するうえで、2016年から2025年までの10年間のうちに2兆ドルのインフラ投資が必要となるという。しかし、現状ではその半分程度しか資金調達できず、投資ギャップは約1兆1千億ドルに上るのが実情である[3]。

アメリカは合衆国であり、連邦政府がインフラ投資を促進するためのさまざまな枠組みを整備し投資も行う。たとえば、道路整備について述べると、アメリカの道路整備財源は「連邦道路信託基金（Highway Trust Fund）」であり、これはおもに自動車燃料税やタイヤ税が歳入財源となっている[4]。連邦道路信託基金は「1956年連邦補助道路法（Federal-Aid Highway Act of 1956）」において創設されたもので、その基金の使途は原則として道路の建設であった。

他方、維持管理については州の財源による負担が妥当であるとの考え方が根底にあり、維持管理は州や市・郡など地方政府独自の資金調達に頼ることが多い[5]。実際、議会予算局（Congressional Budget Office）では、2004年に交通関係に投じた977億ドルのうち、約半分以上の530億ドルは州・地方政府による資金であったことを示している[6]（表6-1）。民間による投資・支出は電力や

---

[2] Council of Foreign Relations (2012), p. 1.
[3] 陸上交通以外の社会資本として、空港や港湾、上下水道、電力を含めるとその投資ギャップは1兆4400億ドル（American Society of Civil Engineers (2017), p. 11.）。
[4] 古川 (2010), pp. 100-101.
[5] アメリカは「アメリカ合衆国」と名付けられている通り、州が自治の基本であり、道路をはじめとするインフラの多くは州もしくは地方政府の管轄である。そのため、州際道路も整備財源こそ連邦から拠出するものの、維持管理は基本的には州に委ねるのが妥当だと考えられてきた。
[6] Congressional Budget Office (2008), p. 4.

表6-1　2004年における分野別のインフラ投資額（10億ドル）

	公共部門		民間部門
	連邦	州・地方政府	
高速道路	30.2	36.5	n. a.
マス・トランジット	7.6	8	0
貨物鉄道	0	0	6.4
旅客鉄道	0.7	0	0
航空分野	5.6	6.8	2
海運分野	0.7	1.7	0.1
交通分野合計	44.7	53	8.5
他の公益事業分野	17.6	117.2	165
合計	62.4	170.2	173.5

出所：Congressional Budget Office（2008）, p. 4. および Municipal Securities
　　　Rulemaking Board（2017）, p. 3.

テレコムなど、交通以外の公益事業分野においては大きなウェイトを占めているが、交通分野における民間投資・支出の割合は極めて低い。なお、前述の道路分野に投じた総額は2004年では667億ドルで、そのうち半分以上の365億ドルは州・地方政府による資金であった。

　実際、公共インフラの所有についても資産価額ベースで確認すると、防衛関連を除くと州・地方政府が所有する割合は国全体の90％を占めている。それゆえ、それらの施設の維持管理についても基本的には州・地方政府が独自に予算措置を講じることになる[7]。もちろん、維持管理費用にも連邦政府の支援が充当されるものの、それは全体の費用のうちの25％に過ぎず、残りの75％は州・地方政府が独自に予算措置を講じているのが実情である[8]。そして、その資金調達を支えているのが後述する地方債なのである[9]。

---

[7] McNichol, E. C.（2017）, p. 5.
[8] Municipal Securities Rulemaking Board（2017）, p. 3.
[9] なお、秋山・前田・渋谷（2007）では「州・地方債」と記述されているが、本章では州債も含めて「地方債」と表記する。

(2)　財源確保に向けた制度改革

　ここで、アメリカにおいても投資のみならず老朽化したインフラをいかに維持管理するかという課題に直面している事実にも注目しておきたい。アメリカでは、すでに 1970 年代には橋梁など道路上の工作物の崩壊や舗装の劣化が顕著になっていた。そのため、原則上は州・地方政府の役割とされた維持管理についても、連邦政府はその関与を強めざるを得ないという認識を強めていた。1976 年には連邦補助道路法を更改し、そのなかで州際道路（インターステート）における「4R 事業」、すなわち再舗装（Resurfacing）・修復（Restoration）・再生（Rehabilitation）・改築（Reconstruction）の各事業について、それぞれ連邦補助が初めて充当されることになった。

　続く「1982 年陸上交通援助法（The Surface Transportation Assistance Act of 1982）」では、道路施設の管理財源を確保するために自動車燃料税をガロンあたり 4 セントから 9 セントに値上げしたうえ、1987 年には、従来は認められていなかった有料道路も連邦補助の対象に加える方針が示された。具体的な連邦補助は、1992 年の ISTEA（Intermodal Surface Transportation Efficiency Act）をはじめとする陸上交通予算に関する授権法のなかで具体化された（表6-2）。

　ただし、それは単に連邦補助を拡大させるのではなく、利用者にも道路整備にかかる費用の負担を求めるとともに、民間資金も活用する方策への転換でもあった。対距離課金の検討はその一例である。前述のアメリカ土木学会が 2 兆ドルにも上るインフラの投資不足を指摘したように、道路を含むあらゆるインフラの老朽化が進行しつつある状況を鑑みれば、早晩、財源の確保は難しくなると考えられている[10]。

　こうした懸念が、連邦政府として民間資金の活用を模索することを後押ししている。ただし、アメリカ以外の国では官民連携による民間資金の活用（PPP）は、一般的なインフラの資金調達手法として定着しているものの、アメリカではその適用はまだ途上段階にある。実際、1989 年から 2013 年の期間

---

[10] アメリカ土木学会は 2016 年から 2025 年までの期間に 2 兆 420 億ドルに上る投資が必要になると推計し、そのうち 1 兆 1010 億ドルの資金は確保できなくなると警告している（ジェトロ・ニューヨーク事務所（2018）, pp. 1-2.）。

表6-2　アメリカにおける陸上交通予算の授権法とその概要

法律	計画期間	授権総額	主な内容
ISTEA：Intermodal Surface Transportation Efficiency Act	1992〜1997年（6年）	1,553億ドル	州際道路網の完成。道路計画からそれ以外の交通計画をも包摂する交通計画法への転換が図られた。
TEA21：Transportation Equity for 21st Century	1998〜2003年（6年）	2,178億ドル	ISTEAの基本政策を踏襲。民間資金の導入策としてTIFIAを創設した。
SAFETEA-LU：Safe, Accountable, Flexible, Efficient Transportation Equity Act‐A Legacy for Users	2005〜2009年（5年）	2,441億ドル	今後の道路政策のあり方を検討するために委員会を創設。全国陸上交通インフラ資金調達委員会の報告書「Paying Our Way- A New Framework for Transportation Finance」が公表され道路の有料化、革新的な資金調達の推進が提起された。
MAP-21：Moving Ahead for Progress in the 21st Century	2013〜2014年（2年）	1,050億ドル	交通事業への一般財源投入を約束。ただし、逼迫する連邦の財政状況を反映し、前法からの予算額の増額はほとんどなかった。
FAST：Fixing America's Surface Transportation Act	2016〜2020年（5年）	3,050億ドル	連邦補助の取り扱いに関して州の裁量権を拡大させるとともに、効率的な物流網の構築のためのネットワーク構築に向けた事業を新規に追加した。

出所：各種資料を用いて筆者作成。

で高速道路分野に投じられた総額は4兆ドルに上るが、そのうちPPPを活用したスキームによる投資額は1.5％にとどまっている[11]。PPPは連邦議会の承認を必要としないものの、州法としてその枠組みの活用が認められている場合においてのみ実施が可能となっており、そのような州法が定められているのは33の州に限られている。しかも、認められる事業分野や契約可能なスキームなど、さまざまな制約が存在する。こうしたことが、PPPの推進という観点ではボトルネックになっている[12]。アメリカでは連邦政府による信用保証を通

---

[11] United States House of Representatives Committee on Transport and Infrastructure Panel on Public-Private Partnerships（2014), p. 23.
[12] Municipal Securities Rulemaking Board（2017), p. 3., United States House of Representatives Committee on Transport and Infrastructure Panel on Public-Private Partnerships（2014), p. 24.

じたプログラムが投資不足を解消する方策として推進されてきたという歴史的な背景もある。

　しかし、近年では PPP の実施も念頭に置いた制度の展開もみられるようになってきた。道路事業では 1998 年の TEA-21 以降、連邦補助の枠組みや PPP 事業も想定した枠組みが定められ、荒廃した道路の復興を目指した法制度として TIFIA（The Transportation Infrastructure and Innovation Act of 1998）を成立させた。すなわち、連邦が認めた陸上交通網の整備（主に道路整備）において、連邦政府が実質的に借入保証や信用枠を提供する。また、この支援は州・地方政府の発行する債券だけに限らず、オーソリティや PPP 事業における資金調達にも適用される。調達側にとっては資金調達コストを抑制できるメリットがあり、全米で活用されてきた。2013 年までに全米の 48 のプロジェクト、総額ベースで 150 億ドルについて保証を提供してきた[13]。

　資金調達コストの抑制策は信用供与のほか、発行債券に対する連邦所得税の免除や貸出金利の抑制を通じた方法もある。2005 年からの授権法 SAFE-TEA-LU（Safe, Accountable, Flexible, Efficient Transportation Equity Act - A Legacy for Users）では、PAB（Private Activity Bonds）と称する負債の支援策として、連邦税の免税が認められたほか、2009 年には金融危機後の不況対策として「アメリカ再生・再投資法（American Recovery and Reinvestment Act）」が成立し、連邦政府による地方債の利子補給を行うべく、アメリカ建設債（Build America Bond）が発行された。このようにして、連邦政府が州や地方政府による投資を支援してきた[14]。

6-3　インフラ整備における地方債の活用

(1)　地方債発行のメカニズム

　アメリカでは地方債の発行が、交通インフラをはじめ社会資本整備を担う州・地方政府の資金調達手段のひとつとなっている。実際、社会資本の整備のために州・地方政府等が調達する 90％の資金は負債、とりわけ地方債に依存

---

[13] United States House of Representatives Committee on Transport and Infrastructure Panel on Public-Private Partnerships（2014）, p. 25.

[14] Council of Foreign Relations（2012）, p. 3.

している。なお、「地方政府等」と表記しているのは、地方債を発行できる主
体として、必ずしも州・地方政府に限定されることはないからである。つま
り、彼らが管理するオーソリティや政府関係事業体によっても発行される。た
とえば、住宅、公衆衛生、空港、港湾、経済開発に関わる公社等も起債するこ
とができる[15]。

　ここで、地方債の発行メカニズムについて概略を示す。地方債は、州・地方
政府および関連機関が発行した債券は一般投資家によって消化されるが、ブ
ローカー、ディーラー、銀行などの仲介業者（以下、ブローカー・ディー
ラー）を通して取引される。そして、債券発行の各段階には発行体に助言する
アドバイザーが存在する[16]。また、格付け会社は通常、発行体の依頼に基づき
発行体や債券を格付けする。

　場合によっては金融保証保険を取り扱う「モノライン」によって信用補完を
受けることもある。信用補完を受けることで債券自体の信用が高まり、利払い
を軽減させる効果を持つことになる。ただし、金融危機により発行体に対する
格付け評価が厳格化されたり、銀行のリスク・マネジメントを強化するために
用意される自己資本規制（いわゆるバーゼルⅢ）によって流動性供給や信用供
与を手控える傾向が強まっている[17]。

　さらに、取引価格の透明性を確保するとともに効率的な市場を維持するため
に、地方債規則制定委員会（MSRB：Municipal Securities Rulemaking Board）
が証券取引委員会の監督のもとに設置されている。なお、これは 1975 年、成
長しつつある地方債市場を連邦レベルで監視するために設置されたものであ
り、彼らが地方債取引に関する規則を策定する[18]。

　ただし、MSRB はブローカー・ディーラーを規制するルールを策定するも
のの、実際の規制・監督権限は持たず、金融取引業規制機構（FINRA：Fi-

---

[15] Securities and Exchange Commission（2012），p. 5.
[16] 自治体アドバイザーは発行体に対して発行時にさまざまな資金調達手法をアドバイスする
とともに引受人との交渉において助言する。アドバイザーは登録制となっているが、大半の
ものは規制を受けていない。現在の登録業者数は全米で約 1000、そのうち約 300 はブロー
カー・ディーラーが兼業している（Securities and Exchange Commission（2012），p. 46.）。こ
のほか、弁護士などによる法的アドバイザーも発行体、引受人、投資家に対して助言する。
[17] Securities and Exchange Commission（2012），pp. 49-50.

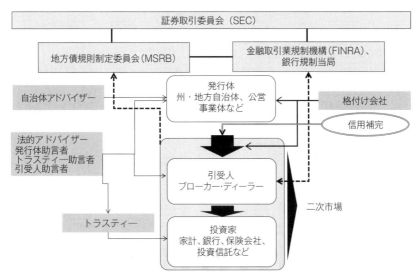

出所：Securities and Exchange Commission（2012）pp. 39-56., GAO（2012）pp. 9-10.の記述内容
をもとに筆者作成

図6-1　地方債の発行メカニズム

nancial Industry Regulatory Authority）、連邦銀行規制当局が MSRB の定め
るルールにしたがってブローカー・ディーラーを監督する。そして、証券取引
委員会（SEC：Securities and Exchange Commission）が MSRB と FINRA を
含めて全体を管理することになる。

(2)　地方債の発行と流通

　地方債は表6-3に示すように償還原資によって3つに区分されるが、うち二
重財源債はレベニュー債の一種とみなせる。レベニュー債が地方債に占める割
合は約60％程度と、一般財源債よりも高い傾向がみられる（図6-2）。これは、
一般財源債であれば発行時に議会承認や住民投票が必要であるほか、発行額の
上限が定められているのに対して、レベニュー債の場合はそれらの手続きの必

---

[18] 従来、1933 年証券法（Securities Act of 1933）と 1934 年証券取引所法（Securities Exchange
　　Act）が証券全般の発行をカバーしてきたが、不正取引を定めた条項を除き、地方債への適
　　用は広範にわたり免除されてきたため、1975 年の両法の改正により地方債を監視する規制
　　体制が構築されることとなった（Securities and Exchange Commission（2012），pp. 27-
　　38. ）。

表6-3　地方債の区分

一般財源債 (GO：General Obligation Bond)	発行者の課税権や信用をもとにした保証によって発行される債券。
レベニュー債	特定の収入源によって返済することを念頭に発行される債券。
二重財源債 ("Double Barrel" Bond)	特定の事業収入と、政府の課税権と信用に基づいて発行される債券。

出所：Standard and Poor's（no date）による。

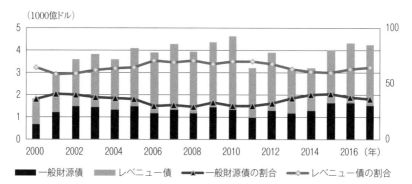

出所：Federal Reserve Board（各年版）"New Security Issues, State and Local Governments"
より作成.

図6-2　地方債の新規発行額の推移

要はなく、柔軟に起債できることが大きなメリットと認識されているからである[19]。2017年における地方債全体の発行総額は4,256億ドルであり[20]、2004年以降ではその発行残高は徐々に拡大し、2010年以降は毎年3兆8,000億ドル前後の残高で推移している。

　他方、地方債の起債で得られる資金の主要な充当目的は、一般財源債が活用される一般目的で31％、教育目的で26％、次いで交通目的で12％の順となっているが[21]、レベニュー債の充当目的をみると、交通目的が24％、上下水道とヘルスケアがそれぞれ13％、教育目的で11％の順となっている[22]。このこと

---

[19] 江夏（2014）, p. 123.
[20] 借り換えによる発行分も含む。
[21] Municipal Securities Rulemaking Board（2017）, p. 4. Figure 2.
[22] Marques, D. and D. Barton（2017）"The Advantages of Municipal Revenue Bonds", Standish Press release in April, p. 2.

から、交通分野の資金調達において、地方債、なかんずくレベニュー債は重要
な調達方法であることがわかる。

　なお、地方債の投資家の過半は個人投資家である（図6-3）。2017年におけ
る発行済の地方債残高は3兆8,638万ドルであり、そのうち個人投資家は1兆
6,414億ドル（42.5％）を所有するほか、おもに個人投資家の資金を運用する
ミューチュアル・ファンドも24.6％を保有する[23]。二次市場における地方債の
流通量は決して多くはなく、全流通量のうちの1％に過ぎない（1日あたり平
均）[24]。図6-4に示すように、発行直後の1か月間に取引が集中し、それ以降
の取引量はかなり低調に推移しているのが実情で、このことは大半の投資家
は、債券購入後、満期まで保有する傾向にあることを示唆している。このこと
は地方債の取引形態にも反映されている。すなわち、地方債の発行市場では相
対取引が半数以上であり、競争取引よりも割合が多い[25]。

　次に、債券価格、利回り（以下、イールド）に注目する。金融危機後の
2009年においても高格付けの債券価格は比較的安定し、イールドも低いまま
であった。ここには、2009年に成立した「アメリカ再建・再投資法」におけ
るアメリカ建設債などを通したインフラ整備資金の調達ニーズが高まる一方、
連邦政府の利子補給によって債券の信用を高めたことも影響している。また、
銀行のなかでも規模が大きく顧客を多く抱える機関ほど債券売買のマッチング
が容易になるため、大規模な機関投資家の保有ウェイトが高まりつつあること
も指摘できる[26]。

---

[23] なお、このミューチュアル・ファンドには、マネー・マーケット・ファンド（MMF）、ク
　ローズド・エンド・ファンド、上場投資信託（ETF：exchange traded fund）が含まれてい
　る（SIFMA（2012), *Holders of U.S. Municipal Securities*）。
[24] 2011年時点におけるデータ（Securities and Exchange Commission（2012), p. 113.）。
[25] 相対取引とは、債券発行者が債券の引受手と直接交渉し、取引すること。その過程におい
　て、引き受けの量、価格および発行時期などが決められる。一方、競争取引は発行条件を発
　行体が示し、債券発行市場で入札により引受手を決定する方法である。経験的に、相対取引
　のほうが相対的に引受手にとって有利な取引形態で、発行体にとっては資金調達コストが高
　くなるとされる。なお、2011年の発行地方債13,463本のうち相対取引は54.4％、競争取引
　は42.4％、私募は3.2％であった（Securities and Exchange Commission（2012), pp. 15-18.）。
[26] Slavin, R.（2012）による。ただし、同法は時限立法であったためにすでに効力を失った。
　また、連邦議会の財政支出抑制の勢いが強く、今後はこうした財政刺激策は採用できない。

出所：Securities Industry and Financial Markets Association（2018）のデータ
　　　から筆者作成。

図6-3　地方債の保有主体

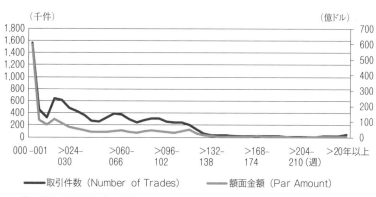

注　横軸は債券発行後の月数を表す。
出所：MSRB（2018）*Fact Book*, pp. 14-15. のデータから筆者作成。

図6-4　地方債発行後の取引件数と取引される地方債の額面金額

6-4　地方債のイールドとデフォルト

(1)　イールドの推移

　アメリカの地方債が債務不履行の状況に陥る割合（デフォルト率）は低いが、金融危機をきっかけに取引高は大きく減少した。ところが、地方債は利子所得に対する連邦所得税が免除される場合が多い。こうしたことから、債券のイールドが低く（債券価格は高く）推移してきた。債券の表面利率はクーポン利率といわれ、イールドは実際に債券が取引される債券価格と償還価格との差額のことである。

　以下では債券イールドの動向から金融危機による影響について述べる。まず地方債イールドを国債（財務省証券）のそれとの比較によって検討した後、格付け別のイールドを検討する。アメリカ国債はもっとも安全な投資資産とみなされ、事実上リスク・フリー債券とみなされる。そのため、アメリカ国債はイールドを比較する際のベンチマークとなる。

　図6-5は、1980年1月以降の国債と地方債（20年満期の一般財源債：GO債）のイールドを示している。まず、長期的に国債と地方債のイールドはともに低下（債券価格は上昇）していることがわかる。アメリカでは1979年に就任したP.ボルカーFRB議長のもとでインフレ対策として強い金融引き締め

出所：FRB "Market yield on U. S. Treasury securities at 20-year constant maturity, quoted on investment basis", FRB "Bond Buyer GO 20-Bond Municipal Bond Index". のデータを用いて筆者作成（2018年6月抽出）。

図6-5　国債と地方債のイールド（1980.1-2016.9）

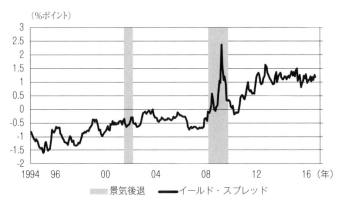

出所：図6-5と同じ

図6-6　国債と地方債のイールド・スプレッド（1993.10-2016.9）

（高金利）政策が採用された。以降、債券投資家はインフレ率の上昇はあまり見込めないものとして、インフレを織り込んだリスク・プレミアムを求める傾向はみられなくなった。ただし、物価は比較的安定しており、予想インフレ率が低下したもとでは、債券に対する購入意欲は高い。

　次に、景気循環と債券イールドの関係であるが、これは将来の見通しとの兼ね合いになる。1980年代の景気後退期には債券イールドが上昇（債券購入意欲は減退）し、景気回復が近くなるとイールドが下落していることがわかる。ところが、2001年3月からの景気後退では債券価格はほとんど変動していない。さらに、2007年に顕在化した世界的な金融危機以降に国債イールドは低下する一方、地方債イールドは上昇した。

　図6-6は国債に対する地方債のイールドのスプレッド（乖離）を示している。当初、スプレッドはマイナス、つまり地方債の方が低リスクとみなされていたが、2007年末ごろを境にスプレッドがプラスに転じ、その後は急拡大した。その後の経済政策もあり、スプレッドは一時低下したものの、再び上昇傾向に転じた。

　1990年代を通して地方債のイールドが国債よりも低位で推移したのは、地方債の利息収入には連邦所得税が減免されることが大きな要因であった。しかし、金融危機に直面したとき、連邦政府は財政出動による景気底上げや大幅な減税策を打ち出したが、州・地方政府は財政均衡を保つ必要があり、債券発行

については慎重にならざるを得なかった。このような影響が、既に発行済の地方債にも及び、より安全と判断された国債に資金が流れたと考えられる[27]。

　ここで示した地方債は基本的に州・地方政府の信用に裏打ちされた一般財源債である。したがって、州・地方政府の財政状況の悪化によって債券の格付けも低下し、イールドは高くなる懸念がある。他方、レベニュー債は基本的には地元の政府から独立しているため、州・地方政府からの明示的な保証はない。とはいえ、レベニュー債は発行時に調達した資金の使途に関する制約があるため、一般の社債よりは安全性が高いとみなされている。その分、収益性が高い状態を確保しなければ市場資金の信任を得がたくなるため、安定性と収益性を併せ持つ事業でなければ資金調達コストは高くなる。

(2)　レベニュー債による資金調達

　地方債の信用については、格付け会社による格付けが参考にされることが多い。格付けは、発行体の信用度と彼らが負っている義務の程度について見通しを示したものである。なお、信用度とは債券やその他の金融商品について、契約通りに支払が履行されるかどうか、発行主体の能力と意思を示す尺度である。ただし、その評価は債務不履行、つまりデフォルトが発生する確率を表すわけではなく、定性的な評価も含めた意見をランクとして指標化したものと捉えた方が適切である[28]。つまり、環境の変化により格付け評価は改められる。

　なお、格付け評価の結果に及ぼす要素としては、負債残高、経営状態などの経営に関する信用リスクに起因する要因のほか、地域経済の状態や市場利子率など市場環境に依存するリスク要因が考慮される[29]。また、レベニュー債の場合は建設の遅延、コストの大幅超過、事業環境なども評価要素として考慮され

---

[27] 連邦および地方の債務残高について、2004 年を 100 とする基準で両者を比較すると、リセッションの始まった直後（2007 年 12 月）では両者とも 129 であったが、リセッションを脱した直後（2009 年 9 月）では 167（連邦）、136（地方）と大きく差が開き、その幅は2012 年 6 月では 225（連邦）、140（地方）と差は開く傾向にある（Treasury Direct website: "Historical Data" in *Monthly Statement of the Public Debt* (*MSPD*) に掲載されるデータ、および FRB website: "L. 211 Municipal Securities and Loans" in *Flow of Funds Accounts of the United States* (*Z.1*). のデータから筆者加工。抽出月は 2013 年 3 月）。

[28] Standard and Poor's (no date), p. 3.

[29] Standard and Poor's (no date), p. 4.

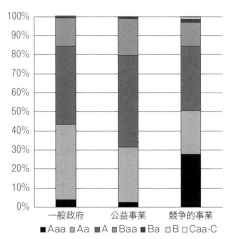

出所：Moody's Investors Service（2017）, p. 14.

図 6-7　セクター別・地方債の格付けの割合

ることになる。

　地方債に対する格付けは、一般企業の発行する社債のそれよりも総じて評価は高く、しかも安定しており発行後に格付け評価が変更されることはまれである[30]。図 6-7 は、1970 年から 2016 年までに発行された地方債が、どのランクで格付けされたのか、それぞれのセクター別ごとの平均的な評価を示したものである。なお、この図で「一般政府」のために調達するための債券は、その事業目的の性質上、一般財源債である。他方、交通や上下水道、電力・ガス事業などを含む「公益事業」は、ネットワーク型のインフラ事業であり、事業の売上収入を返済財源としたレベニュー債が活用されることが多く、この図ではレベニュー債の格付け状況を示している。同様に、「競争的事業」はレベニュー債ではあるが、ヘルスケアや住宅、高等教育のようにネットワーク型ではない事業で起債された債券を指している。

　図 6-7 から、とりわけ競争的事業は格付けランクの高いものの割合が極めて大きく示されている。その一方で、最低ランクの格付けに甘んずる債券も他の地方債に比べれば多い。他方、インフラ事業のレベニュー債はこの図では「公益事業」に分類されるが、きわめて低いランクに格付けされる債券は少ない。次に、格付け評価の 1 年後の遷移率をみると、競争的事業においてはランクの低い債券ほど、1 年後には格下げされる傾向が顕著である（表 6-4）。その点、公益事業分野のレベニュー債は、どのランクの格付けも比較的安定しており、これは競争的事業と対照的である。

　2000 年代前半では、地方債の格付けが前年を上回る評価を得て「格上げ」

---

[30] Moody's Investment Service（2017）, p. 13.

となる債券の数は、「格下げ」となるものを上回っていたが、2008 年ごろから格下げの方が上回る傾向が続いている[31]。これは 2008 年以降失業率の高まりや消費支出の低迷が経済活動の停滞を悪化させた結果である。特に、住宅価格の低下や、住宅部門に関連する地方債が 3 段階かそれ以上の複数ノッチで格下げされるケースが目立った[32]。

　インフラ部門では景気低迷は輸送量の減少を通して、空港の着陸料収入や有料道路の通行料収入の低下を招く。2009 年から 2011 年の期間において、「格下げ」となった債券の数と、「格上げ」となったものの比率を示す「格下げ/格上げ比率（downgrade to upgrade ratio）」を確認すると、インフラ部門は住宅部門に次いで値の高いセクターとなった[33]。一方、ヘルスケア部門の格下げ/格上げ率は、住宅部門やインフラ部門に比べると非常に低い。これは景気と関係なく、特に病院経営においてメディケアのカットを予見して従来から支出削減を進めていたことが奏功している[34]。

6-5　債券発行からみる公共所有の意義

　本章では、アメリカの地方債の取引やデフォルトの発生状況を概観した。デトロイトに代表される地方政府の破綻をみれば容易に想像がつくように、アメリカでは、地方債（一般財源債）の対国債スプレッドは拡大している。他方、レベニュー債はプロジェクトで得られる収入を原資として発行されるものであり、道路や空港を含めて多くの分野で活用されている。レベニュー債は地元の自治体からの独立性や自由度の高さはメリットであるが、必要な資金を調達するうえでは、事業のリスク管理は必須事項となっている。実際、金融危機の際に低格付け債は大きな影響を受け、さらなる格付けの低下やデフォルトに結び付き、これがイールド・スプレッドの急拡大につながった。

　しかし、レベニュー債でデフォルトした例は、そのほとんどが住宅や病院・ヘルスケア関係であり、空港や有料道路事業などの交通分野は極めてまれであ

---

[31] Moody's Investors Service（2012b）, p. 8.

[32] *Ibid*. p. 7.

[33] *Ibid*. p. 9.

[34] *Ibid*. p. 9.

表6-4　格付け評価の1年後の遷移率

【一般政府】

	Aaa	Aa	A	Baa	Ba	B	Caa-C	Withdrawn	Default
Aaa	94.19%	3.14%	0.12%	0.02%	0.01%	0.00%	0.00%	2.53%	0.00%
Aa	0.37%	95.80%	1.31%	0.04%	0.00%	0.00%	0.00%	2.47%	0.00%
A	0.01%	1.80%	93.07%	0.55%	0.05%	0.00%	0.00%	4.50%	0.00%
Baa	0.01%	0.03%	1.48%	91.22%	0.35%	0.04%	0.01%	6.86%	0.01%
Ba	0.07%	0.06%	1.06%	6.14%	82.27%	1.19%	0.41%	8.74%	0.05%
B	0.00%	0.27%	0.62%	2.29%	3.14%	85.94%	1.98%	5.01%	0.75%
Caa-C	0.00%	0.00%	0.00%	1.56%	1.82%	5.45%	72.21%	9.48%	9.48%

【公益事業】

	Aaa	Aa	A	Baa	Ba	B	Caa-C	Withdrawn	Default
Aaa	92.13%	2.64%	0.32%	0.19%	0.00%	0.00%	0.00%	4.72%	0.00%
Aa	0.38%	95.15%	1.36%	0.05%	0.01%	0.00%	0.00%	3.05%	0.00%
A	0.02%	1.24%	93.37%	0.58%	0.06%	0.01%	0.01%	4.71%	0.00%
Baa	0.03%	0.02%	1.83%	91.56%	0.31%	0.05%	0.01%	6.18%	0.00%
Ba	0.00%	0.06%	0.45%	5.42%	83.28%	2.51%	0.76%	7.51%	0.00%
B	0.00%	0.00%	0.00%	6.80%	8.97%	71.95%	5.00%	7.18%	0.09%
Caa-C	0.00%	0.00%	0.17%	1.04%	2.42%	1.04%	84.60%	7.09%	3.63%

【競争的事業】

	Aaa	Aa	A	Baa	Ba	B	Caa-C	Withdrawn	Default
Aaa	95.20%	0.46%	0.14%	0.05%	0.01%	0.00%	0.00%	4.13%	0.00%
Aa	0.95%	93.16%	1.24%	0.07%	0.03%	0.00%	0.00%	4.54%	0.00%
A	0.14%	1.66%	92.13%	1.44%	0.15%	0.04%	0.01%	4.41%	0.01%
Baa	0.06%	0.09%	2.50%	89.63%	2.38%	0.28%	0.07%	4.92%	0.06%
Ba	0.03%	0.08%	0.22%	3.87%	78.22%	5.39%	1.03%	10.57%	0.59%
B	0.00%	0.00%	0.67%	0.24%	4.69%	72.21%	7.69%	9.78%	4.71%
Caa-C	0.00%	0.00%	0.39%	0.13%	0.78%	2.36%	66.75%	19.16%	10.42%

出所：Moody's Investors Service（2017）, p. 14.

ることも確認した。ただし、デフォルト件数自体は住宅など他の分野に比べて少ないが、巨額の資金調達を必要とするインフラ分野でひとたびデフォルトが発生すると影響を受ける総額は高くなる。このように、経営の健全性が確保されない事業に対して安易に民間資金を導入することは、かえって安定を損なうことになる。破綻によって事業の継続もできなければ、地域住民に与える影響は計り知れない。

　このような場合、むしろ公営の方が資金調達の観点からいえば望ましい。民営の場合、収益性の低いプロジェクトでも、財務の健全性が確保される限り問題はないが、資金の調達市場から信用補完を求められる可能性がある。公営であるという事実は信用補完を受けていることと実質的には同じであり、資金調達においては民間事業よりも有利になる。

　わが国においてもインフラ事業の民間運営が進められているが、民間で設備投資を行うためには、民間事業者の財務面での懸念が排除されない限り実現が難しい。民営事業体は投資をせず、運営収入の獲得だけを狙う可能性もある。もちろん、事業の収益性向上は短期的には重要ではあるが、安定的な事業運営を維持するためには需要動向を見据えた新規投資や施設の更新は不可欠である。

　この点を踏まえると、単純に所有・運営を民間に委ねることが常に正しいとはいえない。さらに、わが国ではこれまで公共部門の主導によりインフラ整備および維持管理が行われてきたという歴史的な背景もある。こうしたなかで、所有は公共に置きつつも、必要性と事業採算性について資金調達市場からチェックを受けられるレベニュー債の活用は、民営化に代わるひとつの政策オプションだといえる。

【参考文献】
1)　Appleson, J., Parsons, E. and A. Haughwout（2012）*The Untold Story of Municipal Bond Defaults*, Federal Reserve Bank of New York.
2)　Congressional Budget Office（2008）*Issues and Options in Infrastructure Investment.*
3)　Congressional Budget Office（2010）*Public Spending on Transportation and Water Infrastructure.*
4)　Council of Foreign Relations（2012）*Federal transportation Infrastructure Policy* Hancoc, P.（2013）*Municipal bond defaults: Fact and fiction, Investment Insights*, JP Morgan.
5)　Connor. M.（2011）"Florida bridge agency misses bond payment", Reuters. < URL: http://www.reuters.com/article/2011/07/01/us-florida-bridge-default-idUSTRE76053620110701 >
6)　Joffe, M.D.（2012）'Rating Government Bonds: Can We Raise Our Grade?', *Econ Journal Watch*, Vol.9 No.3, pp.350-365.
7)　McNichol, E. C.（2017）"It's Time for States to Invest in Infrastructure", *Policy Futures*, Center on Budget and Policy Priority.
8)　Moody's Investors Service（2012）*U.S. Municipal Bond Defaults and Recoveries, 1970-2011.*
9)　Moody's Investors Service（2017）*U.S. Municipal Bond Defaults and Recoveries, 1970-2016.*

10）　Municipal Securities Rulemaking Board（2012）*Fact Book 2011.*

11）　Municipal Securities Rulemaking Board（2017）*Municipal Securities: Financing the Nation's Infrastructure.*

12）　National Bureau of Economic Research　（2012）　*US Business Cycle Expansions and Contractions.*

13）　National Surface Transportation Infrastructure Financing Commission（2009）*Paying Our Way: A New Framework for Transportation Finance,*

14）　Nelson, R.M.（2013）*Sovereign Debt in Advanced Economies: Overview and Issues for Congress,* Congressional Research Service.

15）　Pollin, R.（2012）US Government Deficits and Debt amid the Great Recession: What the Evidence Shows, *Cambridge Journal of Economics,* Vol.36, pp.161-187.

16）　Posner, M.（2011）*Financing of Infrastructure and the Role the Municipal Market Plays,* Municipal Market Advisors.

17）　Securities and Exchange Commission（2012）*Report on the Municipal Securities Market.*

18）　Securities Industry and Financial Markets Association（2018）, *Holders of U.S. Municipal Securities*

19）　Slavin, R.（2012）'Data Show Changes in Muni Buying Patterns', *Bond Buyer,* May.1, 2012.

20）　Standard and Poor's（no date）"Municipal Bonds: Back to Basics: The Risks, Yield, and Diversification Potential of This Key Asset Class Explained", *S&P Indices: Practice Essentials Fixed Income 101.*

21）　Standard and Poor's（2012a）"U.S. Infrastructure: How to Break the Logjam for Funding", *Credit Week*

22）　Standard and Poor's（2012b）"The U.S. Bond Insurance Industry Is On A Path To Reemergence, But Of A Different Profile," *Ratings Direct.*

23）　S&P Dow Jones（2012）*U.S. Municipal Bond Defaults Through November 2012.*

24）　United States House of Representatives Committee on Transport and Infrastructure Panel on Public-Private Partnerships（2014）*Public Private Partnerships: Balancing the Needs of the Public and Private Sectors to Finance the Nation's Infrastructure.*

25）　秋山義則・前田高志・渋谷博史（2007）『アメリカの州・地方債』，日本経済評論社.

26）　植村哲士・吉田早織・宇都正哲・野崎洋之（2010）「人口減少時代のインフラファイナンス―インフラ整備への民間資金活用の課題と方向性」『知的資産創造』12 月号，pp.60-79.

27）　江夏あかね（2014）「米国レベニュー債の発展と活用への課題」『野村資本市場クォータリー』Spring, pp.119-140.

28）　加藤一誠（2008a）「アメリカにおける空港債による資金調達」,『紀要』（日本大学経済学部経済科学研究所），第 38 号, pp.111-124.

29）　加藤一誠・地主敏樹（2010）「インフラの資金調達と金融危機の影響」『同志社アメリカ研究』，第 46 号, pp.137-151.

30）　加藤一誠・地主敏樹・砂川伸幸・播磨谷浩三・後藤孝夫（2013）「空港プロジェクトのファイナンス手法―アメリカのレベニュー債を中心に―」,『APIR Report』（アジア太平洋研究所分析レポート），No.12.（ウェブページ掲載）

31）　西藤真一・加藤一誠（2014）「アメリカの地方債市場における格付けとデフォルト」，加藤一誠・手塚広一郎（編著）『交通インフラファイナンス』成山堂書店，第 11 章所収.

32）　榊原胖夫・加藤一誠（2011）『アメリカ経済の歩み』文眞堂.

33) ジェトロ・ニューヨーク事務所（2018）『米国主要州における PPP 法規制と運用状況に関する調査報告書』.

第7章　アメリカのレベニュー債に対する市場の評価

7-1　地方債市場におけるレベニュー債

　アメリカの地方債の新規発行額は1990年代後半から2000年代初頭にかけて大きく拡大し、2002年以降は毎年3,500億から4,000億ドル近くが新たに発行されている。一時的に地方債の発行が減少したりいくらかの変動はみられるものの[1]、発行額の厚みを維持できるのは、地方債の利子に対する連邦所得税が免除され、州税と地方税も免除されることが理由のひとつである[2]。

　アメリカの地方債は大別すると一般財源債とレベニュー債に区分されるが、毎年の資金調達の手法はその発行金額をみると明らかになる。すなわち、地方政府の信用で発行される一般財源債よりも、レベニュー債の割合の方が高く、しかも約60％程度で比較的安定している。一般財源債の場合、起債にあたってその上限を設け、さらに議会承認や住民投票による承認を必要とする州が多いのに対して、レベニュー債の場合はそれらの制約が一般的に少なく、資金調達の手続きが行いやすい。

　加えて、地方債発行は行政主体以外に、公営企業などにも発行の権限が許されており、こうした地方政府から財政的に独立した団体が自らの資金調達のひとつのチャンネルとして利用していることもある。州際の高速道路整備ではこれまで燃料税収入をもとにした財源が活用されてきたが、自動車の燃費が改良されるにつれ、財源の確保が困難になりつつある。こうしたことから、レベニュー債は有力な資金調達の手法となっている。

　アメリカの地方債における特徴のひとつは、一般の社債との比較においておしなべて高い格付け評価を得ていることである。もちろん、地方債の中でもその格付けはそれぞれの債券によって異なる。格付けが異なれば、必然的に利回

---

[1] たとえば、2011年には地方債発行額が減少した。その理由のひとつは、アメリカ建設債（Build America Bond）の発行が前年度末に終了したことや、地方財政に対する懸念から地方債投資信託による資金が逸走したことなどが指摘されている（U. S. Securities and Exchange Commission（2012）, p. 6.）。

[2] 加藤（2008）, p. 112.

り（イールド）も異なることになり、この金利差が存在することによって、発行体に対して起債時に返済までを見通した合理的な資金調達計画や収益性の高い事業を選択するインセンティブを与える。

　本章では、地方債の中でも事業単位で発行されるレベニュー債に注目し、資金調達において市場はその事業のどのような要素に注目して評価しているのか、格付け評価の観点から明らかにする。まず、レベニュー債を含む地方債のデフォルトと格付け評価の現状を把握し、そのうえで、レベニュー債の格付けにおいて、発行体そのものの信用や資金調達の対象となるプロジェクトの経営指標について検討する。これらを通して、レベニュー債の活用を想定できるプロジェクトの特徴を明らかにする。

7-2　地方債の発行とインフラ事業

(1)　レベニュー債のデフォルト

「デフォルト」とは一般的には、債務不履行のことをいうが、大手格付け会社のMoody'sが地方債のデフォルトと定義するのは以下の4つの場合である[3]。

①　契約で義務付けられた元利支払いができないか、返済が遅延すること。

②　債券発行者あるいは債務者が破産申請あるいは管財人の管理下に置かれたことによって将来の契約上義務付けられた債務返済が不可能になるか、遅延すること。

③　1)　発行者が新規あるいは条件緩和された債務、新規の証券パッケージ、キャッシュあるいは資産を債権者に提示する場合、債務が当初の債務に比べて条件が悪化するような変更が行われること。

　　2)　発行者に破綻あるいは支払い不履行を避けられるような効果をもたらす変更が行われること。

④　債務の軽減につながる国家による与信契約や信託契約の支払期間の変更。たとえば、通貨デノミネーション（通貨の切り下げや切り上げ）あるいは当初の契約における物価スライド制や満期期間の強制的な変更が行われること。

---

[3] Moody's Investors Service（2012），p. 72.

表7-1　格付け別・累積デフォルト率

格付け	地方債（%）	社債（%）
Aaa/AAA	0.00	0.60
Aa/AA	0.00	1.50
A/A	0.23	2.91
Baa/BBB	0.32	10.29
Ba/BB	1.74	29.93
Caa-C/CCC-C	8.48	53.72
投資適格	0.20	4.14
投資不適格	7.37	42.35
All	0.29	12.98

注　スタンダード＆プアーズの場合、「投資適格」は「Baa/BBB」以
　　上の格付けであり、それ以下のものは「投資不適格」に分類される。
出所：Standard and Poor's（no date）.

　格付けの表記方法は格付け会社により異なるものの、その基準に大きな差異
はない。格付けはデフォルトになる確率を表すものではなく、相対的な信用度
をランキングで表すものである。格付け大手のムーディーズの格付け基準では
「Ba」以下のもの、スタンダード＆プアーズでは、「BB」以下のものが「投資
不適格」とみなされ、ランクが低くなるほどデフォルトに陥る確率は高まる傾
向がある。

　地方債は一般的な企業の発行する債券（社債）に比べてデフォルトのリスク
は相対的に小さい。表7-1は各ランクの債券に関する累積的なデフォルト率で
ある。これをみると、一般企業の社債では最高ランクの格付けを得ていても
0.6%の債券はのちにデフォルトしたことになる。また、最低ランクの格付け
となった場合では、社債は53.7%の債券がデフォルトしているのに対して、
地方債の場合は8.5%にとどまっている[4]。

---

[4] Standard and Poor's（no date）による。これに加えて、後述する1年後の格付け遷移率をみ
　ても、すべての格付け評価において、現在の格付けが1年後に引き下げられる割合（遷移
　率）は地方債よりも社債の方が高い（Moody's Investors Service（2012b）, p. 4., Moody's
　Investors Service（2017）, p. 13.）。なお、この表に示すのは、Standard and Poor's 社が格付け
　を行っている債券のデータに限定されるが、同様の結果は、Moody's Investors Service
　（2012b）, pp. 11-13. にも示されている。

表 7-2　発行部門別のデフォルト（1970-2016 年）

	デフォルト件数	%（件数ベース）	デフォルト規模	デフォルト規模割合（%）
一般財源債	21	20.40%	31,078	76.30%
電気事業	2	1.90%	2,387	5.90%
マス・トランジット	1	1.00%	439	1.10%
有料道路	2	1.90%	216	0.50%
上下水道	2	1.90%	3,109	7.60%
公益事業	7	6.80%	6,151	15.10%
チャーター・スクール	2	1.90%	28	0.10%
高等教育	1	1.00%	47	0.10%
病院・ヘルスケア	23	22.30%	2,455	6.00%
ホテル	2	1.90%	139	0.30%
住宅	45	43.70%	764	1.90%
非営利	1	1.00%	48	0.10%
民間教育（K-12）	1	1.00%	10	0.00%
競争的事業	75	72.80%	3,492	8.60%
合計	103	100.00%	40,721	100.00%

出所：Moody's Investors Service（2017）, p. 8.

　次に、地方債のうちレベニュー債についてはどうだろうか。景気後退がみられた 2009 年から 2011 年の格付け評価の遷移について、格上げに対して格下げがどの程度の割合かを評価した「格下げ/格上げ比率（downgrade to upgrade ratio）」をもとに確認すると、住宅部門がもっとも格下げが行われた部門（格下げ/格上げ比率は 4.9）であった。これは賃貸物件の賃貸料収入が景気の動向に左右されやすく、金融危機が発生した 2008 年を挟んで賃料収入による債務返済が滞った結果を反映している[5]。21 世紀初頭の継続的な低金利政策のなかで住宅投資が活発化し地価も上昇したが、金融危機によってそのサイクルは崩壊した。

　他方、インフラ部門は住宅に続いて大きく評価を引き下げられた部門である。これは景気減退にともなって輸送量が減少し、道路や空港・港湾などにお

---

[5] Moody's Investors Service（2012）, p. 8.

ける料金収入が減少したことを反映している。ただし、インフラ部門は格下げこそなされたものの、デフォルトにはつながっていないという点は特筆できる。実際、表 7-2 で示すように 1970 年から 2016 年のデフォルトを確認すると、交通分野ではマス・トランジットと有料道路で 3 件の例があるに過ぎない。空港でデフォルトが発生した事例はないうえ、有料道路事業は 1970 年と 2011 年にそれぞれ 1 件ずつ発生した事例に限られる[6]。しかも、1970 年のデフォルトになった事業の債権はその後回収され、2011 年の破綻は後述するような特殊なケースである。

　続いて、インフラ関連でデフォルトが発生した要因について確認する（表 7-3）。ほとんどのデフォルトは、需要予測を過大に見積もっていたことによる収入不足、もしくは当初の見積もり以上に事業費がかかってしまったことが原因である。なお、いったんデフォルトしても、そののちに債権の一部が回収されるケースはあり、回収額の債務総額に占める割合を「回収率」という。

　回収率はプロジェクトにより異なるが、多くの場合 100％回収するには至らない。もちろん、なかには 100％の回収ができたものもあり、インフラ事業としては 2 つの案件がそれに該当する。ただし、その理由は軍施設の整備という建設当初は予期していなかった需要が新たに創出されたことや、電力開発計画が法的な調停のもとで整理されてプロジェクトを売却するに至ったためである。つまり、デフォルトが発生したのち、当該地域で開発計画が打ち出され、幸運にも需要が伸びる環境が整ったり、プロジェクトの運営権が転売できるように、政策的な配慮がのちになされたからである。つまり、経営の巧拙により事業成績が好転したという理由ではない点は注目できる。

(2)　有料道路事業のデフォルト

　レベニュー債のデフォルトは住宅関連が中心であり、交通を含むインフラ事業のデフォルトはまれである。しかし、いったんデフォルトすると、その影響額は極めて大きく、社会的な影響も無視できない。つまり、経営環境が整わないなかでの民間資金の導入は、かえってインフラのサービス提供の不安定化を

---

[6] Moody's（2017）, p. 8. および Moody's（2012）, pp. 14-16.

表7-3　インフラ関連事業のデフォルト要因

債務者	デフォルト日	目的	担保	デフォルト総額	回収率	デフォルト要因	回収・返済要因
Chesapeake Bay Bridge and Tunnel District	7/1/1970	交通インフラ（自動車道橋梁とトンネルの建設）	通行料収入	1億ドル	100%	需要予測の誤り	1970年代後半における軍施設開発に伴う交通量増加
Washington Power Supply System	8/1/1983	電力（原子力発電所の建設）	売電収入	22.5億ドル	40%	需要低下、新安全基準達成のための建設費増大	不明
Vanceburg (City of)	12/1/1987	電力（水力発電所の建設）	売電収入	1億3740万ドル	100%	建設遅延、プロジェクトコスト増大、顧客による訴訟	調停によるプロジェクトの売却収入（1988.5.26）
Jefferson (County of) Sewer Enterprise	4/1/2008	上下水道	下水道収入	34.7億ドル	54%	環境基準不適合のため裁判所命令により追加投資が必要となったこと	不明
Las Vegas Monorail	1/13/2010	交通インフラ（モノレールの建設）	運賃収入	4億3900万ドル	2%	技術的問題の発生、営業停止、需要予測の誤り	連邦破産法11条による債権者保護
Santa Rosa Bay Bridge Authority	7/1/2011	交通インフラ（自動車道橋梁の建設）	通行料収入	1億1590万ドル	5.08%	需要予測の誤り、競合道路の存在	若干の交通量回復に伴う通行量収入の増加
City of Oakdale Sewer Enterprise	8/31/2012	下水道施設の更新	下水道収入	160万ドル	93.5%	経営管理の脆弱性	料金値上げ

出所：Moody's Investors Service（2017）, pp. 28-88. の記述内容から作成。

招きかねない。

　では、どういう場合にデフォルトに至るのか。そのことを確かめるため、以下では、2011年に破綻したサンタ・ローザ・ベイ・ブリッジ・オーソリティ（Santa Rosa Bay Bridge Authority）の破綻例を概説する。1999年、フロリダ州の北西部にあるペンサコーラ湾に架橋された全長3.5マイル（5.6キロメートル）のガーコン・ポイント橋（Garcon Point Bridge）が開通した[7]。架橋は湾に突き出した形のガルフ・ブリーズ（Gulf Breeze）を東西に横断する州道98号と、その北側を同じく東西に走るインターステート10号を南北で結ぶ第

---

[7] Connor. M.（2011）.

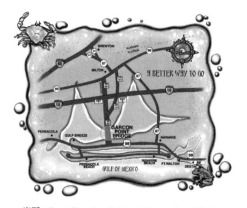

出所：Santa Rosa Bay Bridge Authority ウェブサイト

図7-1　ガーコン・ポイント橋の位置関係

2の架橋である（図7-1）。なお、ガルフ・ブリーズにはもうひとつ、ペンサコーラ市街地を通って同じくインターステート10号に接続するルートとなるペンサコーラ・ベイ橋がある。

サンタ・ローザ・ベイ・ブリッジ・オーソリティは、料金収入を償還財源とするレベニュー債を財源として建設したが、そのうちの1億1,590万ドルが返済期限に間に合わず2011年7月にデフォルトした。この原因は、問題となった架橋のもう一方が無料で通行できる競合関係から、当初予想していたほどの通行料が得られなかったというものである。当初予測では通勤需要と観光需要でそれぞれ40％、30％を見込んでいたが、実際にはその予想に反して高頻度利用者に対する割引を設けたプリペイド制度の「サン・パス（Sun Pass）」収入は1回限りの通行料収入を大きく下回る状況が続いた（図7-2）。また、開業後3年ごとに25セントずつ値上げされたものの、通行料収入の大きな改善はみられなかった。

ただし、この事業のデフォルトは需要予測の過誤以外の特殊要因がある。つまり、需要予測に反して十分な通行量を得られなかったのは、地元の経済状況が振るわなかったというよりも、地元政治家による政治的介入と汚職を許すなど経営ガバナンスが脆弱であったことによる[8]。2010年7月に格付け会社が評価を引き下げた際の理由においても、「通行台数が目標に満たないことに対して適切な経営方針が示されておらず」、「経済合理性の観点からも、きわめて不自然な対応である」との指摘がなされていた[9]。その後、近年では住宅地の開

---

[8] 地元の不動産業出身の政治家と建設業界の癒着で、すでにその政治家は起訴され2年の懲役を受けている（Pittman, C. (2011)）。

[9] State of Florida (2010), p. 4.

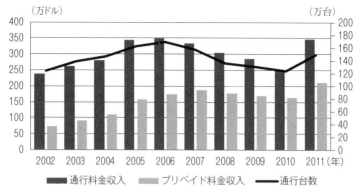

図7-2　ガーコン・ポイント橋の収入・通行量

発等によりやや交通量が伸びてはいるものの、依然としてデフォルトした資金の回収見込みは立っていない。

7-3　地方債に対する市場の評価

(1)　格付けと事業成果に関する先行研究

　地方債に対する市場のリスク評価は、国債と地方債の利回り（イールド）の差であるイールド・スプレッドで計測される。アメリカ地方債のイールドや対国債スプレッドを、個々の地方政府の信用や市場性といった要因で説明する実証分析は比較的多い。たとえば、アメリカの新発地方債のイールドについて、1982年と1987年のパネルデータで、債券格付けや地方政府をとりまく経済状況とイールドの関係に注目して順序プロビットモデルを用いた分析を行った研究がある[10]。それによると、債券格付けや発行体の財政状況はイールドと相関し、また課税対象が広く地方政府の負債総額が小さいほど債券格付けが高くなる傾向にあることを確認している。

　また、借入コストに影響を及ぼす格付けは地方政府の信用度に依存し、なおかつそれらは地域の経済情勢の影響を受けるという認識から、地域の経済情勢を説明するいくつかの変数が地方政府の格付けにどの程度影響を及ぼすのか、

---

[10] Capeci, J.（1991）.

OLS およびロジットモデル、プロビットモデルをそれぞれ用いて分析した研究もある[11]。この分析でも住民1人あたりの所得の多さや一般支出に占める税収の割合が高いほど格付けは高くなるという関係が確認された。

わが国でも、2006 年以降の地方債市場を対象にした分析がある[12]。わが国の地方債制度が 2006 年に変更されるまでは国による保証がすべての地方公共団体の発行する地方債に対して適用されるなど、市場での取引に見合う制度としては認識されてこなかったことも背景にあり、日本の地方債市場の分析は比較的最近進められてきた。

一連の分析は地方債のなかでも一般財源債（GO 債）にあたる債券の格付けについて調べたものである。次節ではアメリカの有料道路をケーススタディとして、その財源調達で利用されたレベニュー債の格付けについて焦点を当てる。

(2)　インフラ事業における格付け評価の要素

本節では有料道路をケーススタディとしてムーディーズが公表している 2006 年度、2008 年度、2011 年度のデータをもとに検討する。この時期は景気が低迷していた。また有料道路の全体的な傾向としてガソリン価格が上昇していた。そして、通行量は今後大幅に伸びるとは考えられていない。一方で、道路建設等で調達した資金（負債）の返済もあり、そのバランスをとるために通行料金を引き上げる措置が取られていた。こうした措置は通行量の増加をさらに抑制するとの見方も示されている[13]。

では、債券格付けではどういった要素が考慮されているのだろうか。ムーディーズでは、同社が全米の格付け調査を行っている全米の有料道路の利用状況や道路会社の経営状況について定期的に調査し、格付けのランクごとにその概要をとりまとめて公表している[14]。今回の調査で入手した資料では、格付けの際に考慮する代表的な指標の大まかな傾向を示す中央値データが掲載されて

---

[11] Palumbo *et.al* (2006).

[12] たとえば石川（2007）や中里（2008）。

[13] Moody's Investors Service (2012a), p. 2.

[14] 2011 年度において、調査された有料道路は 43 か所であるが、その中には新旧のプロジェクトが混在している。2011 年時点で、「既存道路」とされるのが 36、残りの7つが「新規道路（start-up）」である（*Ibid*, p. 2）。

いる。また、実際に格付けを検討する際には定性的な分析も加味されるため、資料に示される項目は、評価に用いるすべての要素を網羅しているわけではない。しかし、格付け評価の傾向を知る上では参考になる。

　ムーディーズが格付け評価を行っている有料道路は、「Aa3」から「B1」までのランクに分布しているが、報告書ではAa1・Aa2・Aa3をひとつのランクとしてまとめ、その中央値を示している。同様に、A1で1つのランク、A2・A3で1つ、Baa1・Baa2・Baa3で1つ、Bで1つのランクにそれぞれまとめて、その中央値を掲載している[15]。以下では、ここで示される5段階のランクを高いものから低いものの順に1から5までナンバーを振り、その値と格付け評価に用いられる各指標の相関関係を、データを入手できた2006年、2008年、2011年の各年について確認する。

　表7-4に示す評価項目で、絶対値の大きな項目ほど格付け評価との相関が強いと判断される[16]。格付けランクが高くなる傾向をみせる要素としては、2011年度では純収入（デット・サービス・カバレッジ）、純固定資産、通行量、営業収入の順となっている。逆に、格付けランクが低くなる傾向をみせる要素としては、負債/営業収入の倍率、ETC比率、1台あたり負債額、マイルあたり負債額がある。これらの実績如何により、格付け順位が上下する傾向がわかる。

　なお、相関がほとんどないと判断される要素としては、長期債務総額（2011年度の相関係数は0.13）、負債総額（同、0.25）、通行量の年間変化率（同、0.21）などであった。つまり、負債総額そのものの大きさというよりも、あくまで負債総額が総資産に占める割合が格付け結果と関連している。ETC比率についてはより詳細な検討が必要としても、以上の結果は、日々の通行量やそれに伴う収入が大きい有料道路ほど高格付けを得られる一方で、資産に占める負債のウェイトが大きくなるほど格付け順位が下がる傾向にあるという直観的な理解とおおむね整合している[17]。

---

[15] *Ibid.* pp. 2-4.

[16] 格付け評価のもっとも高いランクから順にナンバーを振っているため、高い格付けランクと相関が強くなる要素は符号がマイナスとなる。逆に、低い格付けのものと相関が強くなる要素は符号がプラスとなる。

[17] 純利益額と格付け結果との相関係数は、2006年度で-0.43、2008年度は-0.49であった。なお、2011年度の当該項目のデータは入手できなかった。

表7-4 比較的大きい相関係数を持つ要素

項目	2006年度	2008年度	2011年度
通行量	-0.85	-0.76	-0.78
5年間平均通行量変化率	0.45	0.67	-0.74
純固定資産	-0.87	-0.80	-0.79
営業収入	-0.84	-0.75	-0.69
粗収入	-0.86	-0.75	-0.68
営業支出	-0.90	-0.79	-0.82
負債比率	0.82	0.81	0.71
マイルあたり負債額	0.99	0.80	0.84
1台あたり負債額	0.71	0.90	0.84
純収入（デット・サービス・カバレッジ）	-0.93	-0.79	-0.82
ETC比率	0.83	0.93	0.91
負債/営業収入の倍率（x）	—	—	0.91

出所：Moody's Investors Service（2007, 2009, 2012a）に掲載されたデータを用いて算出。

　次に、データを取得した3か年の相関係数で変化に特徴のみられたものを表7-5にまとめた。まず、営業収入、粗収入、純所得の相関係数は負値であり、高格付けのものほど収入額は高くなる傾向がある。これは表7-4の結果と同じであるが、いずれの項目も格付け評価の結果と実績値との相関の程度は低下している。営業収入に関しては年を経るごとに相対的に低格付けの債券に関連するプロジェクトの収入額が高まったことを反映している。有料道路の建設が進んだこととあわせると、収入総額自体は大きくなっている。

　また、5年間平均通行量増加率は、相関係数の符号がプラスからマイナスに変化し、格付け評価が高い債券のプロジェクトほど、有料道路通行量の増加率が高い値を示した。ただし、2011年度における有料道路通行量の増加率は、すべてのランクにおいて負値であった。景気が低迷している下で通行量も減少傾向にあったことを示唆しているが、特にランクの低い格付けの道路ほど通行量の減少が著しいことがわかる。

　さらに、それ以前の2006、2008年度の伸び率の中央値は、いずれのランクも正の値を示している。ただし、通行量の増加率を示す値はランクの低いものほど大きく、逆に高格付けを得られるものほど伸び率は低い傾向がみられる。

表7-5　特徴的な相関係数の変化と格付け別中央値

	年度	相関係数	Aa2,Aa3	A1	A2,A3	Baa	Ba, B
営業収入 （1000ドル）	2006	-0.84	278,256	80,757	41,191	49,630	6,777
	2008	-0.75	415,890	82,637	82,463	69,488	57,882
	2011	-0.69	297,051	78,138	104,195	48,163	98,191
粗収入 Gross Revenues and Income （1000ドル）	2006	-0.86	282,756	88,121	45,059	7,926	10,970
	2008	-0.75	444,084	89,353	86,691	101,912	49,408
	2011	-0.68	299,099	78,690	106,174	51,713	102,512
純所得 （Net revenues） （1000ドル）	2006	-0.84	170,368	39,346	29,487	6,969	3,103
	2008	-0.68	222,980	36,802	35,583	62,788	34,415
	2011	-0.49	144,756	32,554	73,122	22,677	75,373
5年間平均通行量増加率（%）	2006	0.45	1.27	4.99	0.71	9.1	4.05
	2008	0.67	0.1	2.2	1.9	4.2	2.2
	2011	-0.74	-0.2	-1.3	-0.9	-0.7	-3.9

出所：表7-4と同じ。

つまり、格付け結果との関連でみれば、地域の盤石な需要に支えられ有料道路需要の変動が小さな道路ほど望ましいということになる。

7-4　民間によるインフラ経営の可能性

　本章では、インフラ整備にあたって必要となる財源として、アメリカにおける制度のうち、とりわけ地方債発行に注目し、アメリカで発行される地方債が市場でどのような評価を得ているのか検討した。自らの信用をもとに発行される債券は市場で消化されるが、それゆえに発行体にとっては健全な財政運営が求められる。特にレベニュー債の場合は、プロジェクト単位で収益性の確保に向けたインセンティブが働く。

　他方、地方債のデフォルトも発生している。ただし、そのデフォルトは社債よりも地方債の方が割合は小さく、さらにレベニュー債のなかでもインフラ事業におけるデフォルトの発生件数は少ない。そのような事態に陥るのは需要の低迷や建設費の増大がおもな理由であるが、デフォルトからリカバリできた事例からは、外生的な要因で盤石な需要が新たに創出され、安定的な経営環境が偶然にも整ったことなどを把握できた。

　同様に、格付け結果と有料道路の経営に関する相関関係から、資産・財務管理の側面からは有料道路資産の大きさや負債がそれに占める割合が小さいほど、高格付けを得られる傾向を確認した。また、日々のキャッシュフローの側面では、通行量の多さが格付け評価において相関関係を有する重要な評価項目であることを確認した。

　しかし、前節の「5 年間平均通行量増加率」の中央値の変遷で確認したように、格付け結果の低いものほど需要の変動が激しい傾向がみられる。つまり、通行量の多さは有料道路経営に対してプラスの要素ではあるが、それが景気によって大きく変動するような環境におかれていると格付け評価の上ではネガティブにとられ、ひいては資金調達コストに影響を及ぼす。

　わが国の空港など、交通インフラは公共所有を基本としたものが多く、近年ではその民間運営を推進している。この背景には、公共的な資金調達として実施してきた内部補助が効率的な運営を阻害しかねないという懸念もあり、これが民間運営のひとつの原動力となった。アメリカではわが国の例と同様、地方政府が所有している点は共通しているが、レベニュー債を活用することを通じて市場からのチェックを受けており、その点で債券発行主体は事業運営を効率化するインセンティブを持つ。

　市場メカニズムを活用したインフラ整備・維持運営を推進する場合、資産・財務管理の巧拙は重要だということは間違いない。しかし、それよりも年によって大きな変動がなく盤石な需要に支えられた市場環境を有するかどうかが重視され、ひいてはそれが資金調達コストに影響を及ぼすことを忘れるべきではない。もっとも、そのような条件をクリアできる地域は現実的には都市部に限られるのではないかと考えられる。したがって、そうでない地域のインフラは、依然として公共が主体となった計画・整備を続けざるを得ないということでもある。

【参考文献】

1) 石川達哉（2007）「市場公募地方債の流通利回りと信用リスク」『ニッセイ基礎研究所・経済調査レポート』No.2007-01, pp.1-12.

2) 伊藤和彦（2008）「実質公債費比率と地方債格付けの決定要因—新しい地方財政制度における健全化判断指標のあり方」『日本経済研究』No.58, pp.17-37.

3) 加藤一誠（2008）「アメリカにおける空港債による資金調達」『経済科学研究所紀要』第38号 pp.111-124.

4) 小西砂千夫（2011）『市場と向き合う地方債—自由化と財政秩序維持のバランス』有斐閣.

5) 西藤真一（2014）「アメリカのレベニュー債に対する市場の評価」, 加藤一誠・手塚広一郎（2014）『交通インフラファイナンス』成山堂書店, 第12章所収.

6) 田中宏樹（2004）「地方債市場とリスク」『会計検査院研究』No.29, pp.83-97.

7) 中里透（2008）「財政収支と債券市場—市場公募地方債を対象とした分析」『日本経済研究』No.58, pp.1-16.

8) 中里透（2012）「地方債の信用力とリスクシェアリング」『フィナンシャル・レビュー』Vol.108, pp.54-72.

9) 吉野直行, Robaschik, F.（2004）「レベニュー・ボンド（事業別歳入債）による財政規律の構築」『フィナンシャル・レビュー』pp.39-51.

10) Capeci, J.（1991）"Credit Risk, Credit Ratings, and Municipal Bond Yields: A Panel Study", *National Tax Journal*, Vol.XLIV, No.4, Part 1, pp.41-56.

11) Council on Foreign Relations（2012）*Federal Transportation Infrastructure Policy*.

12) Doi, T. Hoshi, T and Okimoto, T.（2011）"Japanese Government Debt and Sustainability of Fiscal Policy", *NBER Working Paper Series*, No. 17305.

13) Moody's Investors Service（2009）*U.S. Toll Road Sector Medians for Fiscal Year 2008*.

14) Moody's Investors Service（2012a）*U.S. Toll Road Sector Medians for Fiscal Year 2011*.

15) Moody's Investors Service（2012b）*U.S. Municipal Bond Defaults and Recoveries, 1970-2011*.

16) Moody's Investors Service（2017）*U.S. Municipal Bond Defaults and Recoveries, 1970-2016*.

17) Palumbo, G., Shick, R. and M. Zaporowski（2006）"Factors Affecting A Municipality's Bond Ratings: An Empirical Study", *Journal of Business & Economics Research*, Vol.4 No.11, pp.37-42.

18) Pittman, C.（2011）"Florida's bridge to nowhere is broke", *Tampa Bay Times*.

19) Poterba, J. M. and K. Rueben（1999）"State Fiscal Institutions and the U.S. Municipal Bond Market", Poterba, M. and Hagen, J. V.（*eds.*）*Fiscal Institutions and Fiscal Performance*, University of Chicago Press, Chap. 8.

20) Standard and Poor's（2012）*Credit Week*, Vol.32, No.4.

21) Standard and Poor's（no date）"Municipal Bonds: Back to Basics: The Risks, Yield, and Diversification Potential of This Key Asset Class Explained", *S&P Indices: Practice Essentials Fixed Income 101*.

22) State of Florida（2010）"Toll Facility Lease Purchase Agreements", *The Florida Senate*, Issue Brief 2011-227.

23) U.S. Securities and Exchange Commission（2012）*Report on the Municipal Securities Market*.

24) World Economic Forum（2011）*The Global Competitiveness Report 2011-2012*.

第8章　イギリスの PPP 事業の政策変更と市場の評価

8-1　インフラ事業に対する政府関与

　イギリスの鉄道分野では、国鉄事業は 1990 年代半ば以降から上下分離とフランチャイズ制の導入による民営化が実施された。また、ロンドン地下鉄では、2000 年ごろからロンドン交通局との官民連携（PPP）事業によって、線路保守業務は民間事業者に委ねられるようになった。これらの改革により特に旅客輸送量の改善には大きな効果をもたらしたものの、線路施設の維持管理や改良に向けた設備投資の遅滞は大きな課題として残されてきた。そして、従来の国鉄、ロンドン地下鉄のいずれも、鉄道インフラにかかわっていた事業者の経営が行きづまってしまった。また、従来の国鉄民営化で誕生した民間の線路保有および維持管理会社（レールトラック）は、政府の関与をより強化した非営利の組織（ネットワークレール）に改められた。

　国鉄改革についての制度設計の観点では、設備投資インセンティブの確保が十分でないことが批判されてきた[1]。その結果、サービス水準の向上に課題を残し費用効率も改善されず、結果として列車運行事業者への政府補助の増加という帰結をもたらした[2]。ロンドン地下鉄の PPP 事業についても、PPP 契約として民間に委ねる事業の範囲が明瞭ではなく、また契約履行における主体間のインセンティブが錯綜し事業は失敗に帰した[3]。

　鉄道インフラは一度整備するとその投資にかかった費用は回収できない（埋没化する）。しかも、定期的な更新が必要である。当然、鉄道インフラ事業を担う主体は整備や更新に必要な資金を何らかの方法により調達しなければならない。その際、出資や債券発行、借入は資金調達の目的で利用されるひとつの形態であるが、資金回収時の優先劣後関係や事業リスク等を考慮し、資金調達コストをいかに抑制するかが経営上重要な課題となる。そうした経営課題を達

---

[1] たとえば、Nash（2002）、および Nash（2004）.

[2] Smith, *etal.*（2009）.

[3] Williams（2010）.

成するうえでは、当該事業を担う主体のガバナンスをいかに構築するかが重要
である。なぜなら、当該事業についての経営権の所在や経営者の選任・解任
は、基本的に出資者の意思決定に依存することになるからである。

　他方、巨額の資金を必要とするインフラ事業では、民間投資家にすべての資
金を依存し、商業的に自立させることは極めて難しい。つまり、官民で資金や
リスクの分担をどのように担うのが適切かという点をクリアしなければならな
い。この点については、民間での資金調達を実現させるために、公的なもしく
は政策的なコミットメントが不可欠であるという指摘もある[4]。

　政策的なコミットメントの手法には、政府と何らかの契約を結ぶという明示
的な方法が代表的であるが、それ以外にも債務保証という暗黙的な形態もあ
る。この点において、イギリス全土の鉄道インフラを保有管理するネットワー
クレールの会社組織およびロンドン地下鉄のPPP事業を詳しく調べると、契
約や債務保証といった明示的・暗黙的なコミットメントを通じて、政府や自治
体等から支援を得ていたことがわかる。

　そこで、本章では事業運営資金の調達に注目し、政府のコミットメントを得
られることに対して、資金の出し手がどのように評価したのかという点につい
て検討する。あわせて、政府による政策が変更されることがいかなる影響をも
たらしたのかということも検討する。

8-2　民間による鉄道インフラ事業の破綻

　イギリスでは、上下分離により誕生した民間インフラ会社のレールトラック
やロンドン地下鉄のPPP事業は、直接的な理由は異なるものの、最終的にはい
ずれも破綻（デフォルト）した[5]。一般論として、デフォルトの確率が高くなる
ほど発行債券の格付けは低下する。格付けは、格付け会社が発行体もしくは発
行債券が、契約通りに返済される見通しを評価したものである。格付けが正し
く信用リスクを表すのであれば、その結果は市場での利回りにも反映される[6]。

---

[4] Shaoul, Stafford and Stapleton（2012）.

[5] 厳密には各社でデフォルトの定義が示されているが、おおむね契約上義務となっている債務
　返済の不履行または遅延が生じた場合や、破産法の申請により義務的な債務返済が不履行と
　なると見込まれる場合、債務軽減措置が講ぜられる場合がそれにあたる。

[6] 黒沢（2009）, p. 16.

　ただし、格付け評価にあたっては、マクロ経済や業界の動向にも左右される
し、評価の際に入手可能な情報によっても左右される[7]。また、どの格付け会
社も取引のある企業を対象に評価することが一般的であるため、公表されてい
る評価データは、世界あるいは特定地域の全事業を網羅しているわけではな
い[8]。しかし、主要な企業・プロジェクトについては、評価の傾向を知ることはで
きる。

　格付け大手のスタンダード＆プアーズは、民間一般企業の事業とプロジェク
ト・ファイナンスを活用する事業を区別して、資金調達の際に発行される債券
格付けの動向を公表した[9]。同社はその後、それに加えてプロジェクト・ファ
イナンスを活用する事業の内訳に PPP/PFI 事業を位置づけ、同様の動向を公
表している[10]。対象となる 1987 年から 2014 年の間の計 7,959 に上る事業のう
ち、PPP 案件は 1,806 件（約 23％）である。図 8-1 に示すように、公共イン
フラ部門に PPP 案件が集中している[11]。

　実際にデフォルトに至った PPP/PFI 事業の債券は、1990〜2014 年の期間で
は 113 件あった[12]。そして、当該期間にどの程度のデフォルトが発生したの
か、その累積的な発生確率を表す「累積デフォルト率」を確認すると、PPP
事業は一般のプロジェクト・ファイナンス事業よりもその値は低い。加えて、
一般社債のうち投資適格債のボーダーラインである「BBB-」のものよりも、
PPP/PFI 事業の方が累積デフォルト率は低くなっている。

　なお、PPP 事業は比較的早い段階でデフォルトが生じているのも特徴であ
る。現に、公共インフラ関連の PPP/PFI 事業でのデフォルトのうち、34％は
建設途中以前の段階で発生したものである。これは、建設段階でのコスト・
オーバーランや、技術的側面からプロジェクトの遂行に遅延が生じたり、需要

---

[7] つまり、当初は入手できなかった情報が新たに入手されると評価が変更されることもある
　（黒沢（2009），p. 14.）。
[8] Standard and Poor's (2013), p. 2.
[9] Standard and Poor's (2013).
[10] Standard and Poor's (2016).
[11] 1,806 件のうち、公共インフラ関連の PPP 案件は 1,404 件を占める（約 78％）。なお、公共
　インフラ部門を構成する細目およびその件数割合は、①公共施設（42％）、②交通（38％）、
　③上下水道（5％）、④港湾・ターミナル（2％）、⑤再生可能エネルギー（2％）、⑥その他
　（11％）である。(Standard and Poor's (2016), p. 39.)
[12] Standard and Poor's (2016), p. 40.

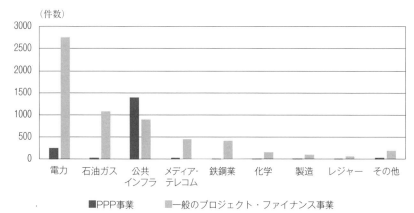

図 8-1　PPP 事業と一般プロジェクト・ファイナンス事業の件数

予測から実際の需要が乖離した場合などがおもな理由となっている[13]。一方、サービスがいったん開始されると、比較的安定して事業を継続しており、これは政府や自治体などとの契約により、事業者の直面する需要変動リスクを緩和したものが多いことを反映している[14]。

　民営化や PPP/PFI はすでに世界中で多くの実績があるが、前述のようにデフォルトを引き起こした事業は少なからず存在する。しかし、公共の用に供する交通インフラは日常の経済活動を支えるうえで重要な役割を担っており、その安定した経営は社会的にも強く要請される。そのため、たとえデフォルトに至ったとしても、必ずしもサービス供給そのものが即座に停止されるような事業清算にまで至るわけではない。その場合は、事業構造の再編等によりサービスの維持が図られる。

　民営化政策の推進においては、民間部門へのリスク移転がメリットのひとつとして指摘される。確かに、そうすることで政府サイドのリスク負担は軽減されるが、一般論として民間の方が資金調達コストは高い。したがって、民営化を円滑に実行し、持続可能な事業環境を整備するにあたって検討すべき点は、

---

[13] Standard and Poor's（2016），p. 42.
[14] たとえば、事業収入としてアベイラビリティ・ペイメントを採用することも需要変動リスクの緩和策となる（Moody's Investor's Service（2017），p. 28.）

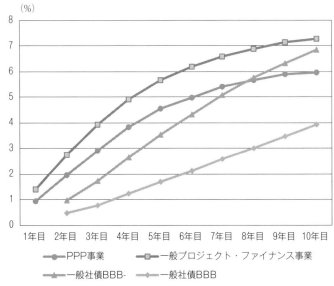

注　一般社債は、発行時の格付評価によって区分されたものの推移を示す。
出所：Standard and Poor's（2016），p. 41. から作成．

図8-2　10年間の累積デフォルト率の傾向

移転するリスク要素は何かといった事柄や、政府との関係性をどのように保つかといった事柄である。なぜなら、リスクの内容や大きさは格付け評価を通じて資金調達コストに影響を及ぼす要因となるからである。以下では完全な民間事業としてではなく、公的部門も契約や組織ガバナンスの観点から一定の関与を行ってきたイギリスの鉄道事業を例として検討を加える。

8-3　ネットワークレールへの政府関与と格付け評価

（1）　政府主導の会社設立

イギリスにおける現在の鉄道インフラはネットワークレールによって運営されている。同社は運輸省（DfT）が2001年にレールトラックを管財人管理のもとに置くことを決定したことを受け、政府が2002年3月に設立した会社である。ネットワークレールの設立によって、管財人の下に置かれていた状況からレールトラックの責任を引き継ぐことになった。

この会社の大きな特徴は、法人形態として保証有限会社（CLG: Company

Limited by Guarantee）を採用した点にある。CLG 法人は会社法では法人格を有する非営利会社と規定されるが、株式会社（Public Limited Company）ではないので株主が存在しない。そのため、配当はなく内部留保を除いた利益はすべて再投資に回される。また、株式会社ではなく、当該会社へは政府が「出捐」という寄付により設立された組織である。これは、民営化以降も遅々として進まなかったインフラ投資を促進することが企図されていた。

　また、執行役員は「メンバー」と称されるが、当初は一般から選任されるパブリック・メンバーと、鉄道業界から選任されるインダストリー・メンバーにそれぞれ区分され、100 人程度から構成されていた[15]。2014 年にはネットワークレールと政府との間で「枠組み合意（Framework Agreement）」を締結し、上記のメンバーに加えて、政府が「特別なメンバー権（special membership rights）」を確保・配置した。これによって取締役の選任・解任および定款の変更を実施できる権限を政府が得ることになった。

　さらに、2015 年には特別なメンバーの地位にある政府が全メンバーを解任し、事実上、政府の外郭団体という位置づけに変更された。このように、株主利益を優先する姿勢から脱却すべく設立されたネットワークレールによるインフラ整備の推進においては、利用者と鉄道業界関係者の合意に基づく体制から、政府が主体的に戦略を策定する国策として遂行する体制への移行を強化している。

（2）　資金調達の手法と格付け

　ネットワークレールは株式会社ではないため、事業の遂行においては社債による資金調達を行っている。投資計画は会計年度で 5 年間単位の「管理期間（Control Period）」で策定される[16]。そして、それらを負債発行計画（DIP: Debt Issuance Programme）と呼ばれるプラットフォームで債券、コマーシャルペーパー（CP: Commercial Paper）、借入など、あらゆるタイプの負債を管理することとなっている[17]。

---

[15] 同社が設立された当初からメンバー総数についての規定はなく、設立当初は総勢 114 人のメンバーが存在した。その際、メンバーにはパブリック・メンバーの総数は全体の 50％以上でなければならないが、80％を超えてはならないとされていた。（NAO（2004）, p. 10.）

[16] CP2 のみ、2001 年から 2004 年まで（会計年度では 2001 年度から 2003 年度）の 3 年間となっている。

　なお、DIP はインフラ維持管理の実務にあたるネットワーク・レール・イ
ンフラストラクチャー（NRIL：Network Rail Infrastructure Ltd.）が管理し
ており、同社がグループ全体の資金調達の窓口となっている（図 8-3）。また、
DIP を遂行するうえで資金調達を専門に行う会社として、ネットワーク・
レール・インフラストラクチャー・ファイナンス（NRIF：Network Rail In-
frastructure Finance plc.）がある[18]。NRIF は HSBC 銀行がネットワークレー
ルから信託を受けた会社で、線路保有するネットワークレールと資本関係はな
いが、NRIF が NRIL に対して財産管理に関する忠実義務を負っているため会
計上は NRIL に連結されている[19]。

　NRIF は手形、コマーシャル・ペーパー（CP）など負債を発行して市場か
ら資金を集める。ここで重要なのは、これらすべての負債について政府が保証
を与えている点である[20]。また、政府保証は手形保証人やその他市場で信用を
与えている保証人に対して与えられるものであり、無制限な支払が求められる
と同時に取り消し不可能なものである[21]。ネットワークレールとしては財務的
な観点から、政府保証付きの債券発行に頼ることは適切ではないとしつつも、
インフラ投資を促進・拡大するためには必要な資金調達である。

　では、政府保証付きの債券発行を行っていることはいかなる意味を持つのだ
ろうか。これを調べるために、NRIL が実施する負債発行プログラムの格付け
を確認する。スタンダード＆プアーズによれば、350 億ポンドに上る負債は
「AAA」、40 億ポンドの CP は「A-1+」というもっとも高い評価を得てい

---

[17] 長期の負債については債券、比較的短期の資金については CP を通じて調達することが一般
　　的である。
[18] Network Rail Infrastructure Finance plc は 2004 年 3 月 31 日に設立された会社で、2004 年 10
　　月 29 日に債券発行を実際に開始した。
[19] Network Rail Infrastructure Finance plc (2011), p. 3. なお、同社の株主は HSBC Trustee Ltd
　　である。
[20] この場合の「政府」は以前であれば SRA のことをいう。なお、2005 年鉄道法によって SRA
　　が解散したのちは DfT のことをいう。なお、DfT への権限移管は 2005 年 6 月 26 日である
　　（Network Rail (2011), p. 8.）。
[21] 仮に NRIL からの返済が滞った場合、不足分を政府が補てんして保証人に支払わなければな
　　らない。返済に遅滞が生じ債権者が政府に申し出た場合、政府は 5 日以内（満期による返済
　　の場合は 20 営業日以内）に保証人に不足相当額を補てんしなければならない。仮に、申し
　　出以降に一部返済があった場合は、その分を差し引いて補てんされる（Network Rail
　　(2011), p. 8.）。

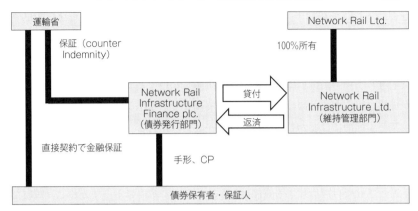

出所：Standard and Poor's（2003），p. 6. を一部加工・変更。

図 8-3 ネットワークレールの資金調達の構造

る[22]。同様に、2013 年の 400 億ポンドの債券発行プログラムでも、「AAA」となっている[23]。この評価はイギリス政府の債券と同じ格付けである。つまり、ネットワークレールは形式的には民間会社でありながら、市場は実質的に国有企業とみなしていることになる。

　このことは、イギリス会計検査院（NAO）の見解にもみられた。NAO は英国内の企業会計規則（GAAP: Generally Accepted Accounting Practice）に従ってネットワークレールを国の子会社とみなし、国の会計に反映させるよう主張してきた。しかし、他方でイギリス統計局（ONS: Office for National Statistics）は欧州の会計システム（European System of Accounts 1995）に従えば、ネットワークレールの活動は公的セクターには含まれず、同社は純然たる民間企業であると主張していた[24]。

　この主張の対立は、単に両者が用いている会計規則の規定の相違から発生したもので、引当金に関する取扱いであった。すなわち、ONS が根拠とする ESA95 は引当金の取り崩し時点まで費用を認識しないのに対して、GAAP で

---

[22] Standard and Poor's（2010），p. 2 .

[23] Network Rail Infrastructure Finance PLC（2013），p. 11. and p. 38.

[24] この見解の対立は 2014 年に決着し、公的部門の会計としてみなすことになり、最終的に 2015 年にはネットワークレールの経営ガバナンスとしても政府の外郭団体に位置づけられるようになった。

は常にそれらを把握する。つまり、ONSの立場からすれば政府保証は現時点において政府に何ら負担を強いるものではないため、会計上は民間で構わないというスタンスであったのに対して、NAOは政府保証という義務を認識して公的セクターの会計に含めるべきだと主張したのである。いずれにせよ、誰もが純粋な民間企業と認識していたわけではなく、基準を変えれば以前から国有企業と実態的には変わらなかったことが裏付けられる。

　このように、以前から実質的には国有企業とみなせたうえ、2015年以降は政府の外郭団体の位置づけになった。とはいうものの、表面的には民営化政策を逆行させて再国有化する意図は示していない。政府にとってみれば、政府部門から切り離された独立組織に資金調達から運営まで権限を委ねることができるメリットがある。また、ネットワークレールとしても、政府の信用を最大限活用し、有利な条件で資金調達ができるというメリットがある。

　そのように、財務的な側面でのメリットがあるにもかかわらず、さらに政府関与を強化したのは、たとえ有利な条件で資金調達できたとしても、必要なインフラ投資の拡大を背景にした累積債務の拡大が財務的な重しになることが懸念されたからである[25]。実際、ORRは2014年に310億ポンドの債務が2019年度末には496億ポンドに膨張することを指摘していたうえ、イギリスの議会下院交通委員会も利払いが14億ポンド/年から23億ポンド/年に拡大することを指摘していた[26]。このため、さらに資金調達コストを抑制することを期待して、最終的に政府の外郭団体に位置づけられるようになった。つまり、資金調達財源は政府会計に変更されることになり、鉄道インフラ部門では実質的な国有化政策が実行されたと解釈できる。

8-4　ロンドン地下鉄事業の破綻と格付け評価

(1)　PPP/PFI方式によるインフラ整備

　イギリスの国鉄と同様、ロンドン地下鉄においても、1990年代を通してインフラの老朽化への対応が喫緊の課題となっていた。PPP/PFIが導入される

---

25 Butcher, L. (2016), p. 9.
26 House of Commons Transport Committee (2015), p. 41.

直前の1997年段階において地下鉄を管理していたロンドン交通庁（London Transport）は、12億ポンド相当分の投資が遅滞していることを述べていた[27]。これに加えて、ジュビリー線の延伸に伴う2.96億ポンドに上る設備投資について資金的な手当がなされていないことも大きな懸念材料であった。

　そうした背景を受けて、1996年から翌年にかけて、当時の保守党政権下で①民営化[28]、②PPP/PFIの導入、③アメリカの地方債（ただし、この場合は一般財源債）を参考に、地方債を発行できる地方オーソリティの設立などが検討項目として提示された。それに対して、労働党は完全民営化には反対の立場を表明し、少なくとも所有権は民間に置いたままの改革案についての具体的な検討に入ることになった。すなわち、①官民連携による民間投資スキームを構築するPPP/PFIに近い方策の採用、②垂直統合もしくは上下分離を行ったうえで運営権（コンセッション）を設定し、その運営を民間に委ねる方策の2つである。最終的には、労働党に政権が移行した翌年の1998年にPPP/PFIの導入が決定された。つまり、ロンドンの地下鉄事業では、ロンドン交通局傘下のロンドン地下鉄がインフラ部門と列車運行を一体的に運営するものの、線路の改良事業をPPP/PFIとして民間事業者に委ねる方式が採用されたのである。

　このPPP/PFIが注目されたのは、施設の新設ではなく更新事業の実施に適用したものとして、期間と金額について過去最大規模であった点であろう。そして、30年間にわたるPPP/PFI契約により、最初の15年間で総額160億ポンドの投資を実現するとともに、公共部門が直営で事業を行う場合に比べて40億ポンドの節約が期待された[29]。また、これらの改良事業は特定の一社に対する一括契約ではなく、SSL、BCV、JNPの3グループに分類したうえで、入札により民間事業者に発注する形をとった（表8-1）[30]。

---

[27] Butcher, L. (2012), p. 3.
[28] 1997年総選挙で労働党政権に移行する直前の保守党政権時代の運輸大臣が、①ロンドン地下鉄の一括売却、②各路線単位で垂直統合のままフランチャイズ制を導入する策、③インフラと列車運行を上下分離する策、の3案を提案し、1997年の総選挙におけるマニフェストで保守党は一括売却（完全民営化）による売却益を投資に充当することを述べていた（Butcher, L. (2012), pp. 3-7.）。
[29] Butcher, L. (2012), p. 20.
[30] 3グループは路線の構造上、地下深くを通る路線として2グループ、路盤の開削により路線を建設したため比較的地上に近いところを通る路線（Sub Surface Line）で分類された。

表 8-1　ロンドン地下鉄の PPP/PFI 事業

事業名	SSL：Sub Surface Line	BCV	JNP
SPV	Metronet		Tube Lines
対象路線	Circle District East London Hammersmith and City Metropolitan	Bakerloo Central Victoria Waterloo and City	Jubilee Northern Piccadilly
おもな管理対象	線路延長　　690km 駅数　　　　150 車両数　　　350		線路延長　　370km 駅数　　　　100 車両数　　　250
投資額 (7.5 年)	87 億ポンド		48 億ポンド
資金調達	負債　　　　26.5 億ポンド エクイティ　3.5 億ポンド		負債　　　　　18 億ポンド エクイティ 3.15 億ポンド

出所：Butcher, L. (2012), p. 3. および NAO (2009) の記述から筆者作成。

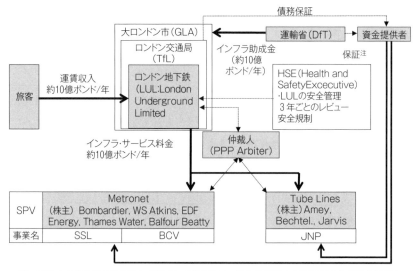

注　DfT から資金提供者に対して供される保証とは、資金提供者の SPV に対する債務を保証するものではなく、LUL が必要とする場合にはその資金を手当てすることを示したものである。
出所：National Audit Office (2004b), p. 3., および National Audit Office (2009), p. 5. の記述をもとに筆者作成。

図 8-4　ロンドン地下鉄の PPP/PFI 契約スキーム

入札の結果、3 グループは SSL および BCV についてはメトロネット（Metronet）が、JNP はチューブ・ラインズ（Tube Lines）がそれぞれ落札し、2003 年 4 月に締結された PPP/PFI 契約に基づき事業が開始された。メトロネットおよびチューブ・ラインズはそれぞ

ロンドン地下鉄は PPP により線路や駅の更新工事を推進しようとした

れ本事業を遂行する特定の目的を持った事業体（SPV：Special Purpose Vehicle）である。そして、両 SPV がインフラ改良事業に従事し、4 週間ごとにロンドン地下鉄（LUL：London Underground Limited）から事業の対価としてインフラ・サービス料の支払いを受け取る仕組みであった（図 8-4）。以下では、これら 3 事業のうち、メトロネット・レール・BCV（Metronet Rail BCV）事業に注目する。

(2)　地下鉄 PPP/PFI 事業の行きづまり

2002 年に発注者であるロンドン地下鉄（LUL）と事業を担う会社との契約が成立したが、その後、比較的早い段階で事業の行きづまりが表面化した。まず、発注者のロンドン地下鉄はメトロネットの事業計画に対して、計画された改修工事が適切に遂行される見込みがないとの厳しい見方を示し、2004 年 4 月には年度ごとに事業者が LUL に提出を求められる資産管理計画をいったん却下している。実際に契約に基づく事業が開始されると、さらに工事の遅延が顕著にみられるようになった。

結果的に 2005 年 3 月までに予定されていた 8 駅の改良工事のすべてに遅延が発生し、この遅延は解消されることはなかった。そして、経営破綻となった 2007 年 3 月までに予定していた 64 駅の改良工事のうち、36 駅が工事を完了できなかったのである[31]。さらに、メトロネットが PPP/PFI 契約の対価として受け取るインフラ・サービス料は、工事のパフォーマンスに基づいて設定され

---

[31] National Audit Office（2009），p. 15.

ることになっていたため、こうした工事の遅延はメトロネットの収入に対して
大きな影響を及ぼした。加えて、同社が管理する工事費用も当初の予定に反し
て大幅に超過する事態となった。

　この超過した費用についての取り扱いはメトロネットと LUL の当事者によ
る交渉では結論を得ることはできず、DfT からの助言に従うかたちで 2007 年
に仲裁人が緊急レビュー（Extraordinary Review）を実施し、その超過費用に
関する経済合理性を判断することとなった。結果、7 月に下された仲裁人の結
論では、同年 6 月 29 日から 1 年間にわたって、1 億 2,100 万ポンドの臨時的
なインフラ・サービス料金について LUL が支出すべきと認めたものの[32]、こ
の金額では当初のメトロネットの要求額には満たず、事実上経営は行き詰っ
た。これらの経過を経て、当該 PPP/PFI 事業は 2007 年 7 月に行政管理下に
置かれることとなり、最終的には 2008 年 5 月に LUL を運営する TfL によっ
て買収・吸収され、再公有化という結末に至った[33]。

（3）　メトロネットの債券格付け

　メトロネットが破綻に至るまで、同社が発行していた債券はどのように評価
されていたのであろうか。ムーディーズの資料から、評価およびその評価の背
景について確認する。PPP/PFI 事業の実施について LUL とメトロネットが合
意した 2003 年 3 月の段階において、ムーディーズの格付けは Baa3 と一般的
な PPP/PFI 事業とほぼ同じ評価を受けていた。ところが、2006 年 9 月に初め
て見通しが「安定」から「ネガティブ」に変更された。この時期は、メトロ
ネットが LUL に超過した費用についての負担を求めたものの、LUL は拒否
し、なおかつ DfT も当面資金援助を行わないと表明した直後である。これを

---

[32] たとえば、駅改良事業では全体として 90.5％の増加コスト分の負担についてはメトロネッ
トが負うべきであると結論づけられた。

[33] 事業破綻に至った原因として、メトロネットに出資する株主自体が PPP/PFI 契約でメトロ
ネットから業務を受託する主体と同一（tied supply chain）になっていたことが指摘されて
いる。加えて、特に車両更新を除く線路設備等の更新業務は、性能発注ではなく費用積算
ベースでメトロネットと契約を結んでいたため、受託側にコスト削減インセンティブが十分
機能しなかったことも指摘されている。なお、株主にはボンバルディア、バルフォア・ベ
ティ、アトキンス、シーボード（SEEBOARD）、テムズ・ウォーターが存在し、ボンバル
ディアは車両、バルフォア・ベティは線路施設、その他は駅施設の改良を主に担当した
（National Audit Office（2009）, p. 54.）。

ターニングポイントとして、翌年の5月にはBa1、6月にはBa2、7月には
B1、11月にはB2と、評価は連続して引き下げられていった。

　ムーディーズは、それぞれの時点で評価に至った背景について、いくつかの
点を指摘している。2003年に格付けを開始し、高い評価をしていた時点にお
いては、①インフラ改良を担うメトロネットのレバレッジが高いこと、②
LULからの安定的な収入を得られること、③建設における挑戦的な事項が含
まれていること、④PPP/PFI契約の複雑さが認められること、を指摘していた。

　レバレッジが高いことが必ずしも高評価をもたらすものではないが、②で掲
げられるLULから安定的な収入が得られる点は、特に評価を高める材料で
あったと判断される。なお、③で指摘された「挑戦的な事項」について、ムー
ディーズでは2点を具体的に説明している。

　第1に、耐用年数の超過した多数の資産のメンテナンスと更新を、ライフサ
イクル全体としてもっとも費用が最小化されるようマネジメントしなければな
らないこと、第2に、今までに経験したことがなく評価が難しい技術を利用し
ながら全線にわたって改良工事を実施しなければならないことであり[34]、これ
らの点は評価にとってややネガティブな要素であった。

　次に、初めて格付け見通しが「ネガティブ」に変更された2006年9月では、
①LULからの固定的な支払があり、その支払いについてはTfLが保証してい
ること、②PPP/PFIの複雑さと潜在的な論争が存在すること、③資産のアッ
プグレードとリニューアルにいくつかの問題を抱えていること、④次の4年の
間に負債がかなり増加すると見込まれること、⑤サービス契約の終了に関する
取り決めがあること、が指摘されている。この段階では、①以外はすべて評価
に対してマイナスの材料と判断できる。

　格付け評価に対するこれら5点の根拠は、それ以降の2007年5月、6月で
それぞれ評価の引き下げが行われた時も、繰り返し指摘されている。ただし、
5月の段階では、④の財務に関連して言及した事柄については、表現を改めて
解説している。すなわち、「メトロネットが追加的収入もしくは工事計画の再
編を実施しなければ資金が逼迫すると見込まれる」というように、資金調達面

---

[34] Moody's Investors Service（2003), p. 1.

で同社が苦慮している実態をより具体的に述べ、それを以前よりもネガティブな要素として評価している。その項目は 6 月の段階になると、仲裁者に要求した緊急レビューの結果が不透明であることを指摘し、メトロネットが要求するだけの収入を得られない可能性を見越していることがわかる。

　この評価の変化は、事業の遅延および改修工事のコスト・オーバーランにより、直接的に LUL から得られる収入の見通しが立たなくなったことを反映したものであるが、同時に政策当局（ここでは LUL の親会社である TfL やDfT、仲裁者）の判断も格付けに影響を与えている。そして、これは格付けに対してプラスにもマイナスにも作用しうる要素である。

　実際に、ムーディーズが事業の初期段階においてポジティブに評価していた点として、PPP/PFI 契約によって LUL から保証つきの手堅い収入を得られることを指摘していた。しかし、政策当局はすべての費用をまかなうだけのインフラ・サービス料を支払わないという判断を下した。その見通しを悲観的に捉えた結果が格下げにつながったのである。

　一方で、PPP/PFI のスキームとして LUL による保証と政府による必要資金の拠出に対する可能性が含まれた点は、確実に評価の上でプラス材料であった。ただし、それは LUL および政府の政策的判断に委ねられる部分が大きい希望的観測でもある。実際、2006 年 9 月の段階におけるムーディーズの判断においても、LUL や政府による保証がなければこの債券の格付けは投機的水準であると述べていた[35]。つまり、民間市場から借り入れによって調達される資金について 95% の債務保証が付与されていること、および DfT はインフラ助成金として実質的に LUL を援助してきたという事実から、政府の存在が貸し倒れリスクを低く認識させていたことになる。

8-5　政府による政策関与の効果と限界

　ネットワークレールは、民間株式会社のレールトラックの破綻という鉄道改革の失敗から再出発するために設立された。そして、株式会社にかわってCLG という法人形態を採用したのは、再国有化は行わず、新組織の独立採算を

---

[35] Moody's Investors Service（2006）, p. 1.

保ちながらも、政府の影響力を発揮することを狙った面も否定できない。具体的に政府の影響力は、他のメンバーには与えられていない権限を行使できる余地を残したことや、資金調達面で政府保証を与えることなどに表されている。

経営の多角化による連鎖的な経営悪化を防止するために、規制当局は民営化当初から「リング・フェンシング（Ring Fencing）」と称してレールトラックの事業多角化を制約してきた。このように、政府は本業でのインフラ施設の安定的な維持運営を優先する姿勢をみせてきた。しかし、実際にはそれだけでは不十分であり、政府はネットワークレールという新しい会社に転換し、さらに政府関与を強化した。また、その方が資金調達コストを抑えるということにもつながるというメリットがあった。同様に、ロンドン地下鉄における PPP/PFI 事業においても、メトロネット・レール・BCV の債務の 95％ を LUL が債務保証していたことは格付け上大きなプラス評価材料であった。

イギリスだけでなく、わが国においても老朽化したインフラの維持管理が課題となっている。投資・更新の場合は概して不確実性を伴う大規模投資となりやすく、政府が何らかのかたちで関わることは是認される。リスク分担を公共部門が担えば格付け評価を高めるということと表裏一体の関係があり、政府による明示的な保証や関与があるというシグナルを市場に発信することは、安価で安定的な資金調達に資するものと考えられる。

一方で、こうした政府関与の有無による評価は実需に基づかないものであるだけに、突如としてリスクが顕在化する可能性もある。メトロネットが請け負っていた事業のように、政策の変更が信用リスクを高めることがありうることも忘れてはならない。つまり、政策を立案・運用する政府は制度の透明性確保とその継続性に注意を払うことが求められる。

【参考文献】

1) Butcher, L. (2012) *London Underground PPP: Background*, House of Commons Library, SN 1307.

2) Butcher, L. (2012) *London Underground after the PPP, 2007-*, House of Commons Library, SN 1746.

3) Butcher, L. (2016) *Network Rail*, House of Commons Library, SN.02129.

4) Competition Commission (2009) *Rolling Stock Leasing Market Investigation*.

5) Department for Business Innovations and Skills (2009) *Government response to the Competition Commission's report,* "*Rolling Stock Leasing market investigation*"

6) Department for Transport (2011) *Realising the Potential of GB Rail: Report of the Rail Value for Money Study*.

7) European Commission (2010) *EU Energy and Transport in Figures*.

8) Gomez-Ibanez, J.A. & G.D. Rus (*Eds.*) (2006) *Competition in the Railway Industry: An International Comparative Analysis*, Edward Elgar.

9) House of Commons Transport Committee (2015) *Investing in the Railway*, Seventh Report of Session 2014-15, HC257.

10) HM Treasury (no date) *Accounting Treatment of Network Rail Ltd*.

11) Kellayway, M. and H. Shanks (2007) *Metronet, Tube Lines and the London Under Ground PPP, NACC Decisions*.

12) London Assembly Transport Committee (2007) *A Tale of Two Infracos: The Transport Committee's Review of the PPP*.

13) Moody's Investors Service (2003) *Moody's Assigns (P) Aaa/(P) Baa3 Ratings to Metronet Rail BCV Finance Plc's Senior Secured Debt Facilities; Stable Outlook*.

14) Moody's Investors Service (2005) *Metronet Rail BCV Finance Plc: The Provision of Infrastructure Upgrade, Operation and Maintenance Service to London Underground Limited (*"*LUL*"*) under the Terms of a 30 Year Service Contract (the* "*Service Contract*"*)*.

15) Moody's Investors Service (2006) *Moody's Changes Metronet Rail BCV's Rating Outlook to Negative*.

16) Moody's Investors Service (2007) *Moody's Downgrades Metronet Rail BCV and SSL to Ba1, Reviews for Further Downgrade*.

17) Moody's Investors Service (2007) *Moody's Downgrades Metronet Rail BCV and SSL to Ba2, Maintains Review for further Downgrade*.

18) Moody's Investors Service (2007) *Moody's Downgrades Metronet Rail BCV and SSL to B1 from Ba2, Negative Outlook*.

19) Moody's Investors Service (2007) *Moody's Downgrades Metronet Rail BCV and SSL to B2; Negative Outlook*.

20) Moody's Investors Service (2007) *Mood's Affirms Aa1 Rating Following Metronet Entering PPP Administration*.

21) Moody's Investors Service (2009) *Moody's Withdraws Certain Metronet Rail BCV Finance and Metronet Rail SSL Finance Ratings*.

22) Nash, C. (2002) "Regulatory reform in rail transport-the UK experience" *Swedish Economic Policy Review*, Vol.9, pp.257-286.

23) Nash, C. (2004) "What to do about the railways?", Robinson, C. (ed.) *Successes and Failures in Regulating and Deregulating Utilities*, Chap.5.

24) National Audit Office (2004) *Network Rail - Making a Fresh Start*.

25) National Audit Office (2004b) *London Underground PPP: Were they good deals?*, HC 645.

26) National Audit Office (2009) *The Failure of Metronet*. HC512.

27) Network Rail (2009) *Control Period 4 Delivery Plan: More trains, More Seats, Better Journeys*.

28) Network Rail (2010) *Control Period 4 Delivery Plan Update 2010: Moving Ahead, Delivering a Better Railway*.

29) Network Rail (2011) *Information Memorandum 2011*.

30) Network Rail Infrastructure Finance PLC (2011) *Full Results, Year Ended 31 March 2011*.

31) Network Rail Infrastructure Finance PLC (2013) *£40,000,000,000 Multicurrency Note Programme Guaranteed by a Financial Indemnity of THE UNITED KINGDOM*.

32) ORR (2007) *National Rail Trends Yearbook 2005 - 2006*.

33) ORR (2010) *Regulatory Accounting Guidelines*.

34) ORR (2011) *National Rail Trends Year Book 2010-2011*.

35) Shaoul, J., Stafford, A. and P Stapeleton (2007) "The Fantasy World of Private Finance for Transport via Public Private Partnerships", Discussion Paper No.2012-6, OECD.

36) Smith A; Nash C; Wheat P (2009) Passenger rail franchising in Britain: Has it been a success?, *International Journal of Transport Economics*, 36, pp.33-62.

37) Standard and Poor's (2003) "Presale: Network Rail CP Finance PLC- £4 Billion Multi-Currency Commercial Paper Program", *Ratings Direct*,

38) Standard and Poor's (2007) *Infrastructure Finance Ratings: European Infrastructure Finance Yearbook 2007/08*.

39) Standard and Poor's (2010) "Network Rail Infrastructure Finance PLC" *Ratings Direct*, Jul 13, 2010.

40) Standard and Poor's (2013) *Project Finance and Recovery: Share Gas Fuels Rise in U.S. Defaults*.

41) Standard and Poor's (2016) *Annual Global Project Finance Default and Recovery Study, 1980-2014*, June, 2016.

42) 小役丸幸子 (2010)「イギリス鉄道におけるフランチャイズ制度の現状と課題」『運輸と経済』第70巻第3号, pp.68-75.

43) 西藤真一 (2014)「イギリスの鉄道事業における民間参画と政府関与―財源調達スキームの観点から―」『国際公共経済研究』第26号, pp.31-40.

44) 堀雅通 (2000)『現代欧州の交通政策と鉄道改革―上下分離とオープンアクセス』税務経理協会.

45) 堀雅通 (2004)「鉄道の上下分離と線路使用料」『高崎経済大学論集』第47巻第1号, pp.45-57.

第4部　サービス維持と地域政策

第9章　イギリスの小規模地方空港の運営

9-1　小規模な空港をめぐる視点

　世界に先駆けて空港の民営化を断行したイギリスでは、ロンドン首都圏以外に立地する地方空港でも、着実に航空利用者数を拡大させてきた[1]。空港民営化により空港運営者が積極的に航空会社に路線誘致を働きかけるようになった。また、航空需要の面でも EU における航空自由化の恩恵に浴し、ビジネス、観光、友人・親戚への訪問などで航空を利用する人が増加してきたことが背景にある。イギリスの空港をめぐる研究では、空港の商業的運営の意義や空港に対する経済規制のあり方を論じたもの、さらに空港の所有形態に着目した空港運営のパフォーマンスに関して評価したものや、世界の空港経営の実態に関するサーベイなど、数多くの研究が蓄積されている。

　それらは概して民間所有の空港が良好なパフォーマンスを発揮してきたことを実証的に示し、空港の民営化・競争政策の妥当性を認めている。いうまでもなく、民間所有・運営が行われるのは空港運営会社に出資する主体が、少なくとも空港運営からなんらかのリターンを得られると見込んでいるからである。一般論として、小規模空港の収益性は大きいとは考えにくく、仮に不採算な空港であれば出資者が現れることも想定しがたい。現に、わが国における空港の民間活用でも、実施を開始した空港や導入の検討を始めている空港は都市部に立地した比較的規模の大きな空港が中心である。

　しかしながら、イギリスでは旅客数も少なく資産規模も小規模な空港であっても民間事業者が株式を 100% 保有して運営するケースが少なくない。この状況は、これまでの一般的な理解からすれば異質といわざるを得ない。また、そうした民間運営が可能となる背景について、単純に民営化を行ったことで効率

---

[1] 1999 年から 2014 年の 15 年間の期間でみた場合、ロンドン地域の空港はすべて増加している。また、イギリスの全 56 空港のうち、旅客増を果たせなかったのは 15 空港に過ぎない。ただし、より最近の動向はその限りではなく、後述のように増加傾向にあった旅客が減少に転ずるケースも多い（CAA（各年版）*Airport Statistics*）。

化が図られたというだけでは十分な説明はできない。小規模な空港では就航する航空会社が限定されるため、航空会社が路線の縮小や全面撤退をすれば空港経営に多大な影響を及ぼし、経営が行き詰まってしまう。その場合、当該空港を閉鎖するのかどうか、政策的な判断が求められる。

　そこで、本章では、第1に、100%民間出資の下で運営を行っている小規模空港に焦点を当て、民間運営が行うことを可能としている背景を明らかにする。第2に、実際に空港の存廃という重要な局面に直面した空港について、空港の立地する地域はどのような判断と対応を行ったのかレビューする。わが国では空港経営改革が実施されているが、民営化の検討に至らない多くの地方空港の維持管理のあり方は、今後の立地自治体を中心とした政策判断に委ねられている。そうした政策判断の説明において考慮すべき要点をまとめる。

9-2　小規模な空港の運営手法

(1)　苦境に立つ小規模空港

　イギリスの航空旅客数は増加傾向にあるが、特にロンドン地域以外のいわゆる地方空港の旅客数が増加しているのが特徴である。すでに第4章で指摘したように、特にロンドン首都圏以外の地方空港を利用する旅客の割合が顕著に増加している。こうした状況は、わが国の状況とは対照的である[2]。

　しかし、イギリス国内でも2007年ごろを境として利用者数の減少に悩まされる空港は少なくない。特に、年間の乗降客数が100万人に満たない空港でその影響が大きい（表9-1）。航空機の発着回数も減少していることから、貨物航空や定期便・軍用以外の一般航空（ジェネラル・アビエーション）の利用も拡大しておらず、航空系収入はもとより非航空系収入すら得られにくくなっていることが示唆される。

　実際に経営危機に陥る空港も出現した。コベントリー空港は2007年において約60万人の旅客数を誇っていたが、2009年に一時供用休止に追い込まれた[3]。就航していた航空会社がトムソン・フライの1社に限られていたため、

---

[2] 国土交通省（2011）でデータの取れる2000年から2008年の期間で旅客の増減をみると、60空港（全国の98空港のうちの61.2%）は旅客数を低下させている。同時期のイギリス国内の空港で旅客数が低下したのは5空港（全空港のうちの8.6%）に過ぎない。

表9-1　イギリスにおける空港規模別の乗降客数・発着回数の推移

旅客規模	空港数	年	2000	2001	2002	2003	2004	2005	2006	2007	2008	2009	2010	2011	2012	2013	2014	2015	2016
1000万人以上	6	乗降客数	0.83	0.82	0.84	0.87	0.93	0.97	0.99	1.00	0.98	0.92	0.90	0.95	0.95	0.99	1.04	0.99	0.95
		発着回数	0.89	0.89	0.89	0.91	0.96	0.99	0.99	1.00	0.97	0.91	0.86	0.90	0.89	0.89	0.91	0.94	0.99
500-1000万人	3	乗降客数	*0.70*	*0.74*	0.80	0.88	0.92	0.98	0.99	1.00	1.01	0.92	0.90	0.89	0.92	0.94	0.99	0.94	0.92
		発着回数	0.92	0.95	0.96	0.99	1.00	1.05	1.06	1.00	0.97	0.86	0.81	0.80	0.81	0.82	0.84	0.88	0.98
100-500万人	12	乗降客数	*0.55*	*0.58*	*0.63*	*0.72*	*0.79*	0.86	0.93	1.00	1.00	0.89	0.85	0.87	0.86	0.90	0.92	0.90	0.86
		発着回数	*0.78*	*0.77*	*0.76*	*0.76*	0.82	0.91	0.95	1.00	1.03	0.91	0.86	0.88	0.87	0.87	0.86	0.86	0.86
50-100万人	7	乗降客数	*0.44*	*0.48*	*0.53*	*0.61*	*0.69*	0.88	0.95	1.00	0.98	0.82	*0.77*	*0.71*	*0.67*	*0.68*	*0.66*	*0.68*	*0.67*
		発着回数	0.83	*0.78*	0.80	0.80	0.98	0.93	0.97	1.00	0.96	0.85	*0.78*	*0.74*	*0.70*	*0.67*	*0.59*	*0.60*	*0.61*
10-50万人	10	乗降客数	*0.61*	*0.61*	*0.62*	*0.66*	*0.79*	0.87	1.03	1.00	0.94	*0.70*	*0.63*	*0.62*	*0.59*	*0.63*	*0.63*	*0.63*	*0.59*
		発着回数	0.91	*0.78*	*0.77*	*0.79*	0.78	0.85	0.92	1.00	0.97	0.93	0.85	0.80	*0.77*	0.85	0.84	0.81	*0.79*
10万人以下	18	乗降客数	0.93	0.89	0.86	0.87	1.17	1.41	0.91	1.00	1.04	0.97	0.96	1.00	0.85	0.86	0.80	0.86	0.85
		発着回数	0.89	*0.76*	*0.77*	0.90	0.97	1.02	0.86	1.00	0.91	0.91	0.87	0.87	0.84	0.84	*0.72*	0.80	0.84

注　表の値は、2016年の乗降客数を基準に空港規模を分類したときの平均値をもとに、金融危機直前であった2007年の値を1とした場合の指標である。0.8を下回る箇所のみ太字斜体で示している。

出所：CAA *UK Airport Statistics* から筆者作成。

同社の撤退が経営を行き詰まらせる原因となった。その後、ヘリコプター運航を手掛けるリグビー・グループが同空港の運営会社を買収し、空港としての機能を復活させることができた。そのほか、後述するプリマス空港やマンストン空港もそれぞれ2011年と2014年に供用休止となった。イングランド北西のラ

3 　同空港の運営会社はもともと West Midlands International Airports Ltd. であるが、West 社への出資者は、2006年までドイツに拠点を置くツアーオペレータのテューイ AG（Tui AG）がその子会社としてイギリスに設立したテューイ UK（Tui UK）であった。そして、同系列の航空会社トムソン・フライ（Thomson fly）が同空港に就航していた。ところが、路線再編を迫られたトムソンがコベントリー空港から2008年に撤退したことを受け、同空港はほぼすべての収益源を失った。その結果、テューイはコベントリー空港の運営からも撤退し、空港は事実上、休止に追い込まれた（BBC News（2009）"Coventry Airport Closed by Owners", Financial Times（2006）"Tui UK Sells Coventry Airport to Irish/US Group".）。なお、その後、コベントリー空港は2010年にヘリコプター運航事業を手掛けるリグビー・グループ（Rigby Group plc.）によって買収され、現在は、同社が出資するパトリオット・アビエーション（Patriot Aviation Group Ltd.）が空港所有・運営にあたっている。

ンカシャー（Lancashire）に位置し、地元自治体も一部出資していたブラックプール空港も2014年に定期便が撤退するに至り、いわゆる定期便の就航する空港としての役割を終えた。

(2)　出資者の観点からみた運営会社の類型

　このように、総じて旅客数の少ない地方空港ほど空港経営が厳しいことは、わが国の状況と似通っている。しかし、決定的に異なるのは、イギリスの場合、このような厳しい経営環境においても原則として民間企業が空港運営にあたっている点である。現に、自治体直営で運営にあたっている空港は8空港存在するが、それらは王室領の空港であり、いわゆるイギリス国内で定期便の就航する商業空港はすべて会社化されている。では、そうした地方の小規模な空港はどのような形態により経営を成り立たせているのだろうか。

　第1に、運営会社の株主が100%自治体の場合である。イギリスでは1986年の空港法（Airports Act）に基づく民営化を実施した際に、それ以前の3年間のうち、2年以上において100万ポンド以上の売り上げがあった空港は、少なくとも民間の会社形態に移行することが求められた[4]。これによって、BAAのほか16空港が株式会社に移行した。しかし、同法では会社化することこそ求めたが、その株式所有を民間に移管するということまでは義務付けなかった。

　つまり、表面的には「民営化」されたという場合でも、実質的には「会社化」にとどまり、その株式を自治体等が所有していることは多い。なぜなら、空港の収益性を勘案すれば株式を売却しても買い手がつかず、株式の公開、上場が現実的ではないからである[5]。さらに、地域経済や生活路線の維持のため、空港経営に自治体が関与せざるを得なかった。

　たとえば、スコットランドで11空港を経営しているハイランド・アンド・アイランズ（HIAL）の株式はスコットランド政府が100%保有している。同社の経営目標は、①スコットランドの多様性を維持するための航空路維持のための空港運営、②スコットランドの社会経済開発のための接続性の向上、③将

---

[4] 会社化の対象となったのは、1986年より前年3か年にわたり少なくとも2か年において100万ポンドの売上実績があった空港である（Butcher, L. (2014), p. 3.）。

[5] Ison *et al* (2011).

来のスコットランドの地域開発に対する助言、を掲げている[6]。そして、同政府から毎年約 2,300 万ポンド程度の助成金を受けている[7]。また、第 4 章の表 4-4 で示したように HIAL の利益（EBITDA）は毎年赤字である。つまり、どちらかといえば地域経済の活性化に資する空港の役割に期待が寄せられ、運営資金の面でも政府との密接な関係があるということがわかる。

　第 2 は、民間企業が空港を所有する場合である。一般的には小規模な空港は収益性が低く、前述のように政府や自治体の出資を受け、形式的な民間運営を行っている。しかし、OFT によると、2008 年時点において年間旅客数が 10 万人未満の小規模空港のうち、7 空港において 100％民間出資により運営されている[8]。

　特に、その 7 空港では民間の単独出資による運営が成り立っている点は特筆できる。民間出資の空港会社の多くは、複数の主体から構成されるコンソーシアムによる出資を受けるケースが多いが、旅客数が 10 万人に満たないような極めて小規模な空港では、民間の一企業が発行済みの全株式を単独保有して空港経営にあたっている。前述の HIAL のように、自治体が単独出資して空港運営にあたっているのではなく、あくまで民間企業 1 社による単独出資であり、共同出資が行われている例もない。

（3）　民間出資の小規模空港の事業運営

　そこで、以下ではそれら小規模な空港への出資者が営む主要事業に注目して、空港経営にどのようにかかわっているのかを確認する。表 9-2 に示した空港は、いずれも旅客数のみならず航空機の発着回数も少なく、空港運営から得られる収入は少ない。ただし、これらの空港に出資する事業者は、いずれも出資先の空港を何らかのかたちで活用していることを窺わせる。

　たとえば、イギリス南東部のコーンウォールにあるランズ・エンド空港は、シリー汽船（Scilly Steam Ship Company）が 100％出資しているが、その出資者の中核事業は、シリー諸島とイギリス本土を結ぶ旅客船事業やそれを活用し

---

[6] Highland and Islands Airports（2009），p. 3.

[7] Highland and Islands Airports（2013），p. 3.

[8] OFT（2010）．第 4 章表 4-2 もあわせて参照。

た観光業である。同社は、"Skybus" というブランドで、同空港からシリー
（セントメリー）空港、ニューキーおよびエクセター空港を結ぶ路線で航空事
業も営んでいる。このように、事実上、ランズ・エンド空港はシリー汽船に
よって垂直統合されている[9]。つまり、海陸双方のアクセス手段を持ち、シ
リー諸島への観光事業を展開するにあたり、出資先となるランズ・エンド空港
を活用しているといえる。そのほかの空港も基本的には同様のスタイルである。

　なお、前述のコベントリー空港は 2008 年の段階では年間 10 万人以下の空港
ではなかったため、表中への掲載は避けたが、コベントリー空港がいったん供
用休止ののちに供用再開となった際、リグビー・グループ傘下のパトリオッ
ト・アビエーションが 100％出資することとなった。そして、同社は当該空港
をベースに小型航空機の販売・リース業のほか、操縦訓練学校を営んでいる。

　また、大都市近郊に立地し、二次空港として十分活用しきれていなかった小
さな空港を民間事業者が単独で買収し、需要獲得の努力を行っている空港もあ
る。特に、小規模な空港は買収時の資産価額が低いことも魅力である。前述の
サウスエンド空港における 2008 年度の資産価額は 420 万ポンドであった。そ
ののち、滑走路延長や鉄道駅誘致、ターミナルに積極投資し、2008 年には 4.4
万人程度の旅客数に過ぎなかったものを 2014 年には約 110 万人にまで拡大さ
せた[10]。南東部のケント州にある、リド空港も同様の戦略を模索している[11]。

　旅客数が年間 10 万人未満の極めて旅客数の少ない空港は、50〜100 万人規
模の空港や 10〜50 万人規模の空港とは異なり、旅客数の落ち込みは緩やかで
ある（表 9-1）。そうした空港の経営は、空港を活用した他の事業を主軸とし

[9] 航空事業にとって、空港はエッセンシャル・ファシリティであり、施設の料金設定やアクセ
　ス（施設使用）において差別的な取り扱いが懸念されるが、ランズ・エンド空港のように小
　規模で新規参入の余地が乏しい空港では、むしろ垂直統合型の企業によって既存の施設容量
　を最大限活用するほうが望ましいとも考えられる。
[10] 特に、ロンドン中心部から約 60km の距離に位置する好立地を生かし、2011 年にイージー
　ジェットと 10 年間のパートナー契約を締結して EU 域内路線で週 70 便を運航することと
　なったことが大きい。
[11] また、買収価格は 410 万ポンドであったと報じられていることから、資産価額はサウスエ
　ンド空港と同規模で少額であったことが推察される。（Lydd Airport Action Group ウェブサ
　イトによる。）ただし、滑走路の延長が短くフライトが短距離路線に限られていたことから、
　294 メートルの滑走路延長と、離陸滑走のための補助的な延長滑走路として 150m の延長を
　行うこととなっている。加えて 1954 年に建造されたターミナルビルの新築を含めた 2,500
　万ポンドの投資を計画している（Shepway District Council ウェブサイト）。

表 9-2　小規模空港に出資・運営する会社のおもな事業

空港経営の特徴	空港名	出資者	2008年旅客数（発着回数）	出資者のおもな事業
空港を活用した関連事業の展開	ランズエンド	シリー汽船	29,005人（4,752回）	観光事業、交通（旅客船、航空）
	ケント（マンストン）	マンストン・スカイポート	16,180人（540回）	デベロッパー。ただし、空港は2014年5月運用休止
	ケンブリッジ	マーシャル・オブ・ケンブリッジ	2,151人（41回）	防衛装備品製造、航空機メンテナンス
	シリー（トレスコ）	ブリティッシュ・インターナショナル（リグビー・グループ子会社）	40,260人（N.A.）	ヘリコプター輸送（当路線は観光路線）
	ショーハム	ADR キャンデロン	5,090人（1,507回）	航空機メンテナンス、パイロット養成、旅客航空輸送、航空貨物フォワーダー
大都市近郊の二次空港機能を期待	サウスエンド	ストバート・グループ	4,4075人（869回）	インフラ整備/建設業・物流事業
	リド	FAL ホールディングス	1,673人（263回）	投資会社（航空部門として、リド空港をベースとしたGA航空業：FAL Aviation を展開）

出所：OFT（2010）、CAA（各年版）、各空港・各社ホームページから作成。

て、その相乗効果を期待していることが示唆される。加えて、旅客数が少なくなるほど資産価額が低く、買収価額は抑制できるというメリットもある[12]。つまり、比較的安価な投資で空港を買収し、周辺地域で空港活用を前提にしたビジネスを実現できれば民間による空港維持も可能になる。

9-3　民間空港の閉鎖と地域政策

（1）　マンストン空港の閉鎖

　表 9-1 に示したように、イギリスでは 2007 年ごろを境に旅客数の減少に直面する空港も多くなり、経営危機に陥るケースも現れた。極端なケースでは空港運営会社が自らの経営判断として「閉鎖」を決断するような状況もみられるようになった。航空会社が撤退し利用者を見込めない空港では、新たな空港事業の担い手もみつからない。

　マンストン空港は廃止された空港のひとつである。同空港は、イギリス南東

---

[12] 第 4 章表 4-2 を参照。

部のケント州に位置し、かつて軍用空港であったが、1998 年にデベロッパー
として実績のあったウィギンス・グループ（Wiggins Group plc：2004 年以降
は名称変更により Plane Station Group plc.）に売却する形で民営化が実現した。

　2004 年には、LCC の EU ジェットと覚書を交わし、同社はマンストン空港
をハブに計 28 路線を展開したこともあり、空港の旅客数は急成長した[13]。な
お、EU ジェットの出資者も空港運営にあたっていたウィギンス・グループで
あり、空港と航空会社は事実上、垂直統合していた。ところが、2005 年にな
ると EU ジェットは倒産し、空港運営もニュージーランドに本社を置くデベ
ロッパーのインフラティルに 170 万ポンドで売却した。

　かつては軍用空港であったため、大型機の離着陸も可能な 2,700 メートルの

滑走路を持ち、なおかつロンドン
まで約 120 キロメートルと比較的
近い立地を生かして航空会社を誘
致する計画であった。しかし、空
港運営では目立った成果を出すこ
とはできず[14]、売却直前の数年間
は毎年 300 万ポンドの損失を計上
していた。そのため、インフラ
ティルは帳簿上の資産をすべて償
却したうえで 2013 年 11 月にマン
ストン・スカイポート（Manston
Skyport）に 1 ポンドで売却した
のである[15]。

　ところが、空港を買収したマ
ンストン・スカイポートは翌年
9 月にロシアン・シェルフ 718

廃港になったマンストン空港。跡地はそのま
ま残されている。

マンストン空港のあったイギリス南東部
のケント州は、高速鉄道でロンドンと約
2 時間で結ばれる。

---

[13] Thanet District Council website "District Transport plan 2005 to 2011"（retrieved 5, Apr.
　　2018）.
[14] 売却直前の 2013 年 4 月には KLM が 78 人乗りの機材でアムステルダム線を開設したが、搭
　　乗率は 42% にとどまった（Kent County Council; 2015, p. 5. ）。
[15] Kent County Council（2015）, p. 5.

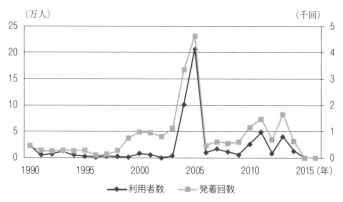

出所：CAA（各年版）により作成.

図 9-1　マンストン空港の利用者数・発着回数の推移

（Lothian Shelf 718）というデベロッパーに売却し、ロシアン社は空港を閉鎖したうえで別用途の土地開発を行う方針を示したのである。なお、マンストン・スカイポートとロシアン社は、いずれもアン・グローグ（Ann Gloag）女史個人が大株主として所有する会社であった[16]。この状況に対して、空港閉鎖に反対する市民らは同空港の取得に意欲を示したリバー・オーク社とともに、立地自治体であるサネット・ディストリクト・カウンシルに対して、2017 年夏までに閉鎖状態にある同空港の機能再開とともに、同空港を貨物中心の開発を進め、2030 年までに 25 万トン、2040 年までに 50 万トン、2050 年までに 75 万トンの貨物取扱量に拡大することを提案しつつ、空港の強制収用（Compulsory Purchase Order）の発動を働きかけた[17]。

　しかし、同カウンシルは、①収益性の確保を前提とした空港運営の見通しが不透明という点、および②リバー・オークが計画しているビジネスプランの詳細や財務の詳細情報の開示請求に対応がないことを理由に、強制収用の要請には応じないことを決定した[18]。また、現実的な側面として、空港閉鎖により勤務する職員 150 名を解雇することになるが、土地の転用により新たな開発事業

---

[16] そのため、インフラティルからの一連の空港買収劇は、女史が単なる土地開発を目的に空港用地を手に入れたのではないかという疑念から一時問題視された。しかし、DfT は問題はないとの見解をのちに示した。

[17] なお、強制買収はリバー・オーク社だけでなく、空港機能の存続を訴える団体からも要望された。

で雇用が創出できるのであれば、そうした懸念は拭われるとの期待もあった。

(2) プリマス空港の閉鎖

一方、プリマス空港はロンドンから南西に約 350 キロメートル、人口 25 万人を擁するイギリス南西のデボン州プリマスにあった空港である[19]。同空港は 2000 年にサットン・ハーバー・ホールディングスが土地所有者のプリマス市と 150 年間にわたるリース契約を締結するかたちで民営化を行った[20]。2003 年には同社の完全子会社であったエア・サウスウェストが就航した[21]。当初はプリマス空港から、ガトウィック、ニューキーを結ぶ路線を展開し、のちにマンチェスター、リーズ、ジャージー、ダブリンにも就航させるなど、航空会社としての経営は順調であった。実際、空港の旅客数も 2009 年に約 16 万人を記録するまでに至った。しかし、その後のエア・サウスウェストは航空会社としての経営が悪化し、2010 年 11 月にイースタン・エアウェイズに事業売却してしまった[22]。その直後にイースタンがプリマス空港から撤退すると、空港経営は即座に行き詰まり、2011 年に廃港に追い込まれたのである。

もともと、1,200 メートル滑走路しかなかったため、小型機を中心として比較的短距離の限られた路線しか展開できなかった。さらに、プリマス空港はエクセターやニューキー、ブリストル空港と後背圏が重複する地域をそれぞれ抱えるため、新規需要の獲得が厳しかった。空港を拡張して路線展開にかかる制約を取り除く方策も検討されたが、そのためには新たな用地の取得が必要となる。また、それを模索するとしても、サットン社をはじめとする民間資金による調達ではその投資資金の回収はきわめて困難であった。そのため、たとえ民間で事業を遂行する場合でも、補助金など何らかの公的負担を強いられることは免れなかった[23]。こうしたことから、空港閉鎖が選択された。

---

[18] Kent County Council (2015), p. 9. なお、強制収用の発動主体はサネット・ディストリクト・カウンシルであるが、その収用にあたり、同カウンシルはその費用を負担してもらうパートナー (indemnity partner) を求めていた。つまり、リバー・オークはそのパートナーとして名乗り出た (House of Commons Transport Committee (2015), p. 19.)。

[19] 閉港直前の 2010 年の旅客数は約 13 万人であった。

[20] Plymouth City Council 資料。

[21] サットン・ハーバー社ウェブサイト。

[22] サットン・ハーバー社ウェブサイト。

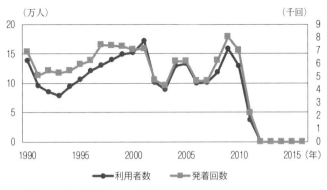

出所：CAA（各年版）により作成

図 9-2　プリマス空港の利用者数・発着回数の推移

　他方、地元のプリマス・シティ・カウンシル（Plymouth City Council）で
は将来のあり方についての検討が開始された。具体的には、空港を他の用途に
転用することも視野に入れつつ、いくつかのオプションを提示した。そのなか
で、空港を再開するのであれば、現実策としては既存施設の大規模改良を必要
としないジェネラル・アビエーションに焦点を絞った空港活用が現実的とされ
た。しかし、その後は具体的な動きをみせず、収益性や資金調達のめどがつく
当面の間は供用休止の状態にしておくという暫定的な結論を出し、現在に至っ
ている[24]。

　ここで注目するのは、このような空港維持に向けた検討結果を公表している
点である。地域にとっての必要性はもちろん考慮すべきで、住民や産業界など
地域のステークホルダーはその存続を渇望する。しかし、これらのケースでは
維持するための負担について地域住民を含むすべての関係者に公表し、地元自
治体として主体的な政策判断を行っている。また、その判断を客観的な資料に
基づき説明している点は積極的に評価すべきであるし、わが国も学ぶべき点で
あろう。

[23] Ove Arup & Partners Ltd（2014），pp. 2-5.
[24] Ove Arup & Partners Ltd（2014），pp. 53-54.

(3)　空港廃止の回避

　民間所有の空港であれば、空港用地の処分などを含め所有権は民間企業側の判断に委ねられる。そのため、空港を運営する企業の経営が行き詰まれば、空港の存続に直接的な影響を及ぼすことになる。一方、国の政策として、空港は民間の手に委ねることを基本政策に据えており、国が主導して空港を存続させることを前提とした介入を行うことはないと明言している。

　つまり、空港の存廃を決定づけるのは最終的にはその空港が立地する自治体である。前述のように、空港廃止を容認する自治体もあるが、他方で廃止を回避する自治体もあり、空港運営会社を買収するかたちで公有化する。いったんは民営化した空港を再び公営化することは、民営化に逆行しているようにみえるが、現実には前述の HIAL のように会社化は維持することになる。このような再公有化を進めた空港に、スコットランドのプレストウィック空港とウェールズのカーディフ空港がある。

　スコットランドのプレストウィック空港は、1986 年の空港民営化の際に、ロンドン・ヒースロー空港などを運営していた BAA が運営する空港のひとつであったが、BAA から切り離されたのちは、所有者が何度か変更された。2001 年にインフラティルを中心とするコンソーシアムが、それまで空港を運営していたステージ・コーチ・グループから買収し、2004 年にはインフラティルが残りの株式を取得して単独所有となった。2007 年に旅客数が 240 万人に達するなど、一時期の空港運営は好調であった。

　しかし、その後は同空港に定期旅客航空として唯一就航するライアンエアが、路線の縮小や便数減少を行った。この影響を受け、インフラティルが空港を手放す直前の 2012 年の旅客数は 110 万人に落ち込むとともに 540 万ポンドの赤字を計上し、累積赤字は 2,150 万ポンドに達した[25]。そのため、インフラティルは空港を売却する意向を公表したが、買い手がつかず、結果としてスコットランド政府が累積債務とともに空港を 1 ポンドで買収したのである。

　また、カーディフ空港はイギリス南西部のウェールズにある空港で、2013 年 3 月にウェールズ政府が 5,200 万ポンドで買収することによって公有化され

---

[25] Audit Scotland (2015), p. 12.

た。もとは 1995 年に民営化された空港で、デベロッパーの TBI が 3,750 万ポンドで買収して運営していた[26]。2007 年に 220 万人を超えるまでになったが、2012 年には 128 万人にまで落ち込んだ。この落ち込みに危機感を持ったウェールズ政府は、空港施設の投資を進めることで巻き返しを狙ったが、投資を行う当事者はあくまで空港運営を担う民間企業であり、投資に前向きではなかった[27]。こうした事態に対して、ウェールズ政府は投資をせず旅客数を引き上げることは難しいと判断し、空港を買収して公有化することに決めたのである。

　これらの空港は民間所有の空港であったため、自治体からの介入がなければ少なくとも、旅客数のさらなる落ち込みは必至で、最悪の場合は供用休止に至る可能性があった。しかし、空港が廃止されることになれば地域経済に深刻な影響をもたらしかねない。これを懸念したスコットランド政府やウェールズ政府は港の公有化を決定したのである。

　確かに、プレストウィック空港は立地面でグラスゴー国際空港と競合関係にあり、仮にプレストウィック空港が廃止されても代替空港としてのグラスゴー国際空港は維持される。それでも空港の公有化に動いた背景には、単に地域から世界へのゲートウェイが失われるというだけでなく、空港運営に直接的に関わる 1,350 人の雇用や、経済的な恩恵を喪失することを懸念していたからである。公有化を検討する際に、スコットランド政府は、空港の立地地域のエアシャー（Ayrshire）だけで 4,760 万ポンド、スコットランド全体では 6,160 万ポンドの経済的な恩恵が失われると試算した[28]。

　また、カーディフ空港の場合も、ウェールズ域内では国際線が就航する唯一の空港ではあるが、カーディフ空港から東方約 100 キロメートルの地点にブリストル空港も存在し、ウェールズの一部はブリストル空港の後背圏と重複している。しかし、カーディフ空港が公有化を決めたのも、雇用や地域経済への影響が深刻だと判断したからであった。

---

[26] Humphreys, I.（1997）, p. 81.
[27] 実際、ウェールズ政府は 2011 年に欧州委員会（European Commission）から、空港運営会社に資本補助を行うことの認可も得た。しかし、空港運営にあたっていたアベルティス（Abertis）はその援助を拒絶し、投資に難色を示した。
[28] Audit Scotland（2015）, pp. 15-16.

特に、カーディフ空港の立地するセント・アサン（St. Athan）地区にはエアバスやGEアビエーションなどの航空関連メーカーが多数立地し、航空宇宙関連産業が集積している[29]。実際に、航空機の重整備を含めたメンテナンスを手掛けるMRO（Maintenance, Repair and Overhaul）ビジネスとして、イギリス全体の約25％が当地域で展開されている。さらに、航空機の無人航法システムの研究開発拠点の形成などをウェールズ政府が主導してきた[30]。そして、セント・アサン地域は「カーディフ空港エンタープライズ・ゾーン」と指定している。つまり、空港廃止はウェールズの地域政策を根底から覆すことに直結するものであり、ウェールズ政府としては民間の空港運営会社の撤退は看過できなかった。

　もっとも、これらの空港が公有化されたとはいえ、スコットランド政府やウェールズ政府は形式上、会社への出資者となったのであり、地方政府の直営に戻されたわけではない。厳密には、スコットランド政府やウェールズ政府が100％出資するホールディング・カンパニーの完全子会社として、それぞれの空港運営会社が存在する。こうした政府と実際に空港を運営する会社が独立していながらも、密接な関係性を有した状態にあることを、ウェールズ政府は「arm's length」と表現している。地方政府と空港運営会社の密接な関係性が保たれることによって、地方政府にとっては空港活用をその他の地域経済政策と連動させたかたちで活用しやすい環境が保たれる。その一方で、空港運営会社が独立採算を維持することにより経営上の非効率を回避することが期待される。

　実際の空港経営はそれぞれの空港運営会社であり、投資のための資金調達は、空港運営会社が作成するビジネスプランを地方政府出資のホールディング・カンパニーが審査する。そこで認められた投資計画に対する資金を調達するため、空港運営会社は政府からローンとして借り入れる手続きをとる。また、両空港はそれぞれの地方政府の完全子会社であるため、空港の借入金はそれぞれの政府債務に含められる。なお、空港運営の際の補助金はEUルールで

---

[29] Welsh Government (2012), p. 1. また、ブリティッシュ・エアウェイズもカーディフ空港にメンテナンスセンターを設置する予定であった（National Assembly for Wales (2016), p. 15.)。

[30] Welsh Government (2012), p. 5.

出所：Audit Scotland（2015），p. 29., Auditor General for Wales（2016），pp. 12-13., 筆者
ヒアリングによる。

図 9-3　空港公有化における地方政府と空港会社の関係

厳格に定められており、安易な公的依存に陥ることを防いでいる。また、いず
れ空港も将来にわたって公営化された状態を永続させるつもりはなく、再び民
間運営会社への売却を想定している。

9-4　民間による空港運営と地域との連携

　前述の例は、空港経営が立ち行かず、空港閉鎖という極端な結果に陥ること
もありうるという一面を示している。スコットランドのプレストウィック空港や
ウェールズのカーディフ空港については、公有化することで廃港を阻止した。こ
れは、表面的には地域経済への影響に危機感を持った地方政府が、サービスの
安定供給を維持するための民間市場への政策介入であったように捉えられる。

　確かに、イギリスの空港政策は基本的に民営化政策を基調としており、その
運営は民間に任されている。しかし、政府の空港政策として、航空輸送が地域
に与える影響が無視できず、イギリス国内の既存空港容量を活用することは地
域経済のみならず旅客に対しても望ましいことだという立場を鮮明にしてい
る[31]。2013 年に政府は従来の 2003 年航空白書（Air Transport White Paper）
に代わる政策文書として「航空政策方針（Aviation Policy Framework）」を公

---

[31] Butcher, L.（2016），pp. 13-14.

表した。その目的は、地方・地域において空港の果たす役割を再認識し、そのために取りうる必要な政策の枠組みを示すことにある。

　そのなかで、政府が重要視しているのは、地域連携を進めることである。その地域連携を支えるために組織化されているものが、「空港諮問委員会（ACC：Airport Consultative Committees）」や各空港が作成する「マスタープラン」、各空港の立地地域で利害関係者が参加する「航空交通フォーラム（Air Transport Forums）」、空港立地自治体で策定する「空港アクセス戦略（Airport Surface Access Strategies）」などである。特に、空港に対する利便性増進や環境への影響について検討する ACC は、法的には設置義務はないものの、空港の将来計画に関する情報提供や、地域のステークホルダーの空港に対する理解を促す場として期待されている[32]。

　航空政策方針では、空港に対する相互理解や連携を法的に確約する手続きとして、「国家計画政策方針（National Planning Policy Framework）」を活用して、地域が空港インフラの重要性を認識し、地域計画に盛り込んで地域開発を進めることを述べている[33]。そして、国家計画政策方針では、基礎自治体が「地域開発計画（Local Plan）」を策定することを義務付けている。なお、地域開発計画は空港へのアクセスを含めた地域交通の具体的な計画も盛り込まれる。このようにして、空港を含む個々の交通インフラの整備・活用の方針が示されるとともに、さまざまな交通機関の連携を考慮しつつ検討している[34]。

　加えて、イングランドでは ACC や地域開発計画の策定では、関係の自治体や利用者代表だけでなく、官民連携組織として 2011 年に設置された地方事業共同体（LEP：Local Enterprise Partnership）も積極的な関与が期待されている[35]。地方分権を進めるイギリスでは、基礎自治体の役割を重視し、国の出先

---

[32] 2013 年時点で、ACC はイギリス国内で 51 の空港に設置されている（Secretary of State for Transport (2013), p. 68.)。

[33] Secretary of State for Transport (2013), pp. 73-78.

[34] Department for Communities and Local Government (2012), pp. 9-11. なお、この国土計画では、具体的には①経済活動、②社会的な機能、③環境について、それぞれ検討し、その方針が示される。(Thanet District Council (2015), pp. 13-16.)

[35] LEP は法律で規定される行政主体ではない（non statutory body）ため、設立される年は地域によってまちまちである。制度が導入された 2011 年から順次設置され、2017 年時点で、イギリス全体で 38 存在する。

機関の地域開発公社（Regional Development Agency）を廃止し、地域の意向を最大限反映したい意向である。そのため、国ではなく地域に近い LEP がアドバイスを行っている。そして、LEP は地域に複数ある空港の活用を提言し、たとえば南東部 LEP（South East LEP）は、マンストン空港でなくても、スタンステッド、サウスエンドとの連携による空港活用を提言している。プリマスを抱える南西中心部 LEP（The Heart of the South West LEP）も、エクセターなど同一地域内の空港の活用策を探る必要性を指摘している[36]。

　このように、地域開発計画との整合性が認められる場合については、基礎自治体が土地の強制収容をはじめ、空港運営に乗り出すことも選択肢になる。マンストン空港の場合は、空港を他用途に転用する方針を示した空港運営会社のマンストン・スカイポート社に対して、土地収用を発令するかどうかが検討された。また、プリマス空港は自治体が土地を保有していたため強制収容の必要はなかったが、今後の運営のあり方について模索された。

　しかし、その際に課題となるのは、財源確保によって結果が大きく左右される点である。たとえば、基礎自治体が空港の強制収用に乗り出すことはありうるとしても、何らかのかたちで財源が確保されなければそうした政策は発動できない。マンストン空港のケースにおいて、サネット・ディストリクトはリバー・オークなど、民間が資金調達した状況で保証措置（counter indemnity）を講ずることを前提に検討していた。

　前述のように、国の政策としては空港の維持管理はあくまで民間ベースで行うことが基本で、国が直接的な対応を行うことはない。しかし、空港の廃止という局面においては、自治体がラストリゾートとしての救済者となる余地が残されていることがわかる。とはいえ、空港の必要性だけが強調されることはなく、あらかじめ用意された一連の計画策定プロセスの枠組みで検討がなされる。したがって、その地域にとってもっとも適切な交通体系や、空港の存在意義が確認されたものに限り、政策的な配慮がなされる。

---

[36] Ove Arup & Partners Ltd（2014），p. 25.

9-5　事業多様化と地域のコミットメント

　イギリスでは空港民営化により、基本的には独立採算の民間経営のもとで空港運営が行われてきた。一般的に、大規模な空港ほど民間による空港経営は容易であると想像されるが、イギリスには小規模でありながら、単独出資による民間空港運営が行われている。複数主体による出資ではなく単独出資となっているのも、大規模空港にはない特徴である。そうした単独出資の民間運営が可能なのは、空港の資産価額が小さく、単独買収も比較的容易であったためと考えられる。

　しかし、イギリスでは地方空港の経営は厳しさを増している。商業化を進めたイギリスの空港では、非航空系収入の役割が高まっているが、それに期待するとしても、小規模空港では旅客数自体が少ないため、駐車場やターミナルビル収入には頼れない。そのため、彼らが取り組むビジネスモデルは、パイロット養成学校の経営など、旅客航空を利用する人以外の顧客を対象にした航空関連事業や、地域の不動産・物流施設開発と合わせた空港運営において地域の経済活力を取り込む施策である。換言すれば、空港本来の事業を第1の目的とした経営というよりも、空港以外の事業が中心で、そのビジネス展開のツールに空港活用が含まれている。

　また、そうしたビジネスモデルで民間事業として空港事業を展開できる場合もあるが、利用者減により供用休止にまで追い込まれるケースが出ている。もちろん、供用休止が即座に空港用地を他の用途に転用するなど、完全に廃止されてしまうわけではない。コベントリーのように、供用休止ののち、再開できた空港もある。また、マンストンやプリマスにおいても、再開に向けた運動は現在でも展開されている。供用休止に対して反対運動や再開運動がおこるのも、単に利便性が損なわれるからだけでなく雇用や地域経済に大きな影響を与えるからである。いったん供用休止になれば空港としてのライセンスを失うことになり、再開のためには再びCAAからライセンスを獲得しなければならず、相当な労力が必要になる。

　空港の存廃に揺れる地域において地元自治体は唯一、廃止の危機を救える能力を持つ存在である。それゆえ、その判断に対する合意形成のあり方が重要で

あるが、イギリスでは財源調達も含めて地域計画の策定を通じて合意形成を図っている点は特筆できる。マンストンでは、民間空港の閉鎖にともなって空港会社に勤務する職員約150名は失業するものの、民間事業者の土地の転用により新たな開発事業で雇用が創出できるのであれば、現実的な対応として空港閉鎖を容認せざるを得なかった。それに対して、カーディフ空港の場合は、空港の存在の重要性を高く評価したからこそ、ウェールズ政府による空港買収が実現した。プレストウィックの場合も同様の理由で公有化が実現した。

　空港は民間経営が基本とされつつも、民間での空港経営が成り立たず、公的部門が何らかの支援に動かざるを得ないケースは、条件が不利な地方空港ほど多い。国からの補助に期待を寄せることができないなかで、最終的にその空港の活かし方を決めるのは地域である。

　本書で取り上げたケーススタディからは、空港が地域にもたらす経済的な影響の大きさを地域がどのように評価するかが存廃の決め手になっている。そして、自治体が地域の理解を得るための枠組みもあわせて整備されている。具体的には、国家計画政策方針で義務付けられる地域計画の策定などがそれにあたり、それらは財政的な裏付けを必要とする計画立案プロセスでもある。このように、空港は地域にとって必要だとしても、その裏付けとなる効果と予算措置の可能性も考慮される点は積極的に評価できる。

　わが国の多くの地方空港で利用が伸び悩んでおり、各地で利用促進活動が展開されている。また、県や市町村で総合発展計画などを策定して空港活用の方針が示されている。しかし、そのような方針が示されていても、利用者数の増加だけに注目が集まりがちである。地域にとっての目標を達成するうえで必要なインフラは空港なのか、あるいはそれ以外のインフラでもよいのか、財源獲得の可能性を含めた政策立案が問われている。空港に対する必要性と負担について、経済界や利用者および住民など地域のステークホルダーの理解をさらに深めることのみならず、そうした理解を促す仕組みづくりがそれぞれの地域で求められる。

【参考文献】

1) Airports Commission（2014）*Utilisation of the UK's Existing Airport Capacity*, Discussion Paper 06, Government of the United Kingdom.

2) Auditor General for Wales（2016）*Welsh Government Acquisition and Ownership of Cardiff Airport*.

3) Audit Scotland（2015）*The Scottish Government's Purchase of Glasgow Prestwick Airport*.

4) Butcher, L.（2014）*Aviation: Regional Airports*, House of Commons, SN 323.

5) Butcher, L.（2016）*Regional Airport*s, House of Commons, SN 323.

6) Center for the Regulated Industries（2008）*Airports Statistics 2008/2009*, University of Bath.

7) CAA（各年版）*Airport Statistics*.

8) Dennis, N. and A. Graham（2006）*Airport Traffic Growth and Airport Financial Performance: Has the Low Cost Airline Boom been Successful for Airport Operators?*, Association for European Transport.

9) Department for Transport（2003）*The Future of Air Transport*.

10) Gillen, D.（2011）"The Evolution of Airport Ownership and Governance", *Journal of Air Transport Management*, 17（1）, pp3-13.

11) Hackett, P.（2014）*Making Global Connections: The Potential of the UK's Regional Airports*, The Smith Institute.

12) Halpern, N. and R. Pagliari（2007）"Governance Structures and the Market Orientation of Airports in Europe's Peripheral Areas", Journal of Air Transport Management, Vol. 13, pp.376-382.

13) Highland and Islands Airports（2009）*Strategic Plan 2009-2019*.

14) Highland and Islands Airports（2013）*Submission by Highlands and Islands Airports Group to the European Commission: EU Guidelines on State aid to airports and airlines*.

15) Humphreys, I.（1997）, "Development and privatization of Cardiff airport" *Contemporary Wales an annual of economic & social research*, Vol. 10, pp. 81-102.

16) House of Commons Transport Committee（2015）*Smaller Airports: Ninth Report of Session 2014-15*.

17) Indigo Planning Limited（2014）*Manston Airport: Submission in respect of Thanet District Council's Draft New Local Plan*.

18) Ison, S., Francis, G., Humphreys, I. and R. Page（2011）"UK Regional Airport Commercialisation and Privatisation: 25 years on", *Journal of Transport Geography*, Vol. 19. pp. 1341-1349.

19) Kent County Council（2015）*Manston Airport Under Private Ownership: The Story to Date and the Future Prospects*.

20) National Assembly for Wales Public Accounts Committee（2016）*The Welsh Government's Acquisition and Ownership of Cardiff Airport*.

21) Office of Fair Trading（2010）*Airports Ownership Database*.

22) Ove Arup & Partners Ltd（2014）*Plymouth Airport Study: Final Report*.

23) Redondi, R., Malighetti, P. and S. Paleari（2013）"European Connectivity: the Role Played by Small Airports" *Journal of Transport Geography*, Vol. 29., pp.86-94.

24) Secretary of State for Transport（2013）*Aviation Policy Framework*, CM8584, TSO.

25) Starkie, D.（2012）European Airports and Airlines: Relationships and the Regulatory Implications,

Journal of Air Transport Management, Vol 21, pp40-49.

26) Thanet District Council (2015) *Draft Thanet Local Plan to 2031: Preferred Options Consultation.*

27) Welsh Government (2012) "Cardiff Airport", *Written Statement by the Welsh Government*, 18
     December.

28) 西藤真一 (2016)「イギリスの小規模な地方空港の運営の実態と政府の対応」『交通学研究』
     第 59 号，pp.117-124.

29) 西藤真一 (2017)「イギリスにおける地方空港の運営」，手塚広一郎・加藤一誠（編著）『交通
     インフラの多様性』日本評論社，第 8 章所収.

第10章　わが国の地方空港の運営と地域

10-1　利用者が低迷する地方空港

2013年6月の第183回国会で「民間の能力を活用した国管理空港等の運営等に関する法律」、通称「民活空港運営法」が成立した。かねて滑走路等の基本施設と空港ビルの運営について、民間の能力を生かした一体運営を行う「空港経営改革」の重要性が指摘されてきたが、それに向けた環境が整いつつある。

今回の法律の成立を受けて、現在、国が管理する地方空港では、仙台空港をはじめとする複数の空港において公共施設等運営権制度を活用した新たな空港運営の方策が模索されるようになった。すでに、一部の地方自治体が管理する空港においてもそうした検討が進められているが、他の空港でも同様の検討が進められるであろう。

一方、特に地方空港においては利用者獲得の面で大きな課題が残されており、いずれの空港も利用促進に注力しているところである。しかし、今後の人口減を引き合いに出すまでもなく、LCCも含めた競争の進展や国内航空利用者数の推移からみて、地方航空ネットワークの維持はますます厳しさを増すと考えられる。

これまで地方航空ネットワークは、国による政策的配慮や航空会社の自助努力によって維持されてきたが、激化するグローバル市場における競争に直面する航空会社にとっては自身の経営体力の強化が喫緊の課題であり、これまでのような自助努力に期待することはできない。一方で、国としても国民負担の拡大を回避しなければならず、国による政策的配慮にも限界がある。

確かに地方では航空旅客数が少なく、民間が独立採算で運営できる可能性は低い。とはいえ、地方の財政的な側面からみても、旧態依然とした空港運営を漫然と続けられるような状況ではなくなりつつある。もちろん、それぞれの地方空港のおかれる環境は地域によって大きく異なる。空港は地域振興のひとつのツールであり、それをどのように生かすかという観点、そして効率的な運営を可能にする組織のあり方という観点について、それぞれ模索すべきであろ

う。本章では、過去に地方において改革に取り組んできた代表的な空港を取り上げ、その現状と求められる対応策について検討する。

10-2　地方空港をとりまく課題

(1)　空港整備と旅客数の推移

　競争環境下におかれる航空会社にとって収益性は無視できない。利用が低迷する路線であれば、当然路線の存廃が検討される。現状としてはそうした収益性の低い路線を縮小させ、収益性の高い路線に経営資源を集中させる傾向にある。わが国の航空路線は 1997 年度に計 275 路線にまで増加したが、その後は減少傾向が続き、2010 年度には 188 路線に絞られた[1]。さらに地方の空港においては、利用者数が空港設置時に計画された予測よりも下回るところも多数現れた。ただし、ここ数年は LCC の出現や観光客の増加を背景に、地方路線も

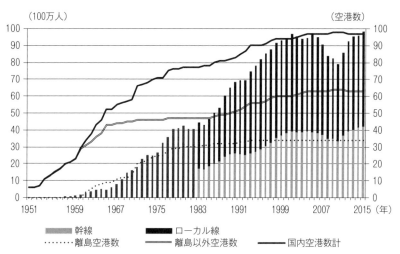

注　1951 年から 1983 年までの国内航空利用者数は、便宜的にデータを入手できた国内
　　航空旅客数の合計値を表している。
出所：国土交通省「航空輸送統計年報」、「空港を取り巻く状況　関係資料」から筆者作
　　成。

図 10-1　国内航空旅客数と国内空港数の推移

---

[1] 国土交通省航空局（監修）（2012）pp. 53-57.

表 10-1　空港規模別の着陸回数・乗降客数の推移

		2002	2003	2004	2005	2006	2007	2008	2009	2010	2011	2012	2013	2014	2015	2016
500万人以上	着陸回数	1	1.00	1.02	1.05	1.06	1.10	1.10	1.06	1.08	1.08	1.20	1.27	1.31	1.36	1.42
	乗降客数	1	0.97	0.98	1.00	0.99	0.98	0.96	0.87	0.90	0.83	0.93	1.00	1.06	1.14	1.21
200万人以上 500万人未満	着陸回数	1	1.00	0.99	1.00	1.02	1.00	1.00	0.99	0.95	0.89	0.94	1.01	1.02	1.02	1.00
	乗降客数	1	1.00	0.96	0.96	0.97	0.97	0.93	0.85	0.85	*0.75*	0.84	0.89	0.92	0.94	0.94
100万人以上 200万人未満	着陸回数	1	0.97	0.98	0.96	1.01	1.00	0.98	0.94	0.96	0.94	1.01	1.02	1.07	1.08	1.07
	乗降客数	1	1.00	0.96	0.95	1.00	0.98	0.94	0.84	0.87	*0.78*	0.85	0.90	0.93	0.93	0.93
50万人以上 100万人未満	着陸回数	1	1.01	1.07	1.03	1.09	1.04	0.99	0.96	0.93	0.88	0.95	0.97	1.00	0.97	0.97
	乗降客数	1	1.02	1.02	1.00	0.99	0.97	0.91	0.81	0.80	*0.73*	0.80	0.85	0.91	0.89	0.88
20万人以上 50万人未満	着陸回数	1	1.03	1.09	1.11	1.12	1.09	1.06	1.01	0.93	0.96	0.89	0.95	0.99	0.99	0.99
	乗降客数	1	0.92	0.92	0.92	0.89	0.86	0.80	*0.69*	*0.63*	*0.60*	*0.58*	*0.62*	*0.67*	*0.69*	*0.73*
20万人未満	着陸回数	1	1.01	0.99	0.95	0.94	0.95	0.91	0.84	0.85	0.79	0.78	*0.77*	0.80	0.80	*0.78*
	乗降客数	1	0.90	0.84	0.81	*0.77*	*0.76*	*0.69*	*0.65*	*0.65*	*0.61*	*0.63*	*0.68*	*0.73*	0.81	0.82

注　表の値は、2016 年度の乗降客数を基準に空港規模を分類したときの発着回数の平均値をもとに 2002 年度を 1 とした場合の指数である。ただし、離島および 2002～2016 年度の期間中に開港、休止となった空港、県営名古屋空港は除外している。0.8 を下回る箇所のみ太字斜体で示している。

出所：国土交通省「空港管理状況調書」から筆者作成。

やや持ち直しの傾向もみられる。とはいえ、人口減少や新幹線網の整備を考慮
すると、今後の航空需要として大きな伸びを期待することはできない。

　戦後のわが国における国内航空旅客数の推移について、幹線・ローカル線別
に確認すると[2]、2000 年度にさしかかる頃までは、ほぼ一貫して増加傾向に
あった（図 10-1）。ところが 2000 年度以降では伸び悩み、2007 年度以降は燃
油価格の高騰を受けて減少に転じた。さらに翌年以降の世界的な景気後退や
2011 年 3 月の震災により需要は大きく減衰した。

　他方、幹線は比較的小幅な減少にとどまり、国内利用者数全体の下支えと
なった。換言すれば、航空旅客数が大きく変動するのはおもに地方空港を発着
する路線である。実際、表 10-1 に示すように、500 万人以上の乗降客数を抱
える大規模空港よりも、乗降客数の規模が小さな空港ほど減少幅は大きくなっ
ている。同様に、発着回数では年間 500 万人以上の乗降客数を抱える大規模空
港が顕著な増加傾向にあることも確認できる。

　これら利用が伸び悩み、近年では著しい旅客数の減少に直面している空港に
は 1990 年代に整備されたところも多い。図 10-1 で示すように、立地条件から
もともと利用者数の増加を期待できない離島空港は 1970 年代にはおおむね整
備は完了し、1990 年代以降に整備された空港はほとんどない。つまり、2000
年代にさしかかるまで着々と整備されたのは、離島以外に立地する地方管理空
港である。

(2)　利用促進策の展開と限界

　戦後の空港整備は高速交通のネットワークの形成に大きな役割を果たした。
航空需要の拡大とともに、航空機のジェット化や大型化に対応した空港整備が
進められると同時に、ネットワークの拡大を図るべく順次、地方空港の整備も
進められた。こうした空港整備を計画的に進める役割を果たしたのが「空港整
備五か年計画」であるが、必要性の高い空港から順に整備を進める必要があっ
たため、地方は後回しにならざるを得なかった。当然、そうした地域ほど航空

---

[2] 幹線とは、羽田、成田、伊丹、関西、新千歳、福岡、那覇の各空港を結ぶ路線で、ローカル
　線とは、それ以外の路線のことをいう。

需要は旺盛とはいえず、比較的最近に整備された地方の空港ほど課題を抱える
ケースが多い[3]。

　このように、路線を維持・拡大するうえで地方では利用者獲得が課題とな
り、各地で利用促進策が展開されている。たとえば、着陸料・停留料に対する
減免・補助は国内 59 の空港で実施されており、空港利用者に対する補助・取
り組みでは 44 空港、観光等ツアーの企画・商品造成・商品広告に対する取
組・補助では 34 空港で実施されている[4]。国土交通省（2012）では、①航空
ネットワークの維持に資する取り組み、②航空・空港を活用した観光振興、航
空需要の開拓、③空港利用者便益の増進、④空港と地域との交流促進、と分類
されているが、④以外は基本的には航空会社向けの取り組みと旅客獲得に向け
た補助や取り組みである。

　これら空港利用者としての航空会社と旅客双方の負担を軽減させれば、彼ら
をつなぎとめるには一定の効果を発揮するかもしれない。ただし、それはあく
まで短期的な効果しか持たず、これまでの旅客数の推移をみれば旅客増に結び
つけることはきわめて困難と判断せざるを得ない。地元自治体の財政面からみ
ても、そうした支援を今後も継続させることができるのか見通せないのが実情
である。

10-3　地方における空港経営改革

（1）　改革に着手する地方空港

　航空自由化が進展し、空港の戦略的な利活用が求められる時代にあるなか
で、地方空港でも効率的な空港運営に向けたガバナンスの構築が急がれる。
2008 年 6 月に新たに施行された「空港法」の目的でも述べられているように、
多様化する航空利用者ニーズに適切に応え、空港の競争力や利用者にとって質
の高いサービスを提供できるような仕組みづくりが求められている[5]。

　2010 年に公表された国の成長戦略においては、短期的な目標として、空港
整備に係る各歳入・歳出の在り方の見直しを通じ、小型機の優遇等、時代の要

---

[3] 1990 年以降に開港した地方管理空港として年間 50 万人を超える旅客を取り扱っている空港
は佐賀（64 万人）、神戸（270 万人）のみである。
[4] 国土交通省（2012）から筆者集計。

請に応じた着陸料体系を再構築する一方、中期的には「民間の知恵と資金」を活かし、空港関連企業と空港の経営一体化および民間への経営委託ないし民営化により、空港経営を抜本的に効率化することを示した。この指針はわが国の空港経営改革の道筋をつけるうえで画期的な出来事であった。

　しかし、実際にはそれ以前から、いくつかの地方空港では空港経営改革の模索は行われていた。もっとも、それらは「民活空港運営法」が施行される以前の取り組みであり、コンセッション方式のように料金設定の権限や経営リスクの大部分を民間に移譲するものではなく、あくまで既存の制度であった指定管理者制度を援用した民間活用だけにとどまっていた面はある。

　とはいえ、地方でありながら民間運営を模索する空港は少なからずあった。以下で述べる旭川空港は 2017 年に新千歳空港をはじめとする北海道内 7 空港を一体的に運営する実施方針が公表され、2020 年度からの民間運営に向けて準備が進められているが、全国に先駆けて地方独自の改革に着手した空港として特徴がある。

　旭川空港は北海道の中央部に位置する特定地方管理空港である。毎年 2,200万人程度の観光入込客[6]のある道北地域へのゲートウェイとして機能しており年間約 120 万人程度の利用がある。新千歳空港とは直線距離で約 110km 程度しか離れていないが、千歳地域の気象不順の場合における代替空港としての役割もある[7]。

　旭川空港では、2006 年から空港設置者が国、維持管理者が旭川市という特定地方管理空港にあって、「総合的維持管理業務委託」という指定管理者制度に似た業務委託制度を導入した。そして、業務委託の範囲において、基本施設の維持管理とターミナルビル、駐車場を包括的に委託し、不完全ながらも上下一体での維持運営を進めた。

5　従来、空港整備法ではその目的を「空港の整備を図る」ことと定められていたが、空港法では、「空港の設置及び管理を効果的かつ効率的に行うための措置を定めること」に改められるとともに、「我が国の産業、観光等の国際競争力の強化及び地域経済の活性化その他の地域の活力の向上に寄与することを目的とする」と定められた。

6　旭川市の観光客数は、年間約 530 万人（2016 年度）である。

7　年間を通して安定した気象条件に恵まれ、過去 10 年間の平均的な就航率は 99 ％を超えるなど、きわめて信頼性の高い運航状況を確保している。また、旭川空港から札幌市内まで約 2時間 15 分でアクセスできるという利便性もある。

　また、仙台空港は国管理空港で民活空港運営法の枠組みを活用した第1号としてよく知られているが、時期的な面でいえば兵庫県の但馬空港が最初であった。但馬空港は兵庫県豊岡市に立地する地方管理空港で、年間約3万人の利用がある。但馬空港は1994年に開港した空港だが、もともと「第四次全国総合開発計画」にしたがった空港整備計画が起案された。同計画では「全国1日交通圏」の実現が目標として掲げられており、まさに但馬空港はその一角を担う存在であった。現に、空港を中心に半径約40kmの背後圏と首都圏との年間流動が約15.4万人であるなかで、高速鉄道が存在しない地域であり、航空への期待は大きい[8]。その但馬空港は従来の指定管理者制度を活用した空港運営から、コンセッション方式による上下一体での維持運営に転換した。

　旭川市や兵庫県でこれらの改革を進めた背景として、自立的な行財政構造への転換が急務とされていた点が共通している。旭川市では2004年2月から「行政改革推進プログラム」が実施されるとともに、2006年10月には「財政健全化プラン」が公表されるなど、空港運営を担う市として財政基盤を立て直す必要に迫られていた。兵庫県でも2000年に「行財政構造改革推進方策」を策定したほか、2014年の「第3次行財政構造改革推進方策」のなかで組織のスリム化が求められていた。

　それぞれの財政改革方針のなかで、空港維持管理業務は改革のひとつの柱と位置づけられ、旭川市では「空港管理業務の総合的民間委託をはじめ、業務委託の拡大」と明記された。兵庫県においても、兵庫県公社等の「執行体制の見直し」の一環として「民活空港運営法を踏まえた空港本体とターミナルビルとの一体運営」を目指す方向性が示された。

(2)　民間委託制度の設計

　旭川空港の「総合的維持管理業務委託」がスタートしたのは2007年度であり、コンセッションが法制化される以前のことであった。コンセッション制度自体が存在しなかった時代においては、自治体が活用できる包括的な民間委託の方法は、実際は「指定管理者制度」に限られていた。しかし、実際に指定管

理者制度を空港に適用するにはいくつかのハードルを越える必要があった。

　まず、空港設置者の義務、および「公権力の行使」と位置づけられる事務は指定管理者が担うことは許されていなかった。具体的には航空機の安全な離着陸のために施設の損傷度合いに応じた補修の必要性を判断したり、保安基準を確保できているかどうか、使用料金を設定・徴収することなどである。もちろん、それまでも管理者である旭川市が担う事実行為に対する業務委託は従来から実施されていたが、空港法で空港設置者が担うべき業務とされてきた「判断」や「料金の設定・徴収」までは、従来の業務委託、指定管理者の場合も含めて民間の委託先に委ねることはできなかったのである。

　加えて、旭川空港は維持管理を旭川市が担うものの、設置者は国という特定地方管理空港である。地方管理空港は自治体が設置・維持管理するものであり、地方自治法の定めにおいて指定管理者の導入は可能ではあるが、空港法（総合的民間委託を導入検討した当時は「空港整備法」）において土地が国に帰属する旭川空港にあっては、同制度の活用もできなかった[9]。

　つまり、包括的な業務委託を導入する場合は航空法に基づく許可もさることながら、そもそも指定管理者制度を活用することが法的に不可能な状況であった。そのため、市が「航空機の安全運航や空港保安を支える空港管理者」としての責任を果たすことが前提としつつ、どの業務が委託可能なのか、国と市による調整が集中的に協議された[10]。

　他方、但馬空港はいわゆる 2013 年に定められた「民活運営法」に基づく空港コンセッション制度を活用したものであり、あまり知られていないが同制度の適用は全国で初めてであった。同空港は空港法では地方管理空港に分類され、設置者と維持管理者が異なる旭川空港のような特別な検討は必要ではなかった。加えてターミナルビル会社も兵庫県の第三セクターであったし、上下一体運営を念頭に置いた空港コンセッション制度もすでに整備されていた。

9　地方自治法は一般法、空港整備法は特別法と位置づけられる。一般にその解釈にあたっては特別法の解釈が優先されるため、国が設置した旭川空港には地方自治法に定めのある指定管理者制度の効力は及ばない。

10　業務委託制度の方針案策定・関係部局との協議開始が 2006 年 7 月であり、受託事業者の公募、審査、契約などを経て業務委託が開始されたのは翌年の 2007 年 4 月 1 日からである。このように、きわめて短期間で調整を行った。

コンセッション導入以前にお
ける但馬空港の基本施設は県が
設置・管理していた。日常的な
空港運営の業務は空港管理事務
所が中心に行われ、業務委託の
場合も空港管理事務所が複数の
契約をとりまとめていた。他
方、ターミナルビル会社（但馬
空港ターミナル株式会社）は、
指定管理者としてターミナルビ
ルのみならず空港に隣接する公
園など周辺施設の管理運営を
行っていた。

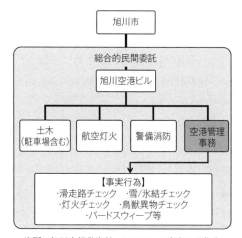

出所：旭川市提供資料、ヒアリング内容から作成

図10-2　総合的民間委託における契約関係

　以上が、両空港が包括的な民間委託を行う以前の背景である。こうしたこと
を背景に、実際それぞれの空港はどのような制度を設計したのであろうか。ま
ず旭川空港では、業務委託の範囲として、従来の土木・航空灯火・警備消防に
関する業務に加えて、空港管理業務の一部の事実行為としての滑走路、雪・氷
結、灯火、鳥獣異物等の確認業務やバードスウィープなどが新たに認められる
こととなった（図10-2）[11]。さらに、駐車場運営についても駐車料金の有料化
ののち収益事業として業務委託契約の一部に加えられた。

　契約は5年間で総額20億円の包括受注であった。この契約は発注者となる
市側から一定の要求水準を事前に提示し、受注側が具体的な提案を行うプロ
ポーザル方式の入札を採用し、2社がこれに応札した。その選定にあたっての
評価基準は受注額のみではなく、応札企業の提案内容の適切性についても評価
するものであり、落札後も市との協議で詳細を調整し、契約受注という流れで
進められた。

　他方、但馬空港では、基本施設とターミナルビルを個別に運営していたもの

---

[11] これらの新しく追加された業務は安全基準の確認に関する判断が求められていた部分であ
　り、空港管理者の義務とされていたものである。

を上下一体化したうえで運営権を設定し、それを民間事業者に売却することにした。こうすることで、空港管理者である県との契約関係がきわめて簡素化された（図 10-3）。なお、駐車場は併設されているが、無料で開放されているため、維持管理の対象には含められるものの、公園と同様、収益的な施設とは位置づけられていない。

　運営権の売却に向けたプロセスとして、2014 年 3 月に空港の「設置管理条例」を改正するとともに、その方針を公表した。そして、同年中に運営を委ねる特定事業を公表した。その際、同空港の運営から得られる収益性を踏まえれば、入札者が多数現われるとは想定されなかった。そのため、県との 5 年間の随意契約として但馬空港ターミナルを運営権保有者に選定し、2015 年 1 月から運営権事業が実施されている。

　この契約に基づき、県は年間約 3.5 億円の空港運営費補助を同社に拠出することになっている[12]。なお、5 年間の契約としたのは指定管理者制度に類似する事業とみなしており、県が定める同制度の最長期間が 5 年であったため、それに準拠したものである。

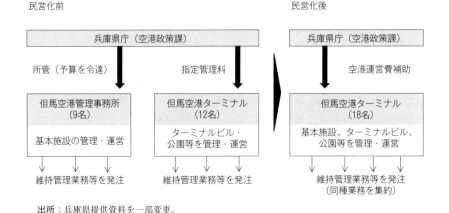

出所：兵庫県提供資料を一部変更。

図 10-3　但馬空港民営化にかかる組織の変化

---

[12] 兵庫県庁におけるヒアリングによる。

(3) 民間委託制度の効果

ここで、これらの空港における取り組みからどのような効果がもたらされたのか触れておく。第1に、契約の一本化による契約設計業務の合理化である。いずれの空港も、従来は各業務について受注者と個別の契約を結ぶ必要があったが、これを一本に合理化することが可能になった。

旭川空港の場合、従来の契約数は約30に上っていた。これを一本化するとともに性能発注方式を採用したことにより、毎年の契約内容に関する設計業務の負担が大幅に軽減された。あわせて、国の補助事業である空港整備事業の監督業務を他課（土木部土木建設課や都市建築部設備課）に移管することも実施された。これにより、総合的維持管理業務委託を導入する直前の2006年度の空港管理業務にかかる14名の人員は2007年度には11名に削減された[13]。

但馬空港の場合も、運営権を但馬空港ターミナルが取得したため、維持管理業務の一切は同社が受け持つこととなり、県は運営権者との契約を1本に合理化することができた。また空港全体では、従来は空港管理事務所に職員は9名、ターミナルビル会社に12名の社員、あわせて21名が在籍していたが、業務を包括受注することにより人員は合計で18名に削減された。

第2に、新たな収益源の模索が可能になった。旭川空港の場合はある程度の旅客数を抱えるため、駐車場を有料化し、その土地使用にかかる収入を新たに獲得することができるようになった。導入前後の2006年度と2007年度を比較すると、収支面では人件費が約3,100万円削減されることとなる一方、駐車場の土地

表 10-2 総合的維持管理業務委託導入に伴う維持管理収支の変化

単位：100万円

		2006年度	2007年度
収入	行政財産使用料	10	21
	空港使用料	429	437
	合計	439	458
支出	施設管理費	514	505
	人件費	112	81
	合計	626	587
収支		-187	-129

出所：旭川市提供資料

---

[13] 将来的には7名まで削減する予定である。また、これらの人数は空港管理事務所長および副長は除いた数である。

使用料が新たな収入として約 1,100 万円が加わった（表 10-2）。但馬空港においても、新たに格納庫を利用する顧客を獲得した。

　第 3 に、特にコンセッション制度を活用する場合、機動的で柔軟な空港運営が可能になった点は特筆できる。前述の但馬空港の新たな格納庫利用は、確かに収益源として期待できるほど大きな収益改善効果はないかもしれない。しかし、指揮命令系統が一本化されたり、柔軟な料金設定を機動的に打ち出せるようになった。たとえば運営権を保有する会社の独自の判断で施設使用料の割引を本則料金の上下 50％の範囲内で提示できるようになった。これは利用促進の観点で新たな顧客を開拓する際にも役立つ。

10-4　民間活用を選択できない地方の取組

(1)　需要の減退に直面する地方空港

　近年では地方における利用者の伸び悩みが課題と認識されている。すでに本章で述べたように、そうした空港は 1990 年代に入ってから整備されたところが多い。これは空港整備を必要度の高いものから順に整備したため、過疎地などは整備が遅れたという背景がある。以下では、そうした空港の典型として、福島空港や石見空港を取り上げる。いずれも 1990 年代に入って整備された空港で、需要の伸び悩みに直面している。

　福島空港の整備構想が示されたのは、1977 年 12 月に策定された「福島県長期総合計画」であった。当時、福島県や北関東地域は航空輸送サービスを容易に享受できない「空港空白地域」となっていた。1987 年 6 月に閣議決定した「第四次全国総合開発計画」でも、「地方圏において、航空需要の増大、高速性などの要請に対処する」ことが掲げられ、必要な空港を整備する方針が確認されている[14]。そして、前後するが、国は 1986 年に「第 5 次空港整備五箇年計画」に福島空港の整備を計画し、1986 年 9 月に飛行場設置許可を出した。福島空港はその後、1988 年に着工し、1993 年に供用が開始された。

　当時の国内航空利用者は拡大傾向をみせており、地元にとっても空港整備による有望な経済活性化の切り札と捉えていた。現に、開港直後から順調に旅客

---

[14]　国土庁（1987）、p. 88.

数は増加し、1999 年 6 月には国際定期便の上海、ソウルの各路線が開設され
るに至り、国内・国際をあわせた旅客数は最高の 75.8 万人にまで増加した。
ところが、それ以降は機材の小型化や路線の縮小を受け、利用者は減少傾向を
たどった。2009 年 1 月には日本航空の撤退、2011 年 3 月には東日本大震災が
直撃した。特に震災は国際線の休止など、旅客数の面で決定的な影響を与え、
現在では約 25 万人の旅客数にとどまっている（図 10-4）。

　石見空港も、福島空港と同じ「第 5 次空港整備五箇年計画」で計画された空
港である[15]。島根県は 1973 年に公表した県の長期計画「新長期計画」のなか
で、「全国に比べて著しく後れを取る高速ネットワークの形成を図ることで県
内の生産活動を活発化させ、地域間で均衡ある発展を目指す」との立場を表明
し、ついては「劣勢におかれる県西部の石見地域に空港を設置する」という目
標を掲げた[16]。伸び行く航空需要に対応し、地域経済の発展に必要な基盤を整
備するという目的は、石見空港も福島空港も共通している。

　石見空港の供用開始は 1993 年であるが、当初は羽田と伊丹を各 1 便が結び、
東京路線については一定の利用者増を経験し、1997 年には東京路線が 1 日あ
たり 2 便体制に増便された。ところが、1998 年の羽田路線年間 12.3 万人を
ピークとして利用減が続き、2002 年には再び 1 便化されるに至った。大阪路
線は開港翌年にピークとなる年間 6 万人を記録したものの利用は伸び悩み、
2004 年には機材の小型化、2010 年には 8 月の数週間だけの季節運航化に追い
込まれた。

　この間、航空業界では 1998 年に 30 年ぶりに新規航空会社が参入し、2000
年には需給調整規制の廃止を定めた改正航空法が施行されるに至っている。こ
のように、航空会社の直面する競争環境は劇的に変化した。また、利用者圏域
が重なり他空港と競合する場合も考えられるうえ、近年では低廉な運賃で移動
できる高速バスや運行頻度の高い新幹線などの他の交通機関との競合もある。
現に、県議会では石見空港については山口宇部空港や広島空港と競合し、対抗

---

[15] 1987 年の飛行場設置認可、翌年の着工を経て 1993 年に供用が開始された。
[16] 島根県（1973）「島根県新長期計画」pp. 10-12. 交通インフラとして、鉄道では山陰新幹線
や陰陽連絡鉄道（三江線やその後未成線となった路線）の整備、道路として中国縦貫自動車
道と中国横断自動車道の整備、港湾では浜田港の整備などが目標として掲げられていた。

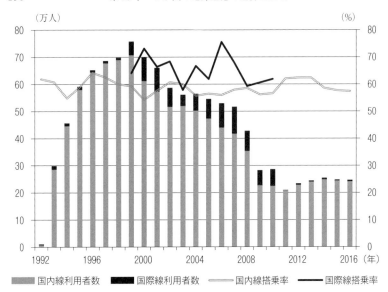

注　利用者数はチャーター便を含む実績値。搭乗率の値にはチャーター便は含まない。
出所：福島県資料「福島空港利用状況」をもとに作成。

図 10-4　福島空港の利用者数と搭乗率の推移

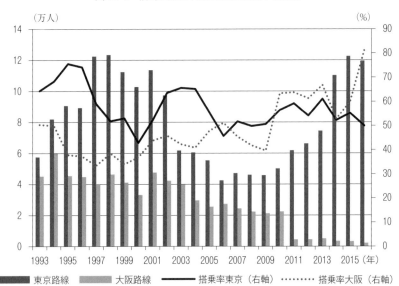

出所：島根県益田県土整備事務所石見空港管理所（2016）をもとに作成。

図 10-5　石見空港の利用者数と搭乗率の推移

輸送機関としての高速バスの影響
が背景にあるとの見解が示されて
いる[17]。

萩・石見空港の遠景。現在、東京路線は1日
2往復便が就航している。

(2)　空港の維持管理の状況

わが国において、空港コンセッ
ション制度の導入は空港活性化に
向けて期待できる取り組みである
が、実際にその制度を活用するか
どうかは各地の判断に委ねられて
いる。加えて、交通インフラはその規模や役割からして採算性を求めづらい。
したがって、仮に空港コンセッション制度に基づく民間委託を検討することに
なっても、民間の担い手が現れるかどうかはわからない。つまり、すべての空
港を民間運営に移行できるとは限らない。

そうした議論の際には、空港に期待する役割や維持管理のあり方の議論は避
けて通れない。その前提として、空港ごとの収支を明らかにしておくことは、
コンセッションによる民間委託の可否の検討のみならず、仮に導入しない場合
の空港維持にかかる費用負担の合理性に関する説明にとって重要なことであ
る。

また、地方管理空港は自治体が設置管理を行うため、議会を通した審議によ
り必要経費の透明化が図られているとはいうものの、実際に全容を把握するの
はきわめて難しい[18]。たとえば、空港のほか港湾も抱える県であれば、たいて
いの場合、維持管理を行う行政の担当部署は土木部である。しかし、その場
合、空港の維持管理だけに必要な人件費は把握できない。空港の利用促進に関
する費用も同様で、観光や交通のそれぞれの部署で計上されており実態はつか
めない。

地方管理空港の収支を推計した研究はいくつかあるが[19]、それによれば空港

[17] 島根県議会平成15年6月定例会（第4日目）における地域振興部長の答弁による。
[18] 永澤・加藤（2013）, p. 51.
[19] 内田（2007）、加藤・引頭（編著）（2009）。

の収入や費用の大きさは旅客数の規模に依存することがわかる。そして、損益分岐点となる旅客数は 170 万人程度である[20]。なお、福島空港や石見空港の基本施設収支については、土地造成費や減価償却費を考慮しないキャッシュフロー・ベースでの収支結果を設置管理する両県が公開している。2016 年度の福島空港では着陸料等の収入は 8,700 万円に対して支出は 6.7 億円で、約 5.8 億円の赤字である。石見空港も 2015 年度は約 1.6 億円程度の赤字であった[21]。また、2016 年度の福島空港のターミナルビルを運営する福島空港ビルは 1,300 万円の経常損失、2015 年の石見空港ターミナルビルでは 2,500 万円の経常利益を確保した。

　なお、福島空港では 2009 年の日本航空の撤退、2011 年の震災の影響による国際線撤退の際には大きく落ち込んだものの、それを除けば、いずれの空港も毎年大きな変動はない。国管理空港を中心とする空港経営改革では基本施設とターミナルビルの一体運営による合理化と収益性の向上も期待されているが、いずれのターミナルビル会社の収益性は決して高くなく、福島空港ビルに至っては営業赤字である。石見空港もターミナルビルの黒字分で基本施設の赤字を賄うことは到底できる状況ではない。

　維持管理の状況に関する議論は議会でも取り上げられるが、航空機の安全運航のためにはこれ以上の合理化はほぼ不可能である。表 10-3・10-4 に示されるように、いずれの空港も基本施設の収入の多くは着陸料等収入が占めており、現実的には発着便数の増加がなければ収支の改善は厳しいのが実情である[22]。

(3)　空港を活用した地域振興の模索

　前述のように、福島や石見空港では現状ではたとえ一体運営を行ったとしても収支は償わず、現在の旅客数規模では民間事業者が運営を希望することは想

---

[20] なお、この場合の損益分岐点の推計では減価償却を考慮していない。仮にそれを考慮すれば、地方管理空港の場合の損益分岐点は 470 万人である。また、乗降客数が 1000 万人未満の国管理空港の場合は減価償却を考慮すれば 520 万人、考慮しなければ 280 万人と推計された（加藤・引頭（2009）、pp. 94-96.）。
[21] 島根県（2016）「島根県管理の空港別収支について」による。
[22] 島根県議会平成 22 年 2 月定例会第 3 日における知事の答弁にも同様の発言がある。そこでは少しでも利用客の増加を目指すべく、観光振興の取り組みを進めるとの方針が示された。

表 10-3　福島空港の基本施設収支（左）とターミナルビル収支（右）（百万円）

収入		87	売上高	377
	着陸料等	48	売上原価	22
	土地建物等貸付料	16	販売費および一般管理費	369
	航空機燃料譲与税	23	営業損失	-13
支出		666	経常損失	-13
	空港管理費	520	特別利益	25
	人件費	146	特別損失	2
収支差		-579	当期純利益	10

出所：福島県（2016）および福島空港ビル株式会社ウェブサイトより作成。

表 10-4　石見空港の基本施設収支（左）とターミナルビル収支（右）（百万円）

収入		68	売上高	230
	着陸料収入	58	売上原価	41
	土地・建物貸付料収入	9	販売費および一般管理費	167
	航空機燃料譲与税	2	営業利益	23
支出		233	経常利益	25
	空港等維持管理費	148	当期純利益	16
	人件費	66		
	ハイジャック防止対策費	19		
収支差		-165		

出所：島根県（2016）および石見空港ターミナルビル株式会社（2016）より作成。

定しがたい[23]。それでも、地元にとっては経済活性化や観光振興に欠かせないインフラと位置づけてきたからこそ、維持管理費を負担してきたし、少しでも利用客の増加を狙った PR 活動なども通じて利用促進に取り組んできたのである。

　しかし、航空会社や立地自治体の個別の取り組みも、もはや限界と考えられる。空港を利用する人がいるのは、もとをただせば本源的な需要としてのビジネスや観光に対する需要があるからである。つまり、空港活性化を模索するうえで地域が主体となった取り組みは、潜在的な需要を喚起するうえでも見逃せ

23　福島空港に関する有識者会議（2012）, p. 22.

なくなっている。福島空港では開港前から須賀川青年会議所のメンバーたち
は、商工会議所と連携し「福島空港と地域開発をすすめる会」を立ち上げ、県
に任せるまでもなく自分たちで就航先との関係強化を構築し路線開設に動い
た[24]。ヒアリングによれば、須賀川は古代から東北地方の要衝として栄えてき
たが、明治時代以降、交通の重要性を顧みなかったがゆえに、地方の拠点とし
ての座を隣の郡山市に譲ったのではないかという深い反省があった[25]。そし
て、空港を誘致して 50 年で郡山市に追いつくことを目標に地権者をはじめ一
般市民を巻き込んで空港誘致を成し遂げた経緯がある。

　現在の福島空港では、既存路線の利用促進のほか、国際線の再開、空港活用
の中長期的な戦略の策定など課題が山積している。幸いにも空港周辺地域には
新幹線や高速道路などが存在し、交通インフラは充実している。そのため、従
来の航空輸送のための施設にとどまらず、災害時の拠点や先端医療機器メー
カーの開発・製造拠点化のほか、近隣の栃木県の日光や鬼怒川など北関東の観
光地との連携による周遊ルートの開発も視野に入れている。

　現在は、会社経営でしばしば指摘される「第二創業」、つまり空港誘致から
第一線で活躍してきたメンバーらの世代交代がひとつの課題となっている。そ
して、今後、空港活性化の新機軸をいかに打ち出していくか、若手が中心に
なって情報交換が行われている。官民、世代の区別を越えて、小手先の利用促
進だけではない勉強会や誘致活動を定期的に開催し、長期的な視野に立って今
後の活用のあり方を検討している点は他の地域にとっても参考になる。

　他方、石見空港では 2010 年に公表された「羽田発着枠配分基準検討小委員
会報告書」において、羽田空港発着枠のうち「政策枠」3 枠分の配分に際し
て、これまでの航空会社の自助努力のみにとどまらず、航空会社と地元が共同
して、利用促進や活性化につながる提案を公募し、有識者委員会による審査を
経て配分する「羽田発着枠政策コンテスト」が実施されることとなった。当該
コンテストの意義は、航空会社と共同して実験的な増便運航を行うことで、い

[24] たとえば、就航先となる大阪などとは特別な関係があったわけではないが、商工会議所の
　　つてをたどって大阪商工会議所や関西経済連合会に協力を求めたり、名古屋では「福島県人
　　会」組織である東海県人会と歩調を合わせ空港整備を働きかけたりもしたという。
[25] この部分は、拙稿（2015）に詳しく述べている。

わゆる陳情だけに頼らず地元が主
体的に取り組む点にある。地元と
しての応分の負担として、予算措
置による従来の利用促進策の展開
に加え、空港アクセス手段の改善
等、周辺自治体を巻き込んだ重層
的な取り組みが期待されている。

福島空港に着陸した航空機。震災以降、途絶
えた国際線の定期便の再就航を目指した取り
組みも行われている。

島根県では 2008 年に策定され
た県の長期ビジョンを示した「総
合発展計画」のなかで、人やモノの流れを支える基盤として空港を活用し、航
空路線を充実させることが目標であると掲げている[26]。政策コンテストが実施
されるなか、今後は空港の活用や維持管理のあり方について具体的な戦略が急
がれる。

もちろん、取り組みは着実に進められており、その一端は空港が立地する周
辺地域における経済交流の促進計画にもみることができる。空港立地自治体の
益田市では、2013 年に川崎市が文化やスポーツ分野での交流に関する覚書を
締結したことをきっかけに、各種交流事業を実施するようになっている。近年
ではその事業の一環として、川崎市が手掛ける「大企業と中小企業の知的財産
マッチング支援事業」にならい、在京の大手企業が保有していた特許公開を用
いた商品化・事業化の企画のマッチングを図る取り組みも計画している。これ
により、地域産業の振興の観点と航空のビジネス利用の促進につなげる考えで
ある[27]。

他方、震災以降に福島空港は新しく災害時の拠点としての空港整備という新
たな役割を付加し、採算性以外の評価の軸を追加した。島根県でも空港を防災
拠点化すべく、備蓄倉庫の建設などを国に働きかけている[28]。ただし、これら
の新しい機能が追加されようとも、空港の採算性を改善することはなく、依然
として地元が負担すべき部分は残されるのであり、空港利用の促進と費用削減

26 島根県（2008），pp. 36-37.および pp. 55-57.
27 2017 年における益田市・益田商工会議所でのヒアリングによる。
28 島根県議会平成 24 年 11 月定例会（第 2 日目）における知事答弁による。

の努力は変わることなく継続しなければならない[29]。

10-5　地域インフラとしての活用

　わが国においては、大都市圏以外の地域における航空利用が伸び悩み、地方航空路線の維持が課題となっている。立地地域はビジネス環境の整備や地元経済の起爆剤として捉え、空港の利用促進に取り組んでいる。本章では地方空港の利活用の促進に向けたさまざまな取り組みを整理した。大まかに、可能な限り民間運営に委ねようとする方向と、従来通り自治体が運営主体となって維持に努めていく方向に区別される。

　旭川空港は財政健全化ビジョンの策定など、地域の財政的な危機感から空港改革が実施された事例といって差し支えなかろう。旭川空港に限らず、地方において空港が存在することは地域経済にとっては不可欠であり、その存在意義は認められる。「空港は地域にとってなくてはならない財産」としばしば指摘されるなど、必ずしも採算性の観点だけで議論することは適切ではないかもしれない。いまだ高速交通インフラが整備されていない地域においては、航空路線を充実させることによる交流人口の拡大や産業育成を図る意義は認められる。

　ただし、青天井で空港活性化に向けた予算を振り向けることはできなくなりつつある点にも留意する必要がある。空港は多様な機能が期待されるが、経営上の赤字を地元で引き受ける以上、観光利用や運賃補助という価格に訴求する政策だけでは持続性を期待できない。地元の人々がどのような交通手段を用いて移動ニーズを満たしているのかなど、現実を踏まえたうえで地元としてどのような空港活用策があるのか検討し、負担についての理解を求める必要がある。

【参考文献】
　1)　石見空港ターミナルビル株式会社（2016）『第 25 期事業報告書』.
　2)　引頭雄一（2017）「空港整備概論―日本の空港整備はいつ概成したのか―」『経済学論纂』（中央大学）第 57 巻第 3・4 合併号，pp. 17-37.
　3)　内田傑（2009）「地方管理空港の管理・運営の実態と今後のあり方」『運輸政策研究』Vol.11 No.4，pp. 37-46.
　4)　加藤一誠（2010）「地方空港における国際化の進展と空港制度改革の課題」『運輸と経済』第

---

70 巻第 6 号，pp. 32-39.

5) 加藤一誠（2011）「効率と公正のはざまに揺れる「地方」空港」『IATSS Review』Vol. 36, No.1.

6) 加藤一誠・引頭雄一（編著）（2009）『今後の空港運営のあり方について』航空政策研究会特別研究プロジェクト報告書.

7) 国土交通省（2010）『交通政策審議会航空分科会 羽田発着枠配分基準検討小委員会 報告書』.

8) 国土交通省（2011）「航空旅客動態調査」（平成 22 年度版）.

9) 国土交通省（2012）「航空・空港の利用促進のための取組調査（大阪航空局管内、東京航空局管内）」.

10) 国土交通省航空局（監修）（2012）『数字で見る航空』航空振興財団.

11) 国土交通省（2013）「空港管理状況調書」.

12) 国土交通省（各年版）「航空輸送統計年報」.

13) 国土庁（1987）「第四次全国総合開発計画」.

14) 西藤真一（2011）「旭川空港における空港運営効率化に向けた取り組み」『運輸と経済』第 71巻第 4 号，pp. 81-87.

15) 西藤真一（2015）「地元による主体的なかかわりで活性化を目指す福島空港」『ていくおふ』No.137., pp. 30-37.

16) 西藤真一（2014）「地域防災の拠点としての新たな空港の位置づけと維持管理—石見空港を中心に—」，塩見英治・谷口洋志（編著）『現代リスク社会と 3・11 複合災害の経済分析』，中央大学出版部，第 6 章所収.

17) 島根県（1973）「島根県新長期計画」.

18) 島根県（2008）『島根総合発展計画』.

19) 島根県（2014）「平成 26 年度当初予算案」.

20) 島根県（2016）「島根県管理の空港別収支について」.

21) 島根県議会「本会議の会議録」ウェブサイト.

22) 島根県益田県土整備事務所石見空港管理所（2016）「石見空港の概要」.

23) 杉谷愛・丹生清輝（2010）「地方空港における国際路線・旅客の推移と現状」『国土技術政策研究所資料』第 603 号.

24) 永澤裕二・加藤一誠（2013）「東日本大震災と空港インフラの評価—福島空港を事例に—」『産業経営研究』第 35 号，pp. 47-57.

25) 長谷川浩・波多野匠（2002）「利用者サイドから見た空港整備に係る政策評価指標に関する考察」『国土技術政策総合研究所資料』第 38 号.

26) 兵庫県（2014）「コウノトリ但馬空港第 1 回利活用検討会議（資料 5）」.

27) 福島空港に関する有識者会議（2012）『福島空港に関する有識者会議提言書』.

28) 福島県（2016）「福島空港の収支の状況について」.

第 11 章　イギリスの地域交通にみる自治体の役割

11-1　わが国とイギリスの社会的背景

　わが国では高齢化および人口減少が急速に進行している。国立社会保障・人口問題研究所の将来人口推計によると、2025 年の人口は現在の約 94%（1 億 2070 万人）、2040 年には約 84%（1 億 730 万人）にまで減少すると見込まれている。また、2025 年の年少人口と老年人口の割合はそれぞれ 11.0%、30.3% で、2040 年にはそれぞれ 10.0%、36.1% になると見込まれている[1]。

　もっとも、都道府県別の人口増減率からも明らかなように、大都市圏においては一定数の人口流入がみられる。ところが、地方では自然減のみならず、特に社会減に起因する人口減少が著しい。一定の交通サービスを維持することを前提とした場合、過疎が進めば当該地域の交通事業者の環境は悪化する。なぜなら、年齢の高い高齢者ほど、学習や趣味・娯楽、旅行・行楽等に出かける頻度は低下することを通じて[2]、交通需要は減少する。その一方、事業者の負担は維持されるからである。一般的に、地方ほど人口減少と高齢化、過疎化が進行しており、それらがもたらす問題は都市部よりも深刻である。

　以上のように社会的な環境が劇的に変化するなかで、「交通弱者」とされる人々の買い物や通院に必要な移動手段を確保できるような制度づくりは、以前にも増してその重要性を増している。確かに、買い物や通院といった日常目的での移動は、たとえば移動販売や医師の往診により一定程度は克服できるかもしれない。

　しかし、利用可能な移動手段の存在は、人々の生活の質にも好影響を与えることが知られている。交通手段の確保によって移動がしやすくなれば、買い物や通院だけでなく知人との交流もしやすくなり、ひいては生活の質の改善に役立つ[3]。つまり、従来のバスやタクシーでなくとも、少なくとも生活者のモビ

---

[1] 国立社会保障・人口問題研究所（2013), pp. 36-42.
[2] たとえば、わが国の例であれば総務省の「社会生活基本調査」において、さまざまな目的のために行動する人の数や割合から把握できる。

リティが確保できるような施策は依然として重要である。

　ところで、こうした課題はわが国固有の問題ではなく、本書でたびたびケーススタディとして取り上げたイギリスでも同様の課題を抱えている。イギリスの乗合バス事業の規制改革はわが国のそれよりも大きく先行し、1986年から実施されてきた。本章ではイギリスにおける公共交通をケーススタディとして取り上げ、彼らがいかなる枠組みを構築し、サービス提供を確保しようとしているのか解明する。

　特に財源確保・分配や交通計画という戦略策定の側面に注目する。これを通して、従来に増して自治体の主体性が重視されつつある一方で、財源は中央政府に依存せざるを得ず、結果として従来よりも集権的な構図を取らざるを得ないジレンマにあるという課題を示したい。

　なお、周知のようにイギリスは4つの国から構成される連合王国（United Kingdom）である。さしあたり、本章ではイギリスの代表的な地域としてロンドンを除くイングランドを対象として取り上げる。また、イングランドの地方自治制度は後述するが、①「中央政府」、②「リージョン」もしくは「地域」（regional government）、③「地方」（local government）という階層をなしている。そのため、本章のこれ以降の記述では「リージョン」ないし「地域」と、「地方」を意識的に使い分ける。

11-2　イングランドにおけるバスサービス

（1）　バス利用の現状

　わが国の状況と同様に、イギリスの旅客交通の交通分担におけるマイカーのウェイトは高まっている。2016年のすべての交通機関で輸送した旅客輸送量は、1952年のおよそ3.7倍の約8,010億人キロである。その拡大を支えたのが主として自家用車・タクシーを含む自動車輸送である[4]。1952年における自動車の輸送量は580億人キロ（輸送分担率は約27％）に過ぎなかったものの、2016年には6,680億人キロ（同約83％）の輸送を担うようになった。他方、

---

[3] たとえば、森山・藤原・杉恵（2002、2003）でそれぞれ検討されている。
[4] Department for Transport（2018）, Table TSGB0101 による。

表 11-1　都市の規模別・交通機関の 1 人あたり年間利用回数と世帯あたり自家用車保有台数

	徒歩・自転車	自家用車	その他自家用交通	域内バス	地下鉄・鉄道	タクシー	その他公共交通	合計（回）	世帯あたり自家用車数（台）
大都市圏 (Urban Conurbation)	250	474	8	81	56	12	8	890	0.98
都市・市町 (Urban City and Town)	288	638	9	39	15	10	1	1,000	1.25
郊外・町村部 (Rural Town and Fringe)	280	714	12	31	13	6	1	1,057	1.43
郊外集落 (Rural Village, Hamlet and Isolated Dwelling)	188	786	15	21	12	5	1	1,028	1.76
全エリア平均	264	592	9	53	31	10	4	964	1.23

出所：Department for Transport（2018c）*National Travel Survey*, Table NTS9903 および NTS9902 から作成。

バスの輸送分担率は同じ期間で 920 億人キロ（同約 42％）から 34 億人キロ（同約 4％）と大幅に減少しており、近年ではその減り方こそやや緩和されたが、いまだ歯止めがかからない状況にある。

　もっともこれにはエリアごとに差がある。イングランドを対象とした交通調査（National Travel Survey）によれば、住民 1 人あたりの域内バスの利用回数については都市より郊外ほど少なく、自家用車の利用回数はその逆の傾向である（表11-1）。また、世帯あたりの自家用車の保有台数も都市より郊外の方が多い。つまり、日常生活における域内バスの利用は、自家用車の保有状況と表裏一体の関係にある。

　また、いずれのエリアも、自家用車に比べると域内バスの利用回数は圧倒的に少ないが、域内バスの利用者数の推移を確認すると、ロンドン都市圏のバス利用は、イングランド全体のバス利用回数を伸ばす下支えとなってきたことがわかる（図11-1）。ただし、2013 年以降はロンドン都市圏内での激しい渋滞や道路工事がバスの輸送力の低下をもたらしており、このことが鉄道や LRT など、定時制を確保しやすく大量輸送が可能な軌道系に需要が一部シフトしているとの指摘もある[5]。

---

[5] Department for Transport（2017）, pp. 7-8.

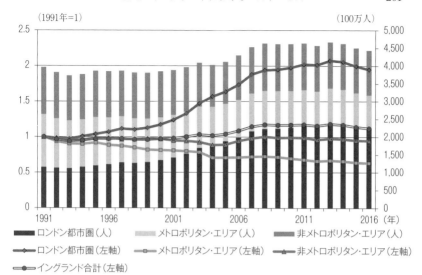

注　「メトロポリタン・エリア」とは、①グレーター・マンチェスター、②マージーサイド、
　　③サウス・ヨークシャー、④タイン・アンド・ウェア、⑤ウェスト・ミッドランズ、⑥
　　ウェスト・ヨークシャーの6つの地方（カウンティ）を指し、「非メトロポリタン・エ
　　リア」とはロンドン都市圏を除くイングランドのその他の地方（カウンティ・カウンシ
　　ルおよびユニタリー・オーソリティ）を指す。
出所：Department for Transport（2018a）, Table BUS0103 から作成。

図 11-1　イングランドにおけるバス利用回数の動向

　加えて、2006 年にイングランド全域を対象に「コンセッショナリー・サー
ビス」と称する、高齢者や障がい者向けに発行される無料パスが導入されたこ
とに伴い、ロンドン都市圏以外のエリアでもバス利用は増加した。なお、コン
セッショナリー・サービスは 2016 年のイングランドで約 9.3 億人の利用があ
り、これは域内バスの全利用者数の約 21％を占めている[6]。

（2）　域内バスの規制緩和と新たな課題

　1979 年に誕生した保守党政権では、「1930 年道路輸送法（Road Traffic Act
1930）」をあらため、市場原理を活用する政策に大転換を図った。もともと、
1930 年道路輸送法は、国の出先機関であるリージョンの交通委員会（Region-

---

[6] Department for Transport（2018a）, Table BUS0103 および Table BUS0821 から集計。

バスは地域住民の生活の足に欠かせない。

イギリスのローカル線の終点。ローカル線の雰囲気は日本と似ている。

al Traffic Commissioner）がバス事業者に免許を交付することを定めていた。つまり、イングランドでは、バス事業に対して需給調整規制を行っていた。これを「1985年交通法（Transport Act 1985）」と新たに定め、免許制を撤廃することにしたのである。

　背景にはマイカーが普及した結果バスの利用者が大幅に減少したことや、バス事業の営業費用が増大したことにともなって運賃値上げを行ったものの、採算性の向上にはつながらず、かえって補助金依存の傾向を強めていたことに対する批判もあった[7]。そこで、バス事業者が42日前に事前登録さえすれば、商業的なバスサービスを誰でもいつでも開始できるよう、参入条件を緩和した。また、ダイヤ設定やバス停の設置に関しても事業者の裁量に委ねられるようになった[8]。

　当然、このバス事業の規制改革はバス事業の環境に大きな変化をもたらした。1985年から1995年の約10年の間に、域内バスの台キロはメトロポリタン・エリアで約21％、非メトロポリタン・エリアで30％近い増

---

[7] Butcher, L. and N. Dempsey（2018）, p. 12. なお、Department for Transport（2018d）, Table TSGB0101によると、1952年当時の全旅客のトリップのうちバスは約42％を占めていたのに対して、域内バス事業が規制緩和される1986年には8％にまで低下してしまったことが示されている。また、域内バスの実質運賃は30％以上上昇したが、自家用車の運転費用はわずか3％の増加にとどまり、このことがバス利用者の逸走を招いてしまった（田邉・加藤（2000）, p. 28.）。

[8] あわせて、1985年交通法第三章の規定により、ほとんどのエリアでバス事業が民営化された。それまで、イングランドに6つあるメトロポリタン・カウンティでは、自治体の現業部門である旅客交通局（Passenger Transport Authority）によって計画・運営されていて、その他の市町村でも公営バス事業者によって運営されていた。なお、イングランドとウェールズでの都市間輸送を行っていた国営のナショナル・バス・カンパニー（National Bus Company）も民営化され、1988年4月までに72事業者に分割・売却された（Butcher（2010a）, p. 5.）。

加がみられた。ただし、実質運賃はそれぞれの地域で約54%、12%の上昇となったものの、事業者の増収につながり、結果として補助金はそれぞれ約-55%、-5%と低下した[9]。この面では当初の狙い通りの効果を達成できたともいえる。しかし、サービスの向上を通じて利用者の減少を食い止めるには至らず、それぞれのエリアで約-38%、-21%と大きく落ち込んだ。

特に、台キロの拡大については、競争が激化したことを示唆しており、競争促進の観点で望ましい結果を得られたともいえる。しかし、それは必ずしも利用者にとってのメリットに結び付いたわけではなかった。バスサービスは運賃に加えて品質の面でも競争を展開しているが、その品質はおもにバス停での待ち時間に帰すとされる。そのため、競合の事業者よりも先んじてバス停に到着して乗客を確保するようになり、いわゆる団子運転の発生のみならず、安全面での懸念すら生じた[10]。

そうした事態を重くみた政府は、1993年に域内バス事業について政策点検を行い、1996年に以下の方針を公表した。すなわち、リージョンの交通委員会が複数事業者で路線が重複する場合のバスの台数規制を実施することを認めるとともに、政府は地方自治体と連携して、①良質な車両を導入すること、②よりよい待合環境を整備すること、③利用者に適切に情報提供を行うこと、④交通需要管理を行うことなど、公的部門による調整を行う方針を示したのである[11]。

このように、再び規制を導入する方針に転換したが、このときに政府が指摘した内容、およびそれに対応する規制の方法については、その後も政府にとっての懸案事項であり続けた。1997年の総選挙で保守党政権にかわって誕生した労働党政権では、それまでの規制緩和が地域内の統合的な交通体系を崩壊させたと批判し、それを立て直すための施策として自治体への権限強化を図った。この政策方針は、1998年には新たな交通白書（"A New Deal for Transport: Better for Everyone"）、およびその具体策として1999年公表の協議文書（"From Workhorse to Thoroughbred: A Better Role for Bus Travel"）に示され、最終的には2000年「交通法」にとりまとめられ、実効性が担保された。

---

[9] 松澤（2005）, p. 131.

[10] 松澤（2005）, p. 135.、田邉・加藤（2000）, p. 29.

[11] Butcher（2010a）, pp. 6-7.

　一連の政策の要諦は、交通体系全体として自治体の行政区域内の統合的な交通計画を策定することを重視することであり、統合的な交通体系（integrated transport）の一角をなすバスについては、自治体とバス事業者が「品質協定（Quality Partnership）」や「品質契約（Quality Contract）」を結ぶことであった。詳細は後述するが、主体間で調整することによって、競争によって劣化したと断じたバスサービスにおける利便性を改善させることを期待したのである。

　とりわけ、品質契約は路線もしくはエリアにおける排他的な営業権として、自治体が必要なサービスを設定したうえで事業者を入札で選定し、運営を委ねることを想定していた[12]。さらに 2006 年には政府の交通特別委員会（Transport Select Committee）は、地方自治体（Local Authority）およびその現業部門である旅客交通局（PTA：Passenger Transport Authority）が、当該エリアの交通政策について、より主体的に関与すべきだという報告書をとりまとめるに至った[13]。

　このように、政策はバス産業をめぐって総じて競争から協調による利便性確保へと変遷してきたことがわかる。このことは、とりもなおさずバス利用者の減少に歯止めがかからないなかで、競争によるサービス改善はもはや期待できないということも示している。

11-3　国と地方のかかわりと分権化

（1）　従来の行政機関の相互関係

　前節で述べたように、イングランドの公共交通は競争から協調による利便性改善に政策の軸足を移してきた。とりわけ自治体が交通政策の立案と実行における中心的な役割を担うようになってきたことは注目できる。2010 年に労働党政権にかわって保守党と自由民主党の連立政権に移行したのちもその方針は堅持され、2011 年に国の出先機関の大幅な再編が実施された。

　もともと、イングランドの行政構造は、「リージョン（地域）」（region）、および「地方」（local）に区分されており、リージョンはイングランド全体をい

---

[12] Poole F.（1999），Summary 1.
[13] House of Commons Transport Committee（2006），pp. 37-42.

くつかに分割した比較的広域のエリアを管轄する行政区画であった。国は各リージョンに、その出先機関としての政府事務所（Government Office）、および地域開発公社（Regional Development Agency）を設置していた。そして、政府事務所は国の補助事業を管理する役割を担う一方、地域開発公社は中央から独立してリージョンの利害を代表し、政策立案を担っていた[14]。

　なお、地域開発公社は1998年の「地域開発公社法（Regional Development Agencies Act 1998）」に基づき、1999年4月1日にイングランド域内に当初8つ設立されたものであり、地域振興のための「地域空間戦略（Regional Spatial Strategy）」の策定を通してリージョンの政策立案を担っていた[15]。さらに地域開発公社は「欧州地域開発基金（European Regional Development Fund）」と、「イングランドのためのEUルーラル開発プログラム（EU Rural Development Programme for England）」の受け皿ともなり[16]、地域空間戦略を実行する際のEUとの連携機能も持っていた[17]。

　他方、地方自治体（local authority）の役割は、リージョンで策定される地域空間戦略を具体化するとともに、政府事務所を通した個別事業を実施することであった。交通分野に関していえば、①旅客交通や高速道路に関する地方交通計画（以下、LTP: Local Transport Plan）の立案およびその運用にあたり、②局所的な交通問題への対処や交通サービスの供給などにあたる。

　ところで、地方の行政構造は2階層構造となっている場合と1階層で構成さ

---

[14] なお、政府事務所は、1994年に運輸省の前身である環境運輸地域省（Department of the Environment, Transport and the Regions）のほか、通商産業省（Department of Trade and Industry）、教育雇用省（Department for Education and Employment）の各出先機関を統合して設立されたものである。そして、政府事務所は地域の住宅、交通等の計画において、補助事業を通じた国と地方の連絡調整をおもに行っていた（原田（2011）p. 64.）。その業務には、地方が「地方交通計画（LTP：Local Transport Plan）」を策定する際のアドバイスなどもあった（加藤・村木・高橋（2003）、p. 7.）。

[15] ちなみに、地域空間戦略は2004年に従来から存在した「地域計画方針（Regional Planning Guidance）」、「地域交通戦略（Regional Transport Strategy）」および「地域経済戦略（Regional Economic Strategies）」の3つを統合再編したものとして導入された（House of Commons Transport Committee（2011）, p. 37.）。そして、後述するが、ロンドン以外では地域レベルでの行政機関として、かつて存在した国の出先機関（Government Office）、地域開発公社（Regional Development Agency）、地域議会（Regional Assembly）の3つは廃止された（Butcher, L.（2013）, p. 3.）。

[16] これら2つの基金の総額は約90億ポンドであった（Butcher, L.（2013）, p. 3.）。

[17] House of Commons Transport Committee（2011）, p. 37.

れる場合がある。この構造は現在でも変更されておらず、2 階層構造となって
いるところでは、カウンティ（County：イングランドでは 34 設置）が地方交
通計画の立案ならびに旅客交通に供する施設や高速道路の整備を担い[18]、ディ
ストリクト（District：イングランドでは 238 設置）が駐車場やその他の交通
の料金収受など、現場でのサービス運営を担う。1 階層構造となっているとこ
ろは「ユニタリー・オーソリティ（Unitary Authority）」といい、カウンティと
ディストリクトで担う役割をカバーしている[19]。このように、政府事務所と地域
開発公社は、リージョン・レベルでの交通戦略の策定および管理における中心
的な役割を担い、そのもとで地方自治体は事業を実施することになっていた。

　2000 年 7 月にはロンドン都市圏について、中央からの大幅な権限委譲を行
い、9 番目の地域開発公社として大ロンドン庁（GLA：Greater London Au-
thority）が設置されるとともに、そのもとに 33 のバラ（London Borough）が設
置された。ロンドン都市圏については、この時期に現在に至る体裁を整えた。

(2)　分権化に向けた行政機構の再編

　前節で述べたように、本来、国と地方にはそれぞれ役割があり、国の出先機
関は両者の連携・調整の機能を担うはずであった。しかし、現実にはその調整
は困難を極めた。本来、経済的に影響力を及ぼしうる地理的な広がりを考慮に
入れた適切な主体が、政策立案上の中心的な役割を担うべきである。しかし、
国の出先機関が管轄するリージョンは、人の移動や経済活動の空間的な広がり
などコミュニティの実態を必ずしも反映していない、人為的な行政区画であっ
た[20]。加えて、政府資金の配分を決定する場合も、出先機関は地方自治体の各
種取り組みを集約するのみで、各リージョンに適した戦略を描き、個別の取り
組みに優先順位を設定するようなことはできなかった[21]。

　また、2007 年の段階で財務省が「地域振興と再生に関するレビュー（*Review
of Sub-national Economic Development and Regeneration*）」をとりまとめた。

---

[18] Butcher, L. (2013), p. 4.
[19] ユニタリーは日本でいう政令市、カウンティは県、ディストリクトは市町村に相当する基礎自治体である。
[20] HM Treasury (2007), p. 7., 原田 (2011), p. 64.
[21] House of Commons Transport Committee (2011), p. 40.

　ここでは、リージョン・レベルでの地域戦略（regional strategy）を描く際には、特に地方がより主体的に計画をとりまとめる役割を負うべきという基本的な立場を示し、地域開発公社と地方自治体との連携強化の必要性が謳われた。

　地域開発公社はリージョンに設置された政府の出先機関である以上、一義的にその監視にあたるのはリージョンに設置されたリージョナル・アッセンブリー（地域議会）である。しかし、その監視の強さにはリージョンによって差があるばかりか、リージョナル・アッセンブリーは直接選挙によって選ばれた主体で構成されていたわけではなかった。これらを考慮すると、アカウンタビリティを果たすうえで十分とはいえない体制であると判断された。

　このように、リージョンでの戦略策定は機能してないと判断された以上、より現場に根ざし、責任を持って計画を立案できる地方の行政主体に多くの権限を与えるべきとの考えが浸透してきたのである。そして、先の2007年の財務省によるレビューの段階では、少なくともリージョナル・アッセンブリーは廃止し、一部の機能は地方自治体に移譲する方針が示された[22]。これを踏まえて、2009年に「地方の民主主義および振興に関する法律（Local Democracy, Economic Development and Construction Act 2009)」がまとめられ、同法は2010年4月1日に施行されるに至った。

　このように、地方分権を順次進めるなかで2010年5月にイギリス総選挙が行われたのである。結果、政権は労働党から保守党と自由民主党の連立政権に移行したが、地方分権の流れはさらに加速されることとなった。2010年に公表した連立政権の基本政策を示した文書では、地方自治体レベルでの意思決定をより重視し、地域空間戦略に代表されるようなリージョン・レベルでの戦略策定を順次廃止する方針を示した[23]。

　これにあわせて、リージョンに設置された政府事務所と地域開発公社の廃止検討が宣言された[24]。そして、これを具体化すべく新たに策定されたのが2011年の「ローカリズム法（Localism Act 2011)」と「公共機関法（Public Bodies Act 2011)」である[25]。これにしたがって、政府事務所と地域開発公社は廃止

---

[22] HM Treasury（2007), p. 55, and pp. 94–95.
[23] HM Government（2010), pp. 11–12.
[24] HM Government（2010), p. 12.

され、国と地方はより直接的な関係を持つ体制になった[26]。

　他方、リージョンが担っていたような、地方自治体の行政区域よりも広範囲にわたって影響が及ぶ事柄について、その対応策を計画実行できる組織として、地方事業共同体（LEP）を設けることとした。LEP は従来の地域開発公社が担っていた機能の大半を引き継ぐかたちで、2010 年 10 月から順次設置され、2011 年末の時点で 39 が設立されるに至り、地理的には全イングランドをカバーするようになった[27]。

　なお、LEP は地方レベルで経済的な結びつきの強いエリアで設置される共同体であり、地方の行政機関と地元財界の代表者らが理事を務める。ただし、この LEP は国や地方自治体の議会等を通じた責任を負うことはない団体である（non-statutory bodies）。つまり、LEP は複数の地方をエリアとしてカバーできるうえ、局所的には複数の LEP に帰属することも可能である。LEP は地方自治体より広域のエリアをカバーし、従来のリージョンに代わる組織ではあるが、LEP は従来のリージョン・レベルで策定していた地域空間戦略のように、法的な拘束力のある戦略を策定・実施することはしていない。あくまで、地方自治体の策定する地方計画（local plan）が法的な拘束力を持つのであって、その意味で地方の権限が強化されている。

11-4　地方分権化とパートナーシップ

（1）　交通計画の策定とサービスの品質確保

　域内バスサービスは、1986 年の民営化にともなって原則として事業者の裁量に運営が委ねられることになった。しかし、政策的な介入をまったくしなければ、社会的には必要でも営利的には供給しがたいバスサービスの維持は困難になる。すでに述べたように、イングランドのバス産業をめぐる基本的な政策

---

[25] 公共機関法によって地域開発公社も廃止されることになった。
[26] ローカリズム法に基づき地域空間戦略の策定は取りやめられることとなったため、それらの役割は地方に移譲された。
[27] House of Commons Business, Innovation and Skills Committee（2013）, p. 5., なお、2017 年 3 月には、Northamptonshire Enterprise Partnership は South East Midlands Local Enterprise Partnership に吸収合併され、現在はイングランドに 38 の LEP が存在する（South East Midlands Local Enterprise Partnership ウェブサイト）。

は、総じて競争から協調による利便性確保へと変遷してきた。

とりわけ2000年交通法は規制緩和から脱却し、深刻化する道路混雑や過度な自動車依存の社会から脱却するため、利用者の立場に立った「統合的な交通（integrated transport）」を実現することを狙ったものであり、政策の転換点を象徴する法となった。統合的な交通の実現がイングランドの経済・社会全体にも資するものであるとされ、それゆえ当該自治体の土地利用戦略や環境面での施策、交通機関どうしの連携を促進することが必要不可欠であると考えられた。

そのため、政府は各自治体エリア内の交通システムが統合的なものであり、先の目的にかなうということを示す必要に迫られた。そのための方策として、2000年交通法では「地方交通計画（LTP）」の策定が定められたのである。LTPは自治体が策定する計画文書であり、そこでは5年間にわたる交通施策のメニューが網羅される。これを通じて当該自治体エリアでの目標と国家的な目標を同時に達成させる整合性を持たせることにした[28]。国として地方分権を志向するなかで、交通分野についても自治体が交通政策における計画と実施の要となるよう位置づけたのである。

ところでLTPとは別に、バス事業の民営化が実施された当時から、一部の自治体はバスに優先権を与える交通管理の手法を活用し、バス事業者と自発的な品質協定を結ぶようになっていた[29]。典型的な協定の内容は、自治体がバス停を設置したり情報提供のシステムを導入する一方、バス事業者は環境性能や利用者へのアクセシビリティを高める新型車両を導入したり、バスドライバーの研修を通じたサービス向上策を展開するというものである。自治体としては商業的に成立しうるネットワークを補完し、LTPで計画した内容と整合させることが可能となるほか、公営に戻すことなく民間事業者に運営を委ねることができる等のメリットがあった[30]。

---

[28] 特に、イギリスは二大政党制であり、政権交代ごとに政策が軌道修正されることが課題でもあった。地方議会の改選は4年ごとであるなかで、LTPの計画期間が5年間としたのは、計画実施上の連続性を重視したという側面もある（寺田(2016), p. 96.）。

[29] 田邉・加藤(2000)では、1994年にノッティンガムシャーで導入された自発的な品質契約についてまとめている。バスの位置情報を活用した情報提供や夕方や休日の増便により利用者が増加したとの実績を報告している（pp. 29-30.）。

[30] Bus Users (no date), p. 2.

　いずれにせよ、当初、イングランド内でいくつかみられた協定は、あくまで自発的な協定であり、これは法的な根拠は特に必要としなかった。このことは自治体と事業者がエリアの抱える課題に対して柔軟に対応することができる一方で、協定で定めた目標が達成できなくとも特に罰則がなく実効性に欠ける部分もあった[31]。

　そこで、政府は 1998 年の白書において、従来から自治体と事業者が自発的に協力しあっていたパートナーシップに法令上の位置づけを与え、より確固とした制度とする方針を示した[32]。白書を受けて成立した 2000 年交通法では「法定品質協定（Statutory Quality Partnership）」を定め、従来よりもアウトカムに対して両者がコミットすることで、政策遂行上の確実性を確保するとともに、継続性の面でもより確固たるものとした。

　さらに、その法定品質協定でも十分な改善を保証できない場合に備えて、より両者の関係を強固なものとする「品質契約」もあわせて導入された。品質契約では、特定のエリアあるいは特定の路線について自治体がサービスのマーケティングや時刻表の策定から運賃水準に至るすべての事業運営を管理し、その管理の下でバス事業者が運行する。

　以上のように品質協定あるいは品質契約は、自治体と事業者のコミットメントの強さにこそ差はあるものの、本質的には当該エリアもしくは特定の路線に関する排他的な運営権、すなわち「フランチャイズ」である。つまり、自治体が主体となって計画した LTP の内容を実現するためにフランチャイズを活用しているのであって、国から自治体への権限移譲の一貫で生み出されてきた仕組みだということがわかる。

（2）　財源確保と権限委譲

　地方の交通関連予算の財源の多くは国の補助である[33]。先の労働党政権の時代に形成された LTP は、地方の交通計画の根幹であったが、その LTP に関

---

[31] 寺田（2016), p. 100. および Bus Users（no date), p. 3.

[32] Department of the Environment, Transport and the Regions（1998), p. 35.

[33] 交通の資本的支出に関する地方自治体独自の財源は、公共事業資金貸付協会（Public Works Loan Board）から低利で借り入れするものが代表的である（Butcher（2016), p. 8.)。

する交通関連予算は3つの区分が設けられてきた。第1に「統合交通ブロック」というメンテナンス目的以外、かつ500万ポンド未満のプロジェクトに対する補助、第2に地方の幹線道路のメンテナンスを対象とする補助、第3に道路や公共交通の「地方主要事業（Local Major Schemes）」として掲げられる事業であって500万ポンド以上のものに対する補助「地方主要事業補助（Local Majors Allocations）」であった。

　前述の通り、連立政権が発足後の2011年には政府事務所と地域開発公社が廃止されたが、その際、形式的に計画の意思決定の権限は地方に移行された。財源となる国の補助は自治体に直接的に交付されるのが原則である。ただし、交通に関して一部は自治体に直接交付されるのではなく、自治体をまたぐ広域連携組織「地方交通機構（LTB：Local Transport Bodies）」を通した流れに変更された。ここに至るまでの組織改革の流れを概略すれば、次の通りである。

　まず、地域開発公社が廃止される以前のリージョンでは、土地利用戦略や交通に関する戦略を独自に策定していたが、その際、地方自治体から提案されるLTPが大きな役割を果たしていた。リージョンの策定するそれらの戦略にとって、LTPで掲げられる事業、とりわけ地方自治体の交通関連事業のうち500万ポンド以上になるような「地方主要事業」はリージョンに対する影響が大きい。

　したがって、そのような巨大プロジェクトについてはリージョンの策定する交通関係の戦略にも名目上反映されるべきとされていた[34]。手続き的には地方自治体はLTPを策定したうえでリージョンの基金に応募し、リージョンがその重要度に応じて予算を配分するという流れをとり、国はリージョンを通して交通関連事業を支えた（Regional Funding Allocation）[35]。国にとってみれば、情報を集約するリージョンを通して、自治体が定めるLTPを比較でき、自治

---

[34] Butcher（2013）, p. 5.

[35] ただし、LTPは交通関連事業の中でも特に資本形成に関連するものがリストアップされたものなので、バス事業の運営における日常の運営経費に関する補助（収入補助：revenue support）は別にあり、主要なものに、バス燃料費費割り戻し助成（Bus Service Operators' Grant：通称BSOG）のほか、高齢者や通学者の運賃を無料とするコンセッショナリー・サービスにかかる経費などがある。ロンドン以外の地域において、これらバス運営にかかる補助金は労働党政権から保守党が率いる連立政権に移行する直前の2009年度では14.9億ポンドの支援が行われていた（Department for Transport（2018a）, BUS0502）。

体にヤードスティック的な競争を促すメリットもあった。

　ところが、その後、前述の通り政権交代後の 2011 年に、リージョンの組織であった地域開発公社にかわって、複数の自治体および民間主体が加盟するLEP が設立された。ただし、LEP は地方自治体の広域連携組織と位置づけられてはいたが、連携の進め方について必ずしも具体的ではなかった[36]。そこで政府は 2012 年に LEP や地方自治体だけでなく、地元の経済団体など他の組織がどのように連携するか諮問した。その答申として、「地方主要事業」について交通に関する何らかの広域連携組織を主体として、自治体間で調整したうえで事業を策定すべきという結論を出した。

　他方、国が地方向けに用意する予算全般に関して、ヘーゼルタイン卿によるレビューも行われていた。これは「ヘーゼルタイン・レビュー（Heseltine Review）」として知られるが、そこでは一般論として国は地方への予算配分においてLEP など、広域をカバーする主体に予算を与えるという方向性が示された。

　一連の答申等を受け、政府はその後、交通に関して広域連携を図る組織として「地方交通機構（LTB）」を設置することとした。新たに設置された LTBのメンバーは、各地方自治体の交通当局（local transport authority）のほか、複数の自治体および官民で作る連携組織である LEP もそのメンバーとして意思決定に関わる。そのうえで LTB が国（運輸省）との仲介役となって予算配分を決定する（図 11-2）[37]。

　従来の地方主要事業の予算は、「地方主要基金（Local Majors Fund）」という名称にマイナーな変更が行われたり、「単一地方成長基金（Single Local Growth Fund）」という予算に含められたりして、国から LEP に充てることになった。そのほかの従来予算についても、基本的には従来の予算配分の仕組みが踏襲されており、たとえば、旧リージョン・レベルでの産業振興のための「地域成長基金（Regional Growth Fund）」[38]や、サイクリングや徒歩交通等のインフラ整備のための「持続可能な移動のためのアクセス基金（Access Fund

---

[36] Butcher（2013）, p. 8.

[37] Butcher（2013）, p. 8.

[38] 2010 年に設置された予算枠で、比較的広域エリアを対象とした産業振興のための予算である。2011 年度から 2016 年度までの 6 年間で 32 億ポンドが用意されている（Butcher（2016）, p. 8.）。

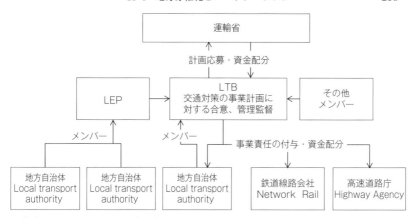

出所：National Audit Office（2012）*Funding for Local Transport: an Overview*, p. 26.

図 11-2 地方の交通計画の仕組み

for Sustainable Travel)」[39]なども用意されている。

　このように、イングランドでは国から地方への権限移譲を進めてきたのは事実であるが、実際には計画の意思決定は地方に分権化しても、特に資本的な投資財源は以前と変わらず中央政府からの財源に依存せざるを得ないことがわかる。LTP を通した政府によるコントロールについても原理上は可能である。この意味で、イングランドにおける交通の地方分権化は、財政的な分権化よりも、さしあたり「行政的分権化」を進めることを優先したのである[40]。

(3) 交通計画の立案と地方分権化における課題

　交通計画に関して地方分権化が進めば、より地域の実情に合致したサービスの提供が可能となり、それは歓迎されるべきであろう。しかし、実態として地方の交通計画（LTP）を実現するうえで必要な予算は国に大きく依存している。この状況では、分権化にあたって地方の各レベルの行政機関に対してどのような権限を付与するか、議論の余地は残されている。

---

[39] 2015 年に、「地方持続交通基金（LSTF：Local Sustainable Transport Fund)」から名目が変更された。2017 年度から 3 年間にわたって 6000 万ポンドの予算が充当される（Butcher（2016), p. 8.）。

[40] 寺田（2016), p. 95. でも同様の指摘がある。

　これまで述べたように、行政的な分権化を進めてきたイングランドでも、自治体だけで意思決定が完結するようになったわけではない。実際、LTP を通して地方の主体的な計画立案が模索されてきた。リージョンが廃止される以前においても、地方が LTP を策定した後にリージョン・レベルで土地利用や開発についての戦略で方向性を示し、それにしたがった補助金を地方に交付する仕組みであった。

　しかし、現実には制度は形骸化し、リージョンは単に地方で計画されたリストを国に報告するにとどまっていたとの指摘もある[41]。リージョンでの計画が機能しない以上、より地元の実情に根ざした具体的な計画を立案できる地方レベルにより多くの権限を与えるべきであり、その点でリージョンの廃止は有効な手立てとみなされた。

　とはいえ計画の立案と予算配分をいかに行うかは議論の余地がある。政府としては地方に立脚した LEP に、従来、リージョンが担ってきた機能を移管させる方針ではあるが、LEP はその機能や説明責任などを法的に根拠づけられた組織ではない（non statutory body）。それゆえ、それぞれの LEP に加盟する地方自治体は LTB を通して各種取り組み（transport schemes）について合意し、管理するとともに監督しなければならないのである。当然、LEP は当該エリアにおいて上位計画となる地方交通計画（LTP）に合致した取り組みを行う必要があり、それに応えるべく各種取り組みに関する優先順位を決定し、投資に対する VFM（Value for Money）についても説明責任を果たさなければならない[42]。

　このように、法定の組織ではない共同体が計画立案から説明責任に至るまで、ひとつの組織の中で自己完結させられるのかという課題がある。そもそも地方事業共同体（LEP）は地方レベルの経済圏をもとにした共同体であるがゆえに、従来のリージョンに匹敵するような広域的な計画能力は持ちえないのではないかという指摘もある[43]。そのような状況下で、各自治体が連携して計画を策定できるか、また事業・取り組みの予算は中央政府から獲得することが前

House of Commons Transport Committee（2011）, p. 40.

Butcher（2012c）, pp. 7-8.

House of Commons Transport Committee（2011）, p. 39.

提となれば、結果的に政府はそれに対して透明性の担保、保証を求めることになる。

こうなると、政府はいま以上に地方および旧リージョンにコミットせざるを得ない。さもなければ、財政的にも経済的にも脆弱な地域、地方ほどサービスの充実が遅れるのではないかという懸念もある[44]。いずれにせよ、計画の立案とその計画の実施がなされるかどうかは、交通計画の立案に対して安定的かつ適切に財源が手当てされるかどうかにかかっている。

11-5 権限と財源確保の重要性

イングランドにおいては、わが国と同じく地方公共交通サービスが行政による支援の下で提供されている。本章では、それら地方の交通サービス提供における支援策を考えるうえで必要となる交通計画の策定に関して、イギリス政府の地方分権に関する新しい方針について概観した。従来から、交通政策に関する政策立案は地元主導で行えるよう、地方分権化が進められてきた。複雑な組織間関係を単純化することは計画、実行、および評価を容易にする。しかし、財源のもっとも上流をたどれば相変わらず政府に集権化されている。この点で地方分権とは計画立案と実施部分の分権化が図られたに過ぎない。基本的に上位機関から資金が提供されるということは、事業の評価は上位機関によってなされることになる。

地域レベルで策定する戦略にしたがって地方自治体に傾斜配分する従来のシステムは、地方の特性を反映させつつ合理的にそれぞれの役割を果たす機能が明確であった。地方事業共同体（LEP）は地方の行政区域よりも広域をカバーする。交通計画を人の流れにあわせて策定することが望ましく、LEPがそれを担うことは歓迎すべきことであろう。しかし、LEPがどれだけローカルな地域交通の課題について効果的に優先順位をつけて政策立案できるか、その戦略性とLEPによる財源確保の可能性は、より重要な事柄となる。

わが国の地方自治体は地域の交通のみならず、福祉や教育など、住民生活の広い範囲のサービス提供を担っており、これまで以上に地方への権限と事務の

---

[44] House of Commons Transport Committee（2011), p. 38.

移譲が進められると予想される。市町村など地域住民に近い主体が地域の交通
計画の立案と実施に携わることは、住民の移動ニーズに関してより詳細な情報
を把握できる点において望ましい。

　しかし、そうした権限の移譲は市町村がよいのか、それとも都道府県がよい
のか一概には判断できない部分もある。なにより住民の移動は行政区域内で完
結するとは限らず、場合によっては複数の市町村が共同で計画を策定すること
も考えられる。ただし、イングランドと同様、わが国においてもどういう主体
に権限を移譲すべきなのか、またその主体に戦略性を伴った交通計画を立案す
る能力を持たせられるのか、およびそれを裏打ちする財源を確保できるのか、
分権化の際にはこうした事柄について慎重に検討する必要がある。

【参考文献】
1) Bus Users (no date) *Quality Partnerships, Statutory Quality Partnerships and Quality Contracts*, Position Paper of Bus Users.
2) Butcher, L. (2010a) *Buses: Deregulation in the 1980s*, House of Commons Library, SN/BT/1534.
3) Butcher, L. (2010b) *Transport: rural areas*, SN/BT/365.
4) Butcher, L. (2012a) *Buses: grants and subsidies*, SN1522.
5) Butcher, L. (2012b) *Buses: Policy and Administration*, House of Commons Library, SN 1523.
6) Butcher, L. (2012c) *Local Transport Governance and Finance in England, 2010-*, SN 5735.
7) Butcher, L. (2013) *Local transport Governance and Finance in England, 2010-*, House of Commons Library, SN5735.
8) Butcher, L. (2016) Local Transport in England, 2010-, House of Commons Library, SN5735.
9) Community Transport Association (2010) *The CTA State of the Sector Report for England 2010*.
10) Department of the Environment, Transport and the Regions (1998) *A New Deal for Transport: Better for Everyone*.
11) Department for Transport (2012) *Devolving Local Transport Schemes: Next Steps*.
12) Department for Transport (2013a) *Annual Bus Statistics*.
13) Department for Transport (2013b) *Green Light for Better Buses*.
14) Department for Transport (2013c) *Transport Statistics Great Britain*.
15) Department for Transport (2018a) *Annual Bus Statistics*.
16) Department for Transport (2018b), "Annual Bus Statistics: England 2016/17", *Statistical Release*.
17) Department for Transport (2018c) *National Travel Survey*.
18) Department for Transport (2018d) *Transport Statistics Great Britain*.
19) HM Government (2010) *The Coalition: Our Programme for Government*.

20）　HM Treasury（2007）*Review of Sub-national Economic Development and Regeneration.*

21）　House of Commons Business, Innovation and Skills Committee（2013）*Local Enterprise Partnerships, Ninth Report of Session 2012-13*, HC 598.

22）　House of Commons Transport Committee（2006）*Bus Services across the UK, Eleventh Report of Session 2005-06*, HC 1317.

23）　House of Commons Transport Committee（2011）*Transport and the Economy, Third Report of Session 2010-11.*

24）　National Audit Office（2012）*Funding for Local Transport: an Overview.*

25）　Northern Ireland Assembly（2010）*Community Transport: Provision in England, Scotland, Wales and the Republic of Ireland.*

26）　Passenger Focus（2013）*Bus Passenger Survey.*

27）　Poole F.（1999）*The Transport Bill: Part II Local Transport Plans and Buses Bill 8 of 1999-2000*, House of Commons Research Paper 99/103.

28）　Scottish Executive（2006）*Review of Regional Transport Strategies in the UK.*

29）　Travers, T.（2012）*Local Government's Role in Promoting Economic Growth: Removing Unnecessary Barriers to Success*, LSE Research Online.

30）　Ward, M.（2014）*Local Enterprise Partnerships*, House of Commons Library, SN/EP/5651.

31）　加藤浩徳・村木美貴・高橋清（2003）「英国の新たな交通計画体系構築に向けた試みとその我が国への示唆」『土木計画学研究・論文集』，第 20 巻第 1 号，pp.243-254.

32）　国立社会保障・人口問題研究所（2013）『日本の将来推計人口（平成 25 年 1 月推計）』.

33）　西藤真一（2015）「イギリスにおける地方交通の計画手法─近年の制度改革をめぐって」長峯純一（編著）『公共インフラと地域振興』，中央経済社，第 7 章所収.

34）　田邉勝巳・加藤浩徳（2000）「英国における最近の域内バス政策と入札制度の実情」『運輸政策研究』Vol.3 No.3，pp.27-36.

35）　寺田英子（2016）「英国（イングランド）の地域交通計画の運用にみる地方分権の難しさ」『運輸と経済』，第 76 巻第 7 号，pp.94-101.

36）　原田光隆（2011）「国の地方出先機関の見直しをめぐる議論」『レファレンス』（国立国会図書館調査及び立法考査局），平成 23 年 11 月号，pp.49-69.

37）　松澤俊雄（2005）「域内バス事業における方向性と公の役割─英国の規制改革を参考として─」『会計検査研究』第 32 号，pp.121-149.

38）　森山昌幸・藤原章正・杉恵頼寧（2002）「高齢社会における過疎集落の交通サービス水準と生活の質の関連性分析」『土木計画学研究・論文集』Vol.19，No.4，pp.725-732.

39）　森山昌幸・藤原章正・杉恵頼寧（2003）「過疎地域における公共交通サービスの評価指標の提案」『都市計画論文集』（社団法人日本都市計画学会），No.38-3，pp.475-480.

218

終　　章

　交通インフラは我々の日常の経済活動を支える重要な施設である。サービス
の提供もしくは施設の維持管理は、従来は国や自治体が中心となってきたが、
競争促進や事業運営の効率化を進めるという目的にとどまらず、財政的な観点
からも民間資金を活用することが期待されている。実際、2011 年の PFI 法の
改正では、公的部門と民間部門が契約により、その運営を民間に委ねる「公共
施設等運営権（コンセッション）」が新たに制度化されるなど、民間運営に向
けた環境は揃いつつある。

　他方、現代のわが国では人口減少や高齢化の進行という大きな課題を抱え、
地方においても伸び悩む地方経済を前に、「地方創生」をキーワードとした各
種の振興策が打ち出されている。交通インフラは日常の経済活動を支えるがゆ
えに、いかに人口減少や高齢化が進行しようとも、その安定した運営ないし
サービスの提供が要請されることが多く、採算・収支の側面からやはり公的部
門が従来通りその運営にあたらざるを得ない場合が多い。

　しかし、持続可能な地域を創生するためには、国や自治体による介入・助成
に頼りきった策は無謀といわざるを得ない。逆に、単に民間運営に委ねればよ
いというわけでもない。民間運営を可能としつつ、地域政策としてどのように
官民の関係を構築すべきか、本書ではこの問いに応えるべくさまざまなケース
スタディから探ってきた。

　「上下分離」や「コンセッション」などは単純な所有権の移転ではなく、官
民もしくは民間同士の契約に基づき運用される制度であるがゆえに、両者の責
任とリスク分担は適切に配分されるべきである（第 1 章）。それらが曖昧な状
況では、事業運営に支障をきたし事業破綻に陥るという極端な事態にもなりか
ねない（第 2 章）。運営にあたる主体が安定して事業を遂行できる環境を整え
ることが政策立案者にとっての重要な任務であり、たとえばわが国の空港では
基本施設とターミナルビルを一体運営にすることなどを通じて収入源の多様化
が求められている（第 3 章）。

　収益性の確保は運営の担い手の確保にもつながる。実際、イギリスの空港や

　鉄道の民営化に伴って、それらを運営する主体は民間に移ったが、近年では金融投資家や外資など従来になかった投資家も出資するようになっている（第4章）。また、出資者の立場に立てば、競争の程度や政策的支援の内容がどのようなものかという点も重要な判断材料でもあり、それは発行される債券格付けにも表れている（第5章）。

　政策的支援が行われることは、ある意味でインフラの民間運営には逆行するように思われるかもしれない。たしかに、政府予算による運営ではその指摘の通りだが、アメリカの地方債のうちレベニュー債は、地方政府の発行する債券でありながらインフラの収益性をもとに発行されるものであるがゆえに、いわゆる民間運営と同様の規律を持たせることが可能である（第6章）。

　実際、レベニュー債に対する債券格付けの分析から、純収入（デット・サービス・カバレッジ）、純固定資産額、営業収入などが格付けと強い相関がある（第7章）。市場の投資家の観点からすれば、アセット・マネジメントも重要であることには間違いないが、その地域に盤石な需要があるかどうかが重要な判断材料になっていることを示唆している。

　もちろん、第5章で指摘したように、政府による支援の程度も債券格付けに影響を与えることは確かだが、政府の支援そのものは、時々の「政策判断」によって左右される面もある。投資家にとっては将来にわたってその政策が連続することを見通せないと、厳しい評価にならざるを得ない（第8章）。

　このように、民間の資金を活用したインフラの運営は、一定の需要が後背地に存在しなければ、一般的には厳しいと考えられるが、イギリスでは、極めて利用者・発着回数の少ない小規模な空港を100％民間の株主によって所有・運営しているケースがある。この例ではパイロット訓練学校やリゾート地への周遊、航空関連メーカーなどが空港運営にあたるケースが多く、空港運営のみで収益を上げることを狙うというよりも、本業に対する相乗効果を狙っていることもわかる。他方で、廃港に追いやられる空港もあり、そうした場合には地元としてその空港をどう生かすか、主体的な判断を迫られていることも明らかになった（第9章）。

　他方、わが国のインフラのうち、特に空港に焦点を当てると、同様に厳しい環境下におかれている地方空港は多い。防災や地域の産業振興の観点から、

日々の収益性だけを評価材料にすることは必ずしも適切ではないものの、費用
の負担は免れるものではない（第10章）。近年では、地方分権が進められ、地
元の判断が迫られる場面も増えている。

　現に、本書で多数取り上げたイギリスも同様である。ただ、結局、それらの
判断は財源を確保できるかどうかが決め手となる。しかも、その財源を国に依
存しているもとでは、国に次ぐ上位レベルで適切に判断できる主体が必要とな
る。イギリスの場合はそれを地方事業共同体（LEP）という地方自治体と商工
関係の連合組織が担っている。地元行政および地域の産業が連携した形で政策
形成・判断を行っていることは、わが国にとっても参考になる。住民に近い自
治体にどのような権限を委譲すべきか、また財源をどう確保すべきか、組織間
の役割分担を絶えず検討する必要があるように思われる（第11章）。

　以上、本書では交通インフラの民間運営に対して期待が寄せられる一方で、
そうした運営が行き詰まったときに地域はどう向き合うのか、あるいはサービ
スの供給が滞りなく円滑に民間運営できるようにするために、国や自治体はど
のような関係を構築すべきかという視点から検討してきた。本書では、「所有
権」を公・民のいずれに委ねるべきかということより、戦略の策定と実行を誰
が担うかを考える方がより現実的であることを繰り返し述べてきた。しかし、
本書では十分検討できずに来る将来の研究に委ねざるをえない点もある。

　第1に、近年、地域政策の目標は「地域活性化」ないし「地域振興」と語ら
れることが多いが、その言葉の意味する内容は多様である。そして、往々にし
て資源配分の効率性とは関係のない文脈で使われ、地域間の公平性など分配の
側面にのみ注目して語られるケースが少なくない。資源配分の効率性を無視し
続ければ、結局は地域の自立に結び付くことはない。

　この点で、政策の立案者は国や自治体であったとしても、財源をどこから調
達するかという点は重要な検討材料である。基本的に資金の貸し手からチェッ
クを受けられるような財源確保が望ましく、その点でアメリカのレベニュー債
に学ぶべき点は多い。しかし、レベニュー債の導入に向けた具体的な課題とし
て、わが国との制度比較を行うには至っていない。

　第2に、必要性だけで考えれば、交通に限らずあらゆる公共インフラは「す
べて必要だ」となりがちである。ただ、財政負担という現実がそれをすべて許

すわけではない。だからこそ、実施したある政策が、実際に地域経済に対して
効果的であったかどうかをより慎重に検討・評価すべきであろう。しかし、そ
うした個別の政策評価については、自身の今後の研究テーマでもある。

　たとえば、政策的に地方の航空路線を維持することの重要性がどの程度であ
るのかはひとつのテーマである。航空需要は維持できても、その政策が移動需
要そのものを拡大させたのか、それとも他の交通機関からの転移にとどまった
のかは地域にとっての意味は大きく異なる。

　地域交通においても、人々の移動ニーズに合致したサービスを提供すべきだ
が、そのためには住民たちのニーズを捉えられるかどうかが決定的に重要であ
る。たとえ赤字事業であっても、地域にとってそのサービスの提供がどのよう
なインパクトがあるのか、慎重に検証すべきであろう。「地域振興」の重要性
が指摘されるがゆえに、個別の施策の効果、さらに利用者満足を拡大させうる
ものなのか、検証する必要が残されている。

あ と が き

　本書は筆者が大学院に通っていた約20年前からの蓄積を、ようやくひとつの形にまとめたものである。もちろん、一気に書き下ろしたのではなく、筆者がかねて研究成果として公表してきた論文をもとに、大幅に加筆・修正を施して再構成した。そのため、初出当時の論文の構成とは大きく変わっていることもあり、それぞれの初出を示すよりも、むしろ各章における参考文献に拙稿を記すこととした。

　本書の刊行に至る現在まで、野村宗訓先生（関西学院大学経済学部教授）には、ここには記せないほどの指導を賜った。振り返れば、筆者が学部に通っていた20年以上前からご指導をいただき、現実の制度を鋭く分析する先生の研究にいつも刺激を受け、目標としてずっと追いかけてきた。海外での研究成果の報告や論文執筆の機会は、ほとんど野村先生に与えていただいたといってよい。野村先生には公私ともにお世話になり、人生の半分以上を研究やプライベートでご一緒させていただいている。

　また、加藤一誠先生（慶應義塾大学商学部教授）には、筆者が前職に奉職していた時代に航空政策研究会の特別研究プロジェクトのメンバーに入れていただいて以来、常々、研究会にも参加をお許しいただき、筆者の研究に示唆をいただいている。現に、本書で執筆した空港運営やアメリカの道路整備に関する事柄については加藤先生の指導をなくして執筆することはできなかった。まさに学外の指導教員のように指導を仰いできた。

　さらに、筆者の所属学会では、髙橋愛典先生（近畿大学経営学部教授）に日頃から気にかけていただき、さまざまな学会・研究会で報告の機会を頂戴している。とりわけ、地域公共交通については髙橋先生から多くの示唆をいただき、過去には島根県内のフィールドワークにも同行させていただいた。もちろん、野村先生や加藤先生にも出版に際してさまざまなご助言も頂戴してはいるが、本書の執筆を強く動機づけていただいたのも髙橋先生である。

　もちろん、本書は研究会や学会での助言なしには書き上げることはできなかった。堀雅通先生（交通経済研究所）や、引頭雄一先生（関西外国語大学）、

楠田昭二先生（早稲田大学）、西村陽先生（関西電力株式会社・大阪大学）、草薙真一先生（兵庫県立大学）、手塚広一郎先生（日本大学）、福田晴仁先生（西南学院大学）、横見宗樹先生（近畿大学）、後藤孝夫先生（中央大学）、小熊仁先生（高崎経済大学）、野村実先生（大谷大学）をはじめ、数えきれないほど多くの先生方からいただいた助言や意見交換の機会は、拙いながらも筆者が研究成果を上げるうえでは欠かせないものであった。

　また、筆者が現在勤務している島根県立大学は、わが国の中でも人口減少や過疎化が進む厳しい地域に立地し、その環境は筆者の研究においても大きな刺激となっている。いわば地域政策を肌感覚で感じられる距離にある。そして、大学では、大学の地域貢献にかかわる諸活動を通じて、国や県、そして市町の行政の方々と日頃から情報交換させていただいている。

　この情報交換により、筆者の研究を進めることができた点は特筆しておきたい。本書が完成間近になった現在も、石見空港の立地市である益田市や、本学の立地する浜田市、そして中山間地域に立地する川本町では筆者の研究や学生の教育面でのフィールドとして多大なる協力をいただいている。

　このように、筆者は各界で大活躍しておられる先生方や地域の関係の皆様に支えられて研究を進めることができたと再認識している。これらすべての方々に心よりお礼申し上げ、学恩に報いるためにも今後もさらに研究・教育に邁進していく所存である。

　最後に、私ごとではあるが、日ごろの研究生活を応援し励ましてくれる両親と妻、ほとんど遊び相手になれていない子供には、心から感謝している。普段、プライベートの時間もまったくとれず、立派な夫・父とは言いがたいが、これまでの深い感謝の意をこめて妻と子供たちに本書を捧げることとしたい。

　なお、本書の出版にあたっては、公立大学法人 島根県立大学 学長裁量経費（専門学術図書助成）による助成を受けた。

　2020 年 2 月

西藤　真一

索　引

著者略歴

西藤　真一（さいとう　しんいち）

1977 年生まれ。関西学院大学大学院経済学研究科博士課程後期課程単位取得満期退学、修士（経済学）。(財)運輸調査局（現　交通経済研究所）副主任研究員を経て、現在、島根県立大学総合政策学部准教授。

交通インフラの運営と地域政策
こうつう　　　　　　　　　　　うんえい　　　ち いきせいさく

定価はカバーに表示してあります。

2020 年 3 月 8 日　初版発行
2021 年 1 月 28 日　再版発行

著　　者　　西藤　真一
　　　　　　さいとう　しんいち
発行者　　小川　典子
印　　刷　　亜細亜印刷株式会社
製　　本　　東京美術紙工協業組合

発行所　　蠶成山堂書店

〒160-0012　東京都新宿区南元町 4 番 51　成山堂ビル
TEL：03(3357)5861　　　FAX：03(3357)5867
URL　http://www.seizando.co.jp
落丁・乱丁本はお取り換えいたしますので，小社営業チーム宛にお送り下さい。

ISBN978-4-425-92951-1

成山堂書店の航空・鉄道関係書籍

空港経営と地域
航空・空港政策のフロンティア

一般財団法人 関西空港調査会　監修
加藤一誠・引頭雄一・山内芳樹　編著
A5 判　320 頁
定価 本体 3,000 円（税別）

「地域力」は航空需要の大きさを決め、空港の
あり方も左右する。地域は空港をどのように
位置づけ、空港は地域にどのような影響をもつ
のか。空港政策や空港の仕事の解説をはじめ、
空港と航空会社の関係、地元と路線の就航地と
の関係、空港アクセス、観光振興など多角的な
視点から考察する。

鉄道政策の改革
鉄道大国・日本の「先進」と「後進」

斎藤峻彦　著
関西鉄道協会都市交通研究所　編
A5 判　232 頁
定価 本体 3,000 円（税別）

日本の鉄道政策を中心に、欧米諸国の鉄道政策
についても取り上げ、それらを比較・分析する
ことによって、日本の鉄道政策の先進的な部分
と後進的な部分を示し、日本の鉄道政策が抱え
る問題点を明らかにする。また、今後日本が取
り組むべき鉄道政策の改革について提言する。